国内外经典教材辅导系列·中文类

程裕祯《中国文化要略》
笔记和典型题（含考研真题）详解
【适用于第4版教材】

主编：圣才考研网

www.100xuexi.com

中国石化出版社

内 容 提 要

本书是程裕祯主编的《中国文化要略》(第4版)的学习辅导书。本书遵循该教材的章目编排，共分17章，每章由两部分组成：第一部分为复习笔记，剖析本章考点，并进行拓展延伸；第二部分是典型题(含考研真题)详解，精选部分参考价值较高的考研真题和典型习题并提供参考答案。

圣才考研网(www.100xuexi.com)提供程裕祯《中国文化要略》电子书、题库。购买本书享受大礼包增值服务【本书电子书+题库(手机版、电脑版)】。手机扫码(本书封底)领取本书大礼包。

图书在版编目(CIP)数据

程裕祯《中国文化要略》笔记和典型题(含考研真题)详解/圣才考研网主编. —北京:中国石化出版社，2022.7
国内外经典教材辅导系列·中文类
ISBN 978-7-5114-6778-2

Ⅰ.①程… Ⅱ.①圣… Ⅲ.①中华文化-研究生-入学考试-自学参考资料 Ⅳ.①K203

中国版本图书馆CIP数据核字(2022)第120261号

中国石化出版社出版发行
地址:北京市东城区安定门外大街58号
邮编:100011 电话:(010)57512500
发行部电话:(010)57512575
http://www.sinopec-press.com
E-mail:press@sinopec.com
武汉市盛宏源印务有限公司印刷
全国各地新华书店经销
*
787×1092毫米 16开本 12印张 298千字
2022年8月第1版 2022年8月第1次印刷
定价:52.00元

序　言

我国各大院校一般都把国内外通用的权威教科书作为本科生和研究生学习专业课程的参考教材，这些教材甚至被很多考试(特别是硕士和博士入学考试)和培训项目作为指定参考书。为了帮助读者更好地学习专业课，我们有针对性地编著了一套与国内外教材配套的复习资料，并提供配套的名师讲堂、电子书和题库。

程裕祯主编的《中国文化要略》(第4版)是我国高校采用较多的中国文化经典教材。本书是程裕祯《中国文化要略》(第4版)教材的学习辅导书。本书遵循第4版教材的章目编排，共分17章，每章由两部分组成：第一部分为复习笔记；第二部分为典型题(含考研真题)详解。本书具有以下几个方面的特点：

1. 框架图表体系，通俗易懂易记

本书每章的知识框架图和考点归纳表，在全方位把握核心考点的同时，提纲挈领地以思维导图形式，呈现重要的考点、难点，脉络清晰，一目了然，更容易记忆。

2. 精选考研真题，巩固重点知识

本书精选了部分名校近年的中国文化考研真题，并提供答案。所选试题涵盖的知识点全面，特别注重理论联系实际，凸显当前热点。

3. 编撰典型习题，提供详尽答案

本书参考大量中国文化相关资料为每章教材编撰了数量不等的典型习题，并进行了详细解答，对教材遗漏的某些重要知识点做了一定的拓展。

要深深牢记：第一，目前，部分高校研究生院往往会给考研专业课的复习指定一些参考书目，这些参考书目无疑是备考考生最重要的复习对象，但是，研究生入学考试作为一种发掘科研人才的选拔性考试，其属性决定考生仅仅把对专业知识的了解与掌握拘囿于一、两本参考书目是远远不够的，必须是对整个专业的学术概况有一定的了解，基于此，本书对笔记的编写和题目的选择融合了整个学科的重要资源，而不是只以一本教材作为依据。第二，考研不同一般考试，概念题(名词解释)要当作简答题来回答，简答题要当作论述题来解答，而论述题的答案要像是论文，有的论述题的答案简直就是一份优秀的论文(其实很多考研真题就是选自一篇专题论文)，完全需要当作论文来回答。总之，答得多不扣分，答得少则可能漏掉采分点！

购买本书享受大礼包增值服务。手机扫码(本书封底)领取本书大礼包。具体包括：①本书电子书；②配套题库(手机版、电脑版)。

圣才考研网(www. 100xuexi. com)是圣才学习网旗下的考研考博专业网站，提供全国各高校教育类专业考研考博辅导班、电子书、题库、全套资料(历年真题及答案、笔记讲义等)、国内外经典教材名师讲堂、考研教辅图书等。

考研辅导：kaoyan. 100xuexi. com(圣才考研网)
资格考试：www. 100xuexi. com(圣才学习网)

圣才考研网编辑部

目　录

第1章　简　论 …………………………………………………………… (1)
1.1　复习笔记 …………………………………………………………… (1)
1.2　典型题(含考研真题)详解 ………………………………………… (3)
第2章　地理概况 ………………………………………………………… (6)
2.1　复习笔记 …………………………………………………………… (6)
2.2　典型题(含考研真题)详解 ………………………………………… (10)
第3章　历史纵横 ………………………………………………………… (16)
3.1　复习笔记 …………………………………………………………… (16)
3.2　典型题(含考研真题)详解 ………………………………………… (20)
第4章　姓氏与名、字、号 ……………………………………………… (27)
4.1　复习笔记 …………………………………………………………… (27)
4.2　典型题(含考研真题)详解 ………………………………………… (29)
第5章　汉字 ……………………………………………………………… (32)
5.1　复习笔记 …………………………………………………………… (32)
5.2　典型题(含考研真题)详解 ………………………………………… (34)
第6章　学术思想 ………………………………………………………… (40)
6.1　复习笔记 …………………………………………………………… (40)
6.2　典型题(含考研真题)详解 ………………………………………… (47)
第7章　宗教信仰 ………………………………………………………… (54)
7.1　复习笔记 …………………………………………………………… (54)
7.2　典型题(含考研真题)详解 ………………………………………… (57)
第8章　古代教育 ………………………………………………………… (65)
8.1　复习笔记 …………………………………………………………… (65)
8.2　典型题(含考研真题)详解 ………………………………………… (69)
第9章　科举制度 ………………………………………………………… (74)
9.1　复习笔记 …………………………………………………………… (74)
9.2　典型题(含考研真题)详解 ………………………………………… (75)
第10章　典籍藏书 ……………………………………………………… (81)
10.1　复习笔记 ………………………………………………………… (81)
10.2　典型题(含考研真题)详解 ……………………………………… (85)
第11章　科技成就 ……………………………………………………… (92)
11.1　复习笔记 ………………………………………………………… (92)

11.2　典型题(含考研真题)详解 …………………………………………………… (98)
第12章　传统建筑 …………………………………………………………………… (104)
12.1　复习笔记 ……………………………………………………………………… (104)
12.2　典型题(含考研真题)详解 …………………………………………………… (110)
第13章　古典文学 …………………………………………………………………… (116)
13.1　复习笔记 ……………………………………………………………………… (116)
13.2　典型题(含考研真题)详解 …………………………………………………… (127)
第14章　各类艺术 …………………………………………………………………… (134)
14.1　复习笔记 ……………………………………………………………………… (134)
14.2　典型题(含考研真题)详解 …………………………………………………… (142)
第15章　精美器物 …………………………………………………………………… (150)
15.1　复习笔记 ……………………………………………………………………… (150)
15.2　典型题(含考研真题)详解 …………………………………………………… (154)
第16章　风俗习惯 …………………………………………………………………… (158)
16.1　复习笔记 ……………………………………………………………………… (158)
16.2　典型题(含考研真题)详解 …………………………………………………… (169)
第17章　中外文化交流 ……………………………………………………………… (177)
17.1　复习笔记 ……………………………………………………………………… (177)
17.2　典型题(含考研真题)详解 …………………………………………………… (180)

第1章　简　论

1.1　复习笔记

【知识框架(庖丁解牛)】

- 简论
  - 文化
    - 概念
    - 词源
    - 层次
    - 人与文化
  - 中国文化
    - 概念
    - 分类
    - 分期
    - 特色
    - 学习中国文化的意义
    - 中国文化的未来

【考点剖析与拓展(游刃有余)】

考点一、文化

表1－1　文化

要点	具体内容	
概念	马克思主义理论家	文化是人类在社会历史发展过程中所创造的物质财富和精神财富的总和
	英国学者泰勒	文化是包括知识、信仰、艺术、道德、法律、习俗和任何人作为一名社会成员而获得的能力和习惯在内的复杂整体
词源	汉语	《周易·贲卦彖传》："观乎人文，以化成天下。"
	拉丁语	古罗马哲学家西塞罗在《图斯库卢姆辩论》中首次使用，"cultura animi"，即用农业的耕耘来暗喻哲学上灵魂的发展
层次	物态文化层	由物化的知识力量构成，是人的物质生产活动及其产品的总和，是可感知的、具有物质实体的文化事物
	制度文化层	由人类在社会实践中建立的各种社会规范构成，包括社会经济制度婚姻制度、家族制度、政治法律制度、家族、民族、国家、经济、政治、宗教社团、教育、科技、艺术组织等
	行为文化层	以民风民俗形态出现，见之于日常起居动作之中，具有鲜明的民族、地域特色
	心态文化层	由人类社会实践和意识活动中经过长期孕育而形成的价值观念、审美情趣、思维方式等构成，是文化的核心部分，又可细分为社会心理和社会意识形态两个层次

续表

要点	具体内容
人与文化	人与文化是互相塑造、互为因果、同步诞生的。 ①文化是由人也是为人而创造出来的，人是文化的生产者。 ②文化也反作用于人。人决定了文化，同样人也体验到文化对人的塑造

考点二、中国文化

表1-2 中国文化

要点	具体内容	
概念	中国传统文化是指居住在中国地域内的中华民族所创造的，并世世代代所继承发展的，具有中国鲜明民族特色的文化。主体部分是产生在中原地区的汉文化，同时又融合了各个少数民族文化的精华	
分类	按照民族分	汉文化、少数民族文化(可分为藏文化、蒙文化、满文化、壮文化、纳西文化等)
	按照地域分	三秦文化、三晋文化、燕赵文化、齐鲁文化、吴越文化、荆楚文化、巴蜀文化、岭南文化等
	按照门类分	山水文化、建筑文化、服饰文化、饮食文化、舟车文化、器物文化、茶文化、酒文化等
分期	前文明期	从古猿人到大禹传位于子启(“家天下”开始)
	文明奠基及元典创制期	夏、商、西周至春秋、战国
	统一帝国的文化探索、定格期	秦汉
	胡汉、中印文化融合期	魏晋南北朝至唐中叶
	近古文化定型期	唐中叶至明中叶
	东西文化交汇及现代转型期	明末迄今
特色	①历史悠久，传承连续而完整。 ②具有地域多样性和民族多元性。 ③融合儒家、道家、佛家等思想。 ④内容广泛，内涵精深。 ⑤海纳百川、兼收并蓄。 ⑥是古代东方文化的代表	
学习中国文化的意义	①文化是一个国家、一个民族的灵魂。文化兴则国运兴，文化强则民族强。 ②中国优秀传统文化是华夏民族的瑰宝，它承载着中国人民上下五千年丰富的超凡智慧，蕴含着丰厚的民族精神和道德理念。 ③学习中国文化有助于指引个人成长(修身)。 ④学习中国文化有助于提升家庭幸福(齐家)。 ⑤学习中国文化有助于解决当今时代的难题(治国、平天下)	
中国文化的未来	批判地继承和吸收古代文化中一切有益的东西，借鉴和吸取外来文化中一切优秀的成果，建立一种性质、结构和功能都完全崭新的以马克思主义为指导的社会主义新文化	

1.2 典型题(含考研真题)详解

一、填空题

1. 天、地、人合称______。[四川大学2021年研]

【答案】三才/三材

【解析】"三才"(又作"三材")一词最早见于《易传·系辞传下》:"有天道焉,有人道焉,有地道焉。兼三才而两之,故六。六者非它也,三才之道也。"三才学说灌注于中华民族的文化根基之中,对中华民族秉承天人合一理念、乐于与自然和谐相处有着深远的影响。

2. 任继愈先生所提出的"宗教特性说"认为,中国文化是______三教合一的产物。[青岛大学2015年研]

【答案】儒、道、释

【解析】宗教特性说是任继愈先生关于中国文化内在特点的看法,他认为,中国文化是儒、道、释三教合一的产物,儒学以及后来的宋明理学在实质上都是宗教。儒、道、释三教合一的思潮构成了唐宋以后直到鸦片战争前后近千年的宗教史和思想史。

二、判断题

1. "天人合一"的思想最早是由孔子阐述,后被汉代思想家董仲舒发展为"天人合一"的哲学思想。( )[[中国计量大学2020年研]

【答案】错误

【解析】"天人合一"的思想是中华民族自古至今的哲学根源与精神核心。最早提出"天人合一"思想的是战国时期的庄子,他在《庄子·齐物论》中说:"天地与我并生,而万物与我为一。"而明确连用这四个字的是北宋的大思想家张载,他在《正蒙·乾称篇》中说"儒者因明致诚,因诚致明,故天人合一,致学而可以成圣,得天而未始遗人"。

2. 所谓"和而不同",就是不同质的事物和谐地融合在一起。( )[厦门大学2011年研]

【答案】正确

【解析】天道提倡在主导思想的规范下,不同派别、不同类型、不同民族之间思想文化的交互渗透、兼容并包、多样统一。中国传统哲学所讲的"和而不同",就是讲各种不同质的事物和谐地融合在一起,才能产生出新的事物。

3. 汉语"文化"一词是从日本借来的。( )[中山大学2010年研]

【答案】错误

【解析】按照文献,"文化"一词最早出现在《周易·贲》里,书云:"观乎天文,以察时变;观乎人文,以化成天下。"它的意思是,统治者通过观察天象,可以了解时序的变化;通过观察人类社会的各种现象,可以用教育感化的手段来治理天下。这应当是中国人论述"文化"的开始。

4. 孟子第一个深入探讨人的本性,提出"性善"论。( )[北京大学2010年研;北

京外国语大学 2010 年研]

【答案】正确

【解析】孟子是主张“性善”的，按他的原意，“恻隐之心”“羞恶之心”“辞让之心”和“是非之心”属于“人”的四种“善端”，是人生来就具有的。因此，具有这四种“善端”的就是“人”。相反，没有这四种“善端”的就是“非人”。

三、单项选择题

一般来说文化的结构可分为四个层次，其中属于文化核心部分的是(　　)。[南开大学 2010 年研]

A. 物质文化　　B. 制度文化　　C. 心态文化　　D. 行为文化

【答案】C

【解析】一般把文化分为四个层次：①物态文化层；②制度文化层；③行为文化层；④心态文化层。心态文化层指人们的社会心理和社会的意识形态，包括人们的价值观念、审美情趣、思维方式以及由此产生的文学艺术作品。这是文化的核心部分，也是文化的精华部分。

四、简答题

1. 中国文化的民族特点有哪些?［湖南师范大学 2018 年研］

答：(1)中国文化的外在特点

①统一性

在历史长河中，中国文化以远古时代的华夏文化(即汉文化)为核心，对于国内各民族文化，取其精华，弃其糟粕，形成了一个统一体。

②连续性

中国文化上下五千年，在历史发展过程中是一环扣一环向前发展的，没有发生中断现象。

③包容性

中国文化“有容乃大”，兼收并蓄，敞开胸怀接纳来自世界各地的文化。

④多样性

中国文化在统一性里具有多样性，在整体性里具有差异性。中国的普通话和方言是典型的例子。

(2)中国文化的内在特点

关于内在特点的说法，有冯友兰先生的“哲学特性说”、任继愈先生的“宗教特性说”、李泽厚先生的“美学特性说”、梁漱溟先生的“伦理特性说”。中国文化的内在特征表现为：

①中国文化突出人文主义精神，以宗法道德为维系社会的根本纽带，以儒家提倡的道德规范为行为准则。

②中国文化注重和谐与中庸，提倡思想文化的兼容并包。

③中国文化富于安土乐天的情趣，中国是农业大国，形成了浓厚的乡土情谊。

2. 我们为什么要了解中国文化?

答:我们要了解中国文化,这是因为:

(1)文化全球化的需要

随着中国经济的快速发展,中国国际地位和影响力不断提高,世界各国人士学习汉语的热情空前高涨,迫切希望了解中国、了解中国文化。与此同时,各国孔子学院如雨后春笋般出现。

(2)文化自身的发展需要

鸦片战争后,西方文化的传入给中国文化以巨大的冲击。在新时代背景下,要想充分激发中华文化蓬勃的生命力必须继续保持其独特性,这要求我们必须了解自己的文化发展脉络和变化规律,自觉进行有益的文化扬弃,吸取精华,抵制糟粕。

(3)提高综合素质的需要

要想兼容传统和现代,就必须从中华民族特有的思想和文化宝库中汲取营养、熏陶人格,从中体会和感受民族文化所包含的民族精神和文化财富。

(4)提高综合国力的需要

要想建设中国特色社会主义现代化国家,就要巩固其精神支柱,也就是经过历史积淀而形成的传统文化。传统文化是中国人民经过艰苦的奋斗和探索从而总结出来的,虽然存在一些问题,但要懂得去其精华,去其糟粕,充分发扬传统文化中的闪光点。

第2章　地理概况

2.1　复习笔记

【知识框架(庖丁解牛)】

- 地理概况
  - 中国地理环境总特点
    - 地形多种多样
    - 山区面积广大
    - 地势西高东低
  - 黄河
    - 地位
    - 全长
    - 源头
    - 流经区域
    - 主要支流
  - 长江
    - 地位
    - 全长
    - 源头
    - 流经区域
    - 主要支流
  - 中国疆域面积
    - 领土面积
    - 领土四端
  - 中国版图形成过程
    - 夏、商、西周
    - 秦朝
    - 汉朝
    - 唐朝
    - 元朝
    - 清朝
    - 民国
    - 新中国
  - 中国行政区划
    - 中国古代行政区划
    - 中国现行行政区划

【考点剖析与拓展(游刃有余)】

考点一、中国地理环境总特点

表2－1 中国地理环境总特点

要点	具体内容
地形多种多样	高原、山地、丘陵、平原、盆地5种基本地形类型均有分布。 ①四大高原：青藏高原、内蒙古高原、黄土高原、云贵高原。 ②四大盆地：塔里木盆地、准噶尔盆地、柴达木盆地、四川盆地。 ③四大平原：东北平原、华北平原、长江中下游平原、珠江三角洲平原
山区面积广大	山区面积占全国总面积的2/3
地势西高东低	呈阶梯状分布： ①一、二级阶梯的分界线为：昆仑山脉——阿尔金山脉——祁连山脉——横断山脉。 ②二、三级阶梯的分界线为：大兴安岭——太行山——巫山——武陵山——雪峰山

考点二、黄河

表2－2 黄河

要点	具体内容
地位	中国第二长河；"中华民族的摇篮"；"母亲河"；华夏文明的发祥地带
全长	5464公里
源头	卡日曲
流经区域	青海、四川、甘肃、宁夏、内蒙古、陕西、山西、河南、山东
主要支流	汾河、洮河、渭河等

考点三、长江

表2－3 长江

要点	具体内容
地位	中国第一长河；世界第三长河；"中华文明的第二个哺育区"
全长	6300多公里
源头	沱沱河
流经区域	青海、西藏、四川、云南、重庆、湖北、湖南、江西、安徽、江苏、上海
主要支流	雅砻江、岷江、嘉陵江、汉江、湘江、赣江等

考点四、中国疆域面积

表2－4 中国疆域面积

要点		具体内容
领土面积	陆地面积	约960万平方公里
	领海面积	约470万平方公里
领土四端	最北端	黑龙江省北部漠河以北黑龙江主航道中心线处
	最南端	南海南部的曾母暗沙
	最东端	黑龙江与乌苏里江主航道中心线的交汇处
	最西端	帕米尔高原上

考点五、中国版图形成过程

表2－5　中国版图形成过程

朝代	统治区域
夏、商、西周	三代都大体位于黄河中下游流域。其中夏在中，商在东，周在西
秦朝	①建了中国历史上第一个统一王朝。 ②疆域东起辽东、西抵陇西、南据岭南、北达阴山
汉朝	东并朝鲜、南据越南、西逾葱岭、北达戈壁
唐朝	东达大海，西到咸海，北至外兴安岭和库页岛一带，南达南海
元朝	①疆域"北逾阴山，西极流沙，东尽辽左，南越海表"。 ②西藏正式划入中国的版图
清朝	①极盛时期总面积达1316万平方公里。西北达巴尔喀什湖北岸，东北鄂霍次克海与库页岛；西南至野人山；东南到台湾及其附属的钓鱼岛、赤尾屿等；正南边包括南海诸岛。 ②鸦片战争以后，列强入侵并瓜分了大片领土
民国	收复台湾；承认外蒙古独立
新中国	1997年7月1日，对香港恢复行使主权，1999年12月20日，对澳门恢复行使主权

考点六、中国行政区划

1. 中国古代行政区划

表2－6　中国古代行政区划

朝代	行政区划
先秦	①夏禹分天下为九州，即冀、兖、青、徐、扬、荆、豫、梁、雍(《尚书·禹贡》)。 ②商、周王朝实行的是分封制。 ③春秋时期开始萌生了县、郡等行政区划的单位
秦朝	秦始皇废除分封制，实行郡县制
汉朝	①实行郡国并存制。 ②汉武帝将全国分为十三刺史部(无固定治所，属于监察机构)。 ③东汉末年形成州——郡——县三级制
魏晋南北朝	中原人民大量南迁，出现侨郡、侨县
隋朝	郡(州)县二级制
唐朝	①道——州(府)——县三级制。 ②在比较重要的地方设"都督府"，在边疆地带设"都护府"
宋朝	路——府(州、军、监)——县
元朝	①首创行省制度。 ②行省——路——州(府)——县
明朝	承宣布政使司——府(州)——县
清朝	省——府(州)——县
辛亥革命后	省——道——县

2. 中国现行行政区划

表 2-7 中国现行行政区划

行政区划单位	名称	简称	省会	历史
直辖市（4个）	北京	京	—	古称蓟；元号大都；明朱棣改名北京
	天津	津	—	元代名海津镇；明朱棣赐名天津
	上海	沪	—	古代为楚国春申君黄歇的封地；宋代有上海之名
	重庆	渝	—	抗战时期为民国政府陪都
省（23个）	河北	冀	石家庄	清改称直隶省
	山西	晋	太原	元代称太行山以西为山西
	辽宁	辽	沈阳	清初改名奉天省
	吉林	吉	长春	古为肃慎地，汉属夫余郡，唐为渤海国的一部分，明为女真族控制
	黑龙江	黑	哈尔滨	明代为女真族控制，清初设“黑龙江将军府”
	江苏	苏	南京	清代合江宁府（今南京市）苏州府（今苏州市）首字为现名
	浙江	浙	杭州	春秋时为越国地，汉属扬州
	安徽	皖	合肥	清代合安庆府（今安庆市）和徽州府（今歙县）首字为现名
	福建	闽	福州	唐朝取福州、建州首字为现名
	江西	赣	南昌	唐代始有“江西”之名
	山东	鲁	济南	春秋战国时为齐、鲁等国；金代开始把山东之名作为行政区名
	河南	豫	郑州	古称“中州”，唐时始有“河南”之名
	湖北	鄂	武汉	宋代始有“湖北”之名；即洞庭湖之北
	湖南	湘	长沙	唐代始有“湖南”之名；即洞庭湖之南
	广东	粤	广州	秦设南海郡；唐属岭南道；北宋置广南东路，简称广东
	海南	琼	海口	南北朝时始有“海南”之称
	四川	川或蜀	成都	秦设巴、蜀郡；宋分设“川峡四路”（益州、梓州、利州、夔州，简称四川路）
	贵州	黔	贵阳	战国时为楚黔中、夜郎等地；秦设黔中郡和象郡；元代始有“贵州”之名
	云南	滇或云	昆明	战国时为滇国；唐为南诏国；宋为大理国，元代始有“云南”之名
	陕西	秦或陕	西安	周代初年以今河南省三门峡市陕州区为界分为东、西两地，周公主陕东，召公主陕西
	甘肃	甘或陇	兰州	西夏时合甘州（今张掖市）、肃州（今酒泉市）为“甘肃”
	青海	青	西宁	古为西戎地；汉为羌；唐、宋为吐蕃地
	台湾	台	台北	古称“夷岛”“夷州”“琉球”等，清初设台湾府，1885年改为台湾省。先后被荷兰、西班牙、日本侵占

续表

行政区划单位	名称	简称	省会	历史
自治区(5个)	内蒙古自治区	内蒙古	呼和浩特	古称塞北，匈奴、东胡人、匈奴、鲜卑、突厥、契丹、女真、室韦都曾统治或活动在这一区域
	广西壮族自治区	桂	南宁	秦设桂林郡；唐属岭南道，北宋置广南西路，简称广西
	宁夏回族自治区	宁	银川	宋为西夏国；元设西夏行中书省
	新疆维吾尔自治区	新	乌鲁木齐	汉代为西域都护府；唐设北庭和安西都护府；清设立伊犁将军，以其为新辟疆域，故名“新疆”
	西藏自治区	藏	拉萨	古为羌、戎地，唐宋时为吐蕃地，元代隶属中央宣政院，明代始称“西藏”
特别行政区(2个)	香港特别行政区	港	—	由香港岛、九龙、新界三部分组成。1842年为英国租占。1997年7月1日回归祖国
	澳门特别行政区	澳	—	由澳门半岛、氹仔岛和路环岛三部分组成。1553年为葡萄牙殖民者强行租占，后不断扩大范围。1999年12月20日回归祖国

2.2 典型题(含考研真题)详解

一、填空题

1. 我国第一大岛屿是______，1895年被______占领，1945年后归还中国。[中国传媒大学2014年研]

【答案】台湾岛；日本

【解析】台湾为我国第一大岛，古称“夷岛”“夷州”“琉球”等，南宋时澎湖列岛已属福建路，元明设巡检司，后被荷兰、西班牙殖民者侵占，明末郑成功收复台湾，清初设台湾府，隶属福建省，1885年改为台湾省，1895年被日本占领，1945年归还中国。

2. “上海”的名称最早始于______代。[中国传媒大学2014年研]

【答案】宋

【解析】上海春秋时期属吴，战国时为楚国春申君黄歇的封地，故又称“申”。“上海”之名始于宋，因当时海船往来，人口密集，于一个名为“上海浦”的地方设市交易，遂有“上海”之称。

3. ______是我国拥有少数民族数量最多的省级行政区。[四川大学2013年研]

【答案】云南

【解析】我国少数民族最多的省级行政区是云南省，人口在5000人以上的世居民族有彝族、白族、哈尼族、壮族、傣族、苗族、傈僳族、回族、纳西族、瑶族、藏族、景颇族、独龙族等25个，其中独有少数民族15个。少数民族人口1415.3万，占全省人口的

33.41%。贵州少数民族个数仅次于云南，居全国第二位。

4. 江苏这一名称形成于清代，是合______与苏州二府之名而成。[南开大学 2012 年研]

【答案】江宁

【解析】江苏，位于长江下游、黄海之滨，春秋战国时属吴、楚等国，秦属东海、会稽郡，汉属徐、扬二州，清初建为江南省，康熙六年(1667 年)改设为江苏布政使司，两江总督驻江宁府(今南京市)，巡抚驻苏州府(今苏州市)，合两地之名为“江苏”，现省会南京市，简称“苏”。

5. 到目前为止，包括省、自治区、直辖市和特别行政区，我国共有______个省级行政单位。[南开大学 2012 年研]

相关试题：中国拥有省、直辖市、自治区、特别行政区共______个省级行政单位。[首都师范大学 2010 年研]

【答案】34

【解析】从中华人民共和国成立到现在，全国行政区划也有过不少变化。到目前为止，我国拥有 23 个省(河北省、山西省、辽宁省、吉林省、黑龙江省、江苏省、浙江省、安徽省、江西省、福建省、山东省、河南省、湖北省、湖南省、广东省、海南省、四川省、云南省、贵州省、陕西省、甘肃省、青海省、台湾省)、4 个直辖市(北京市、上海市、天津市、重庆市)、5 个自治区(内蒙古自治区、广西壮族自治区、西藏自治区、宁夏回族自治区、新疆维吾尔自治区)、2 个特别行政区(香港特别行政区、澳门特别行政区)，共 34 个省级行政单位。

6. 青藏高原海拔在 4500 米以上，被称为______。[中山大学 2011 年研]

【答案】世界屋脊

【解析】青藏高原是世界上隆起最晚、面积最大、海拔最高的高原，因而被称为“世界屋脊”，又有除南极、北极之外的“地球第三极”之称。

7. 黄河和长江的源头都在______省。[南开大学 2011 年研]

【答案】青海

【解析】黄河的发源地在青海省巴颜喀拉山下的卡日曲。长江是我国最长的河流，发源于青海省唐古拉山主峰各拉丹冬山西南侧，全长 6300 多公里。

8. 新疆维吾尔自治区位于中国西北边疆，______代为西域都护府。[北京外国语大学 2010 年研]

【答案】汉

【解析】新疆维吾尔自治区，汉时为西域都护府，其主要职责在于守境安土，协调西域各国间的矛盾和纠纷，制止外来势力的侵扰，维护西域地方的社会秩序，确保丝绸之路的畅通。西域都护府的设立，标志着西域开始正式归属于中央政权。西域诸国摆脱了匈奴的残酷统治，转向生产技术先进、经济比较发达的汉王朝，从而加强了与内地经济、政治与文化的联系，对于中国统一的多民族国家的形成和巩固，有着深远的影响。汉西域都护府这种管辖方式，也为中国后世王朝开创了先例，唐朝将边区各族先后统辖在一个政府下之后，也分别设置了都护府。

9．湖北因位于______之北而得名，简称______。[中山大学2010年研]

【答案】洞庭湖；鄂

【解析】湖北，位于长江中游、洞庭湖之北，故称“湖北”。省会武汉市，因清时省会武昌古称“鄂州”，故简称“鄂”。

二、判断题

1．西藏是明代归入中国版图的。(　　)[湖南师范大学2021年研]

【答案】错误

【解析】西藏是中国领土不可分割的一部分。自元代始，中央政权始终对西藏行使着有效管辖，即西藏在此时正式归入中国版图。

2．中国古代第一次将版图拓展到南海的朝代是西汉。(　　)[南开大学2011年研]

【答案】错误

【解析】中国的版图形成经历了一个发展过程，到秦始皇统一天下，秦朝的疆域已东到大海，西到陇西，北到长城，南达今天的广西。秦以后，经过两汉四百余年的统治和开拓，原有的版图得到进一步巩固。魏晋南北朝时期，大量移民南下，使长江以南的广大地区得到开发。589年，隋朝统一全国，至唐代而全盛，当时的疆域东达大海，西到咸海，东北至黑龙江以北的外兴安岭和库页岛一带，南达南海。

三、单项选择题

1．位于青海境内的盆地是(　　)。[中山大学2015年研]

A．柴达木盆地　　B．准噶尔盆地　　C．塔里木盆地　　D．吐鲁番盆地

【答案】A

【解析】我国境内的盆地以塔里木盆地、准噶尔盆地、柴达木盆地和四川盆地为最大，号称“四大盆地”。A项，柴达木盆地位于青海省西北部。BCD三项，准噶尔盆地、塔里木盆地和吐鲁番盆地都位于新疆维吾尔自治区境内。准噶尔盆地位于新疆北部；塔里木盆地位于新疆南部；吐鲁番盆地位于新疆东部，是中国地势最低的地方。

2．元朝是中国历史上由蒙古族建立的统一王朝，开国皇帝为元世祖忽必烈，定都大都，即今天的(　　)。[北京语言大学2015年研]

A．西安　　B．开封　　C．北京　　D．南京

【答案】C

【解析】北京，古称“蓟”，西周初年燕国建都于此，故称“燕京”。战国时为燕国上都。秦始皇统一中国后，置为广阳郡。隋改为“幽州”。契丹族建立的辽国改幽州为幽都府，建为南京，作为陪都，随后女真族建立的金国迁都于此，称为“中都”。元朝灭金，以此为都城，号曰“大都”。朱元璋攻灭元朝，改元大都为“北平府”，朱棣称帝后改称“北京”，不久迁都于此。北京之名从此始，至今已六百多年。

3. 如果中国某地的地名中出现了"厝""浜""滘"，这些地方最可能出现在(　　)。［中山大学2014年研］

A. 湖北、上海、山东　　B. 江西、福建、上海

C. 广东、湖南、福建　　D. 福建、上海、广东

【答案】D

【解析】"厝"在福建方言中，一般表示具体的居民居住地，因此在福建的一些地名中会包含"厝"字。"浜"是小河沟的意思，也是地名中的常用字，上海的很多地名就包含这个字，如肇嘉浜、陆家浜等。"滘"指分支的河道，也常用于地名，尤以广东地名为多。

4. (　　)是中华文明的摇篮。［中山大学2011年研］

A. 长江　　B. 黄河　　C. 珠江三角洲　　D. 华北平原

【答案】B

【解析】黄河是中国的第二条大河，黄河流域是远古先民最早栖息繁衍的地带，是华夏文明最早发祥的地带，被誉为"中华文明的摇篮"。黄河及其众多的支流，为古代簇聚于此的先民提供了灌溉和航运之便；它们流经的地方，形成许多东西向或东北－西南向延伸的山谷和盆地，气候温和，出入便利，成为人们理想的簇聚区。由于农业经济的发达，这里形成了历代政治中心和文化中心，如西安、洛阳等均位于黄河流域。

5. 我国行政区划实行"行省制"是从(　　)朝开始的。［南开大学2010、2012年研］

A. 宋　　B. 元　　C. 明　　D. 清

【答案】B

【解析】元、明、清三代基本实行"行省制"。元代初年，以中书省为中央政府，直辖京师附近地区，例如山西、河北等地，然后将其他地区分成十个行中书省，即岭北、辽阳、河南、陕西、四川、甘肃、云南、江浙、江西、湖广，简称为"行省"。行省之下，设道、路、州(府)、县，这是行省制的开始。

6. 在行政区划方面，唐宋直至辽金，主要实行(　　)。［首都师范大学2010年研］

A. 十二州制　　B. 郡县制　　C. 道路制　　D. 行省制

【答案】C

【解析】从唐宋到辽金，主要实行"道路制"。唐贞观元年(627年)，唐朝政府根据山川的自然形势，把全国划分为关内、陇右、河东、河北、河南、山南、剑南、淮南、江南、岭南等十道。开始，它不是一种行政区划，后来便于十道设立巡察使，具备了监察性质，相当于西汉时的部州，后世在此基础上有所沿革。

7. 中国地域辽阔，汉唐时期已经形成(　　)两个中心。［首都师范大学2010年研］

A. 长安、洛阳　　B. 长安、咸阳　　C. 长安、建康　　D. 长安、临安

【答案】A

【解析】就以中国的政治中心而论，商周时代已沿着黄河流域迁移，汉唐时期已形成西安(长安)、洛阳两个中心，而长江以南的南京(建康)也在同一时期崛起。

8. 在以下行政区域的简称中，(　　)的来源与历史名称有关。［厦门大学2010年研］

A. 赣　　B. 湘　　C. 晋　　D. 浙

【答案】C

【解析】C项，山西位于太行山以西，古称“唐”，春秋属晋，战国时分为韩、赵、魏，故称“三晋”，唐代以长安为都，称黄河以东、太行山以西为河东，设河东道，京剧《下河东》即指此。元代以今北京为都城，称太行山以西为山西，设河东山西道宣抚司，属中书省。明清为山西省，沿袭至今。现省会太原市，简称“晋”。A项，江西因境内有赣江，故简称“赣”。B项，湖南因境内有湘江南北贯通，简称“湘”。D项，浙江因境内钱塘江古称浙江而得名。

四、简答题

1. 中国的地理环境对中国文化的形成有什么影响?

答：中国的地理环境对中国文化形成的影响表现为：

(1)辽阔的空间为民族的生存、发展与创造提供了广阔的舞台

中国位于亚洲大陆的东部，东南部濒临浩瀚无边的太平洋，而西部则居地处亚欧大陆的中心腹地。广阔的地理空间环境既为中国文化延续至今提供了物质基础也解释了中国文化内敛性和保守性的环境因素。

(2)复杂多样的自然环境为中国文化的多元内涵提供了现实基础

多样的气候类型，繁复的山川地形，为中国多样文化的发展提供了自然基础。以农业文化为例，由沿海向内陆降雨量递减的自然条件决定了东南农耕、西北游牧的格局。

(3)壮丽的山河图景深刻影响了中华民族的文化心理和审美趣味

高山耸立，千峰竞秀；河湖纵横，百川归海。中国地名多因依山傍水而得，体现出中华民族寄情山水的内在精神。

(4)广阔的农业区为中国文化的延续提供了稳定的物质基础

尽管中国的自然条件在以往数千年间有一定的变化，但总的说来幅度有限。由于中国疆域辽阔、跨纬度大，所以气候的波动一般只影响农业区的南北界、而不会减少它的面积，这就为中国文化的延续提供了稳定的物质基础。

2. 简述长江与黄河对中国文化的影响。

答：黄河与长江作为中国最大的两条河流，将中国由南至北划分为三个自然带，为中华民族的生存和发展提供了最充足的条件。

(1)黄河是中华民族的摇篮

①黄河流域是远古先民最早栖息繁衍的地带。在黄河流域，至今发现的古人类新石器文化遗址数量最多，分布范围也比较集中。

②黄河及其众多的支流，为先民提供了灌溉和航运之便；河流流经之地，成为人们理想的簇聚区，也成为了早期城市的雏形。

(2)长江是中华文明的第二个哺育地

①在长江流域发现的新旧石器时代的文化遗址仅次于黄河流域地区。

②长江流域有三个文明起源的中心：一是长江中游，这里是目前所知稻作农业最早发生的地区。从湖南玉蟾岩到江西的万年仙人洞，吊桶环，一万多年前就有稻作农业的萌芽

了，后来到彭头山文化、城背溪文化，稻作农业已经相当发达了，经过大溪文化、屈家岭文化、石家河文化，发展水平就更高了到屈家岭文化阶段。二是长江下游，这里从马家浜文化、崧泽文化到良渚文化，发展系统非常清楚。三是长江上游地区，主要是四川一带，过去这里的新石器文化不清楚，最近在成都平原以宝墩村为代表的一系列城址被发现，知道在相当于新石器时代的末期，那里的文化水平已经发展的很高了，接着产生了三星堆文化，最后就是巴蜀文化。所以，这个系统也是很清楚的。

③长江中下游地区，以水稻为代表的水田农业文化是在中国文化中心逐渐南移的历史背景下发展起来的。

第3章 历史纵横

3.1 复习笔记

【知识框架(庖丁解牛)】

- 历史纵横
  - 中国古代简史
    - 原始社会
    - 历代王朝
  - 中国历史上的文化现象
    - 三皇五帝
    - 三大部落集团
    - 皇帝
    - 古代国家的延续制度
    - 三大政治势力
    - 治世与乱世

【考点剖析与拓展(游刃有余)】

考点一、中国古代简史

1. 原始社会

表3－1 原始社会

时期	名称	距今时间	代表	备注	特征
旧石器时代	直立猿人	距今170万年	云南元谋猿人	1965年5月在云南省发现，是我国境内最早活动的“直立人”	已能制造和使用石器，可能已会用火
		距今约115万～65万年	陕西蓝田猿人	1963年到1964年间在陕西先后发现的亚洲北部迄今最古老的直立人化石	使用打制石器
		距今约70万～23万年	北京猿人	1927年首次在北京市周口店发现，世界上出土古人类遗骨和遗迹最丰富的遗址	大量使用石器，懂得人工取火
	早期智人（“古人”）	距今约20万～5万年	山西许家窑人、河北侯家窑人、陕西大荔人、山西丁村人、河南许昌人、广东马坝人、湖北长阳人	许家窑－侯家窑遗址是迄今为止我国旧石器时代中期古人类化石、动物化石、文化遗物最为丰富和规模最大的遗址	体质已和现代人接近；过着采集和狩猎的生活；使用打制工具；实行班辈婚

续表

时期	名称	距今时间	代表	备注	特征
旧石器时代	晚期智人（“新人”）	距今4.5万年~1万年	广西柳江人、内蒙古河套人、四川资阳人、北京山顶洞人	周口店山顶洞人是中国最先发现的化石晚期智人	体质已和现代人基本一致；出现磨光、钻孔技术；已会人工取火
新石器时代	母系氏族时期	距今大约六七千年	黄河流域的仰韶文化（其典型代表：西安半坡遗址）	因最早发掘于河南渑池县仰韶村遗址而得名，迄今共发现遗址约1000多处。遗址出土的陶器多半绘着彩色花纹，称为“彩陶”，故仰韶文化又称为“彩陶文化”	我国各地的母系氏族进入最繁荣的阶段，已普遍使用磨制石器，并有了原始的农业和畜牧业
		距今五六千年	长江流域下游的河姆渡文化	发现于浙江余姚河姆渡村而得名。它是长江流域母系氏族公社的一个典型	
	父系氏族时期	距今五千年	河南龙山文化、齐家文化屈家岭文化、浙江的良渚文化	我国黄河、长江流域先后进入父系氏族公社时期。龙山文化的陶器制作精美，黝黑而光亮，称为“黑陶”，故龙山文化又称为“黑陶文化”	原始的农业和畜牧业进一步发展；陶器烧制技术大有提高；形成稳定的一夫一妻制，出现私有财产

2. 历代王朝

表3-2 历代王朝

朝代			简介
夏			①公元前21世纪左右，夏禹的儿子启建立起我国第一个奴隶制国家——夏朝。 ②破坏禅让制，开始“家天下”，是我国奴隶社会的开端。 ③夏人已会制造青铜器
商			①公元前16世纪，商汤推翻夏朝，建立商朝，建都亳(今河南商丘北)。 ②商朝的文字已经定型，中国历史进入有文字记载的时期。 ③司母戊大方鼎(一说为后母戊大方鼎)是迄今发现的世界上最大的青铜器
周	西周		①公元前11世纪中期，西周建立，定都镐京(今陕西西安)。 ②推行井田制，即土地国有制。 ③实行封建制(分封制)。 ④确立从天子到士的宗法等级制。 ⑤制定了礼乐刑罚
	东周	春秋	①公元前770年~前476年，周朝统治逐渐衰微，诸侯争霸战争不断。 ②先后有齐桓公、宋襄公、晋文公、秦穆公、楚庄王(另一种说法为齐桓公、晋文公、楚庄王、吴王阖闾、越王勾践)称霸，史称“春秋五霸”

续表

朝代			简介
周	东周	战国	①公元前475年～前221年，齐、楚、燕、韩、赵、魏、秦七个诸侯大国进行兼并战争，史称“战国七雄”。 ②为增强国力，各国先后进行“变法”，著名的有李悝在魏国变法、吴起在楚国变法、商鞅在秦国变法
秦			公元前221年，秦始皇统一全国，结束了春秋战国长期分裂割据的局面，建立了我国第一个中央集权的统一多民族国家
汉	西汉		公元前202年，汉高祖刘邦建立汉朝，定都长安(今陕西西安)，史称前汉，又称西汉
	东汉		公元25年，汉皇族刘秀重建汉朝，建都洛阳，史称后汉，又称东汉。“光武中兴”堪称东汉盛世
三国两晋南北朝	三国		公元220～222年，曹丕、刘备、孙权先后称帝，建立魏、蜀(蜀汉)、吴(东吴)三国，中国历史进入了三国鼎立时期
	两晋	西晋	公元265年，司马炎(晋武帝)代魏称帝，建立晋朝，定都洛阳，公元280年，晋灭吴统一全国，史称西晋
		东晋	公元317年，司马睿(晋元帝)在南方重建晋朝，史称东晋
	南北朝	南朝	从公元420年东晋灭亡到公元589年陈亡，南朝经历了宋、齐、梁、陈四代
		北朝	北朝开始由北魏分裂为东魏、西魏，后北齐代东魏，北周代西魏，后北周又灭北齐
隋			公元581年，外戚杨坚迫使北周皇帝让位，自立为帝，国号隋，定都长安
唐			隋朝末年，太原留守李渊起兵，于公元618年攻占长安，称帝，建立唐朝
			唐高宗时期，武则天曾自称皇帝，建立周朝
五代十国	五代		唐亡后，我国又出现了藩镇割据的分裂局面。北方相继出现后梁、后唐、后晋、后汉、后周五个政权，史称“五代”
	十国		南方和山西地区先后出现吴、南唐、吴越、楚、闽、南汉等十个政权，史称“十国”
宋	北宋		①公元960年，宋太祖赵匡胤夺取后周政权，建立宋朝，定都汴京(又称开封)，史称北宋。 ②北宋时期，北方和西方存在着契丹人建立的辽朝、女真人建立的金朝、党项人建立的西夏等政权，与北宋鼎峙。 ③公元1126年，金兵攻入开封，俘虏了宋徽宗、宋钦宗两位皇帝，北宋亡
	南宋		公元1127年，宋皇族赵构在河南商丘称帝，后以临安(今浙江杭州)为都，史称南宋
元			公元1271年，元世祖忽必烈定国号元；公元1279年，元灭南宋，统一全国，建都大都(今北京)

续表

朝代	简介
明	①公元 1368 年，明太祖朱元璋攻入元大都，推翻元朝，建立明朝，建都南京。 ②公元 1421 年，明成祖朱棣迁都北京。明朝是当时世界上比较强盛的国家
清	公元 1644 年，清军在明将吴三桂帮助下入关，定都北京，逐步统一全国。18 世纪后期，清朝是亚洲东部最强大的封建国家

考点二、中国历史上的文化现象

表 3－3 中国历史上的文化现象

<table>
<tr><th>要点</th><th colspan="3">具体内容</th></tr>
<tr><td rowspan="2">三皇五帝</td><td>三皇</td><td colspan="2">说法不一，主要有：
①天皇、地皇、人皇(《太平御览》引《春秋纬》)。
②天皇、地皇、泰皇(《史记・秦始皇本纪》)。
③有巢氏、燧人氏、知生氏(《庄子》《纲鉴易知录》)。
④伏羲(天皇)、神农(地皇)、少典(人皇)(《风俗通引》《白虎通义》《古史考》)。
⑤伏羲、神农、共工(《通鉴外纪》)。
⑥伏羲、神农、祝融(《风俗通义》)。
⑦伏羲、女娲、神农(《春秋运斗枢》《元命苞》)。
⑧燧人、伏羲、神农(《尚书大传》)。
⑨伏羲、神农、黄帝(《帝王世纪》《三字经》)</td></tr>
<tr><td>五帝</td><td colspan="2">说法不一，主要有：
①大皞(太昊，即伏羲)、炎帝、黄帝、少皞(少昊，即黄帝长子姬玄嚣)、颛顼(姬乾荒，号高阳氏，黄帝孙)(《礼记・月令》)。
②少昊(皞)、颛顼、高辛(帝喾，姬俊，号高辛氏，黄帝曾孙)、尧、舜(《尚书序》《帝王世纪》)。
③羲(伏羲)、神农(炎帝)、黄帝、尧(伊祁放勋，帝喾之子)、舜(姚重华，尧的女婿，颛顼六世孙、黄帝八世孙)(《战国策》)。
④太昊、炎帝、黄帝、少昊、颛顼(《吕氏春秋》)。
⑤黄帝、少昊、颛顼、帝喾、尧(《资治通鉴外纪》)。
⑥少昊、颛顼、帝喾、尧、舜(伪《尚书序》)。
⑦黄帝、颛顼、帝喾、尧、舜(《大戴礼记》《史记・五帝本纪》)</td></tr>
<tr><td rowspan="3">三大部落集团</td><td>华夏集团</td><td colspan="2">分布在黄河中下游，由黄帝和炎帝两大部落组成</td></tr>
<tr><td>东夷集团</td><td colspan="2">分布在安徽、山东、江苏一带，有淮夷、莱夷、鸟夷、岛夷、淍夷等</td></tr>
<tr><td>苗蛮集团</td><td colspan="2">分布在湖北、湖南、江西一带</td></tr>
<tr><td rowspan="3">皇帝</td><td>由来</td><td colspan="2">公元前 221 年，秦王嬴政统一六国，自诩“德兼三皇，功高五帝”，将“皇”“帝”这两个最高的称呼结合起来，成为中国历史上的第一个皇帝</td></tr>
<tr><td rowspan="2">帝王称号</td><td>年号</td><td>封建帝王即位后为纪年而设置的称号，始于西汉武帝即位之初。汉武帝始创年号为建元，最后一个年号为光绪</td></tr>
<tr><td>庙号</td><td>帝王死后，其继承者立庙奉祀，追尊为“某祖”“某宗”的称号。如汉高祖、唐太宗</td></tr>
</table>

续表

要点	具体内容		
皇帝	帝王称号	尊号	封建帝王在生前或死后奉上的尊崇颂扬性的称号，也称徽号。如唐玄宗的尊号是“开元天地天宝圣文神武孝德应道皇帝”，宋太祖为“启运立极英武睿文神德圣功至明大孝皇帝”
		谥号	对死去的帝王生平事迹的评价性称号。谥号不独立使用，一般与庙号结合，属于褒扬的有文、武、景、惠、烈、昭、穆、英、成、康等；属于贬斥的有炀、厉、灵、幽等；表同情的有哀、怀、愍、悼等。隋以前均为一字或两字，如西汉皇帝刘恒谥文帝、刘启谥景帝，东汉皇帝刘秀谥光武帝等
		陵号	封建帝王陵寝的名号，始于西汉，如汉高祖刘邦的长陵、唐太宗的昭陵
古代国家的延续制度	禅让制	中国上古“五帝时代”一种通过部落联盟民主推选产生国家领导人的制度	
	分封制	产生于西周的政治制度，即把王族、功臣和先代的贵族分封到各地去做诸侯，建立诸侯国的制度。天子为“大宗”，封到各地的诸侯称为“小宗”；大宗统领小宗，小宗侍奉大宗。如周武王封姜子牙于齐，周成王封其弟于唐	
	世袭制	最早源于夏王朝的创建者启，即帝王把国家政权据为己有，死后就由自己的子嗣继承的制度，史称“家天下”	
	宗法制	按照血统与嫡庶来组织、维护社会秩序的制度，核心是“嫡长子继承制”，分封制与世袭制都以此为基础	
三大政治势力	官僚	以“宰相”为首，拥有治权，是协助皇帝管理国家的人员，如三公九卿、三省六部的长官等	
	外戚	由皇室姻亲组成的外戚，享有尊贵的特权，在一定条件下(如帝王年幼时)可以干政擅权，甚至改朝篡位，如西汉末的王莽与建立隋朝的杨坚等	
	宦官	中国古代专供君主及其家族役使的官员，自东汉时期开始，均为阉人担任。皇帝懒政或年幼懦弱时，宦官往往乘隙而人，染指政局，东汉、唐、明三朝，是中国历史宦官专权最严重的时期，如赵高、魏忠贤等都是权倾朝野的大宦官	
治世与乱世	治世	①汉代：文景之治、光武中兴；②唐朝：贞观之治、开元盛世；③宋代：仁宗盛治；④明代：仁宣之治；⑤清朝：康乾盛世	
	乱世	①汉朝：七国之乱、董卓之乱；②晋朝：八王之乱、五胡乱华；③唐朝：安史之乱；④宋朝：靖康之变；⑤清朝：三藩之乱	

3.2 典型题(含考研真题)详解

一、填空题

1. 秦始皇统一中国，为了巩固和管理这一大帝国，采取了一系列措施，分别有：创立皇帝制度；废除分封制，创立郡县制；实行“______”，统一度量衡。[湖南大学2021年研]

【答案】书同文，车同轨/车同轨，书同文

【解析】公元前221年，秦统一六国之后，秦王嬴政认为自己“德兼三皇，功过五帝”，遂采用三皇之“皇”、五帝之“帝”构成“皇帝”的称号，是中国历史上第一个使用“皇帝”称号

的君主，所以自称“始皇帝”。同时在中央实行三公九卿，管理国家大事；地方上废除分封制，代以郡县制；此外，还推行书同文，车同轨，统一货币、度量衡。对外方面，北击匈奴，修筑万里长城；南征百越，修筑灵渠，沟通长江和珠江水系。秦始皇奠定中国两千余年政治制度基本格局，被明代思想家李贽誉为“千古一帝”。

2. 西周最重要的手工业部门是______制造。[中国传媒大学2014年研]

【答案】青铜器

【解析】西周的经济比商代已有所发展，工商业由王室和诸侯经营，青铜器制造已是最重要的手工业部门，已发掘出土的著名西周青铜器有“大盂鼎”和“毛公鼎”。在农业生产上，当时已有“百谷”之称，后世的主要农作物，当时都已具备。

3. 公元618～907年是中国______朝时期。[中山大学2011年研]

【答案】唐

【解析】公元618年，隋炀帝在江都(今江苏省扬州市)被部将杀死，隋朝灭亡。陇西豪族、驻守太原的大将李渊及其子李世民在农民起义的浪潮中起兵夺取政权，建立了唐朝(公元618年～907年)。公元907年，朱温灭唐，建立后梁。

4. 中国农耕文化很早就产生了，其代表如经考古发现的公元前5000年至公元前3000年在河南省渑池县出土的______文化。[北京外国语大学2010年研]

相关试题：

(1)中国文化发源自不同的区域，其中属于黄河流域的______文化，最能反映母系氏族公社的文化特征。[南开大学2011年研](【答案】仰韶)

(2)最能反映我国母系氏族公社文化的是广泛分布在黄河流域的“______”。[厦门大学2010年研](【答案】仰韶文化)

【答案】仰韶

【解析】仰韶文化是黄河中游地区一种重要的新石器时代彩陶文化，距今7000年至5000年，因1921年首次在河南省三门峡市渑池县仰韶村发现，故按照考古惯例，将此文化称之为仰韶文化。

5. 父系氏族最有代表性的是最早发现于山东省章丘市龙山镇的“龙山文化”。其陶器制作精美，黝黑而光亮，故龙山文化又称为______。[中山大学2010年研]

【答案】黑陶文化

【解析】大约在距今五千年左右，中国进入父系氏族社会，其文化遗址广泛分布在黄河流域和长江流域。其中具有代表性的是最早发现于山东省章丘市龙山镇的“龙山文化”。龙山文化的陶器制作精美，黝黑而光亮，称为“黑陶”，故龙山文化又称为“黑陶文化”。

6. 传说______上知天文，下察地理，发明了八卦。[北京大学2010年研]

【答案】伏羲

【解析】据说伏羲上观天文，下察地理，发明了八卦；他还教人结网捕鱼、打猎，教人在庖厨里把猎物加工成美食，所以他又称为庖牺，这些传说都反映了原始时代人类的渔猎生活以及初步认识自然并利用自然的情况。

7. “罢黜百家，独尊儒术”的提出者是______。[北京大学2010年研]

相关试题：汉代用察举制来选拔人才，其中地位最高的是贤良方正科，董仲舒“______，独尊儒术”的主张就是他在该科的对策中提出的，得到了汉武帝的赏识。[南开大学2011年研](【答案】罢黜百家)

【答案】董仲舒

【解析】汉武帝刘彻，对内进一步削弱地方割据势力，加强中央集权制度；实行盐、铁国营政策，加强中央对全国经济的控制；同时又接受董仲舒的建议，“罢黜百家，独尊儒术”。

二、判断题

1. 东晋五胡十六国的“五胡”是指匈奴、鲜卑、满、氐、羌五个少数民族政权。(　　)[西南大学2015年研]

【答案】错误

【解析】满族，原名为女真，建立了中国最后一个封建王朝——清朝，统治中国近300年。五胡十六国的“五胡”包括匈奴、鲜卑、羯、氐、羌五个少数民族。西晋末年，王室内乱，民生凋敝，国力空虚，匈奴、鲜卑、羯、氐、羌等少数民族趁势南移，攻城略地，建立了自己的政权，这便是史书所说的“五胡乱华”或“五胡十六国”。

2. 从历史上看，中国的少数民族在汉化过程中，有采用汉姓的做法。(　　)[中山大学2014年研]

【答案】正确

【解析】历史上，中国的少数民族有采用汉姓以促进民族融合的做法。北魏孝文帝拓跋宏，自幼受汉族祖母冯太后的影响，亲政后以“汉化”为国策，改鲜卑姓为汉姓。与此同时，北魏孝文帝还鼓励鲜卑族与汉族通婚，推行汉族王朝的典章制度，大大加速了鲜卑族融入汉族的进程，在中国历史上写下了耀眼的一页。

3. 从西周共和元年开始，中国历史有了准确的纪年。(　　)[北京外国语大学2010年研]

【答案】正确

【解析】周朝传12王，至周平王东迁洛邑，历时250余年，史称“西周”。从西周共和元年即公元前841年开始，中国历史有了准确的纪年。

4. 西周时期分为两段，前一段称为“春秋”，后一段称为“战国”。(　　)[首都师范大学2010年研]

【答案】错误

【解析】周有西周和东周，武王伐纣，建立西周，西周传12王后灭亡，历时250余年。公元前770年，周幽王在申国和犬戎联军的攻打下，兵败被杀，西周灭亡，其子周平王继位，将都城东迁洛邑，史称“东周”。东周的前半期，诸侯争相称霸，称为春秋时代。公元前453年，韩赵魏三家联手灭智氏家族后，三家分晋，各诸侯相互征伐，称为战国时代。

5. 大陆与台湾之间的政治联系至少从唐代就开始了。( )[北京大学2010年研]

【答案】错误

【解析】魏、蜀、吴三国各自都采取了相对有益于本地区社会发展的政策，如吴国兴起造船和蜀国努力改善民族关系。而吴国军队到达台湾(时称夷洲)，开启了台湾与大陆之间的政治联系。

6. 汉武帝时期汉朝国力达到极盛阶段，华夏族逐渐改称“汉族”，此后的“汉语”“汉字”也由此而来。( )[首都师范大学2010年研]

【答案】正确

【解析】在对外方面，汉武帝刘彻派卫青、霍去病等北伐匈奴，派张骞等出使西域，扩大了西汉帝国的疆土和对外联系，使汉朝达到极盛阶段，因而汉土的中原人被称为“汉人”，原先的华夏族也逐步改称“汉族”，此后的“汉语”“汉字”“汉文化”都由此而来。

三、单项选择题

1. “失之东隅，收之桑榆”的出典与哪次农民起义有关？( )[复旦大学2015年研]

A. 方腊　　B. 黄巾　　C. 黄巢　　D. 赤眉

【答案】D

【解析】“失之东隅，收之桑榆”原指在某处先有所失，在另一处终有所得。比喻开始在这一方面失败了，最后在另一方面取得胜利。出典与新莽时期起义的赤眉军有关，出自南朝宋范晔的《后汉书·冯异传》，书中记载了冯异与赤眉军作战，先败后胜，东汉光武帝刘秀赞扬他“可谓失之东隅，收之桑榆”。现考证，东隅为郑州，桑榆为开封。东隅亦指早晨，桑榆亦指黄昏。

2. 普遍认为中国历史上有多次大移民，下列与此无关的事件是( )。[复旦大学2015年研]

A. 西汉七国之乱　　B. 西晋末年八国之乱

C. 南北朝时期战乱　　D. 安史之乱

【答案】A

【解析】A项，汉景帝时期，由于强大的诸侯王势力与专制皇权的矛盾，诸侯国发生叛乱，史称西汉七国之乱。汉武帝时期，中国发生了一次大规模移民，20年间，由汉朝政府组织的移民不下120万人。B项，西晋末年，发生了八王之乱，中原汉族中的王室贵族和富商相继南迁，开始生活在长江中下游地区。C项，南北朝时期，中原地区周边的少数民族开始了大批移民内迁的浪潮，直至隋唐形成空前的内迁运动，促成了中国历史上民族大融合的趋势。D项，安史之乱给唐王朝的社会经济造成严重破坏，中原地区更是陷入了此后长达百年的藩镇割据的混乱状态，相对和平的南方地区再次成为中原居民逃避战火的首选之地，由此开启了中国历史上的第三次大规模人口南迁。

3. 成语“草木皆兵”是因历史上的( )大战而来。[华东师范大学2014、2015年研]

A. 官渡　　B. 淝水　　C. 赤壁　　D. 垓下

【答案】B

【解析】“草木皆兵”的历史典故与“淝水大战”有关。淝水大战是东晋十六国时期北方的统一政权前秦向南方东晋发起的一系列侵略战争中的决定性战役。前秦出兵攻打东晋，于淝水交战，最终东晋仅以八万军力大胜八十余万前秦军。淝水之战是中国历史上著名的以少胜多的战例。拥有绝对优势的前秦败给了东晋，国家也因此衰败。东晋则趁机北伐，并且在此后数十年间未再遭受北方少数民族政权的侵扰。

4. 六朝是指先后定都于南京的六个王朝，下面哪个王朝不属于六朝？(　　)[首都师范大学2011年研]

A. 东晋　　B. 刘宋　　C. 萧齐　　D. 北齐

【答案】D

【解析】六朝(222~589年)，一般是指中国历史上三国至隋朝的南方的六个朝代，即孙吴(或称东吴、三国吴)、东晋、南朝宋(或称刘宋)、南朝齐(或称萧齐)、南朝梁、南朝陈这六个朝代。六朝京师均是南京(孙吴时期名为建业，西晋司马邺称帝后为避讳，改名建康)。公元534年，北魏分裂为东魏和西魏，东魏建都于邺城(今河北省临漳县)，西魏建都于长安。随后东魏为北齐所代，建都于邺城(今河北省临漳县)。

5. 历史上(　　)并称“三王”。[北京大学2010年研]

A. 禹、汤武王、周武王　　B. 皇帝、炎帝、颛顼

C. 伏羲、女娲、神农　　D. 天皇、地皇、人皇

【答案】A

【解析】禹，不属于“三皇五帝”，但在历史上与汤武王、周武王并称“三王”，因其治水功绩成为古今家喻户晓的人物。据《史记》记载，禹是颛顼的孙子，尧的族弟。他奉舜的命令治水有功，被封于“夏”(今河南省禹州市)，称为“夏伯”。

6. 河姆渡遗址是世界闻名的新石器时代遗址，它的发掘现场位于(　　)。[华中师范大学2010年研]

A. 云南元谋　　B. 浙江余姚　　C. 内蒙古赤峰　　D. 河南安阳

【答案】B

【解析】河姆渡遗址是中国晚期新石器时代遗址，位于距宁波市区约20公里的浙江余姚市河姆渡镇，面积约4万平方米，1973年开始发掘，是中国已发现的最早的新石器时期文化遗址之一。

7. 赤壁之战是历史上著名的(　　)的战争。[中国传媒大学2010年研]

A. 分裂格局形成的战争　　B. 争夺王位的战争

C. 以弱胜强的战争　　D. 平定反叛的战争

【答案】C

【解析】赤壁之战，是指东汉末年，孙权、刘备联军于建安十三年(208年)在长江赤壁(今湖北省赤壁市西北)一带大破曹操大军的战役。这是中国历史上以少胜多、以弱胜强的著名战役之一，也是中国历史上第一次在长江流域进行的大规模江河作战，标志着中国军事政治中心不再限于黄河流域。孙刘联军最后以火攻大破曹军，曹操北回，孙、刘各自夺

去荆州的一部分，奠定了三国鼎立的基础。其他以少胜多的著名战例还有巨鹿之战、官渡之战和淝水之战。

8．在中国近代史上，（　　）签订后，强烈刺激了中国人民，随后“戊戌变法”开始。[厦门大学 2010 年研]

A.《南京条约》　　B.《北京条约》　　C.《马关条约》　　D.《辛丑条约》

【答案】C

【解析】中日之间的“甲午海战”，导致中国海军全军覆没，1895 年清政府被迫与日本签订《马关条约》，割让台湾、澎湖列岛及辽东半岛等。一些有识之士，痛心疾首，图谋变法。1898 年，光绪帝召见主张变革的康有为、梁启超等人，决定实施新法，史称“康梁变法”，因这一年为农历戊戌年，故又称“戊戌变法”。

四、概念题

贞观之治[南京大学 2022 年研]

答：贞观之治是指唐代李世民执政年间政治清明、经济复苏、文化繁荣的良好局面。唐太宗继承唐高祖制定的尊祖崇道国策，并进一步将其发扬光大，运用道家思想治国平天下。唐太宗任用贤能，知人善用；广开言路，尊重生命，自我克制，虚心纳谏；并采取了以农为本，厉行节约，休养生息，文教复兴，完善科举制度等政策，使得社会出现了安定的局面；并大力平定外患，尊重边疆风俗，稳固边疆，最终取得天下大治的理想局面。因其时年号为“贞观”，故史称贞观之治。贞观之治为后来全盛的开元盛世奠定了重要的基础，将中国传统农业社会推向了鼎盛时期。

五、简答题

1．如何理解中国古代王朝的兴衰？

答：（1）中国古代王朝兴衰的表现——改朝换代

从秦朝灭亡之后，直至 1912 年宣统皇帝溥仪宣布退位，我国经历了一个又一个封建王朝。其原因主要是：

①事物遵循客观规律发展，政治受到经济、文化多重影响，一旦经济衰退，政治昏聩，民不聊生，这个王朝就注定灭亡。

②社会存在多种利益群体，各种利益团体在互相博弈的过程中获取自己的最大利益，也就会夺取最高权力，这也必将撼动旧势力的统治。

③不同民族为了争夺与控制更多的土地和资源，会与在位的统治者争夺最高统治权。

④总的来说，王朝兴衰的原因可以概括为：土地不断集中的趋势、官僚组织机构的扩张、统治者消费扩张的天性、赋税增加的必然趋势、人口增加的自然趋势这些因素的综合作用。

（2）改朝换代的主要方式

①军事手段。从根本上说，封建统治实际上是依靠暴力进行统治的结果。王朝的更迭基本上依靠军事手段，包括农民起义。但我们应该认识到这种以武力方式在影响朝代更替的同时，也会影响社会生产力的发展，损毁长时间积累的文化成果。

②政治手段："逼宫"，迫使前朝的皇帝交出政权，曹魏、北宋都属于此类。

2. 有人说统一是中国历史的一个规律，谈谈你的看法？

答：说统一是中国历史的一个规律，是基于以下原因：

(1)由于优渥的自然条件和稳定的社会环境，中原地区最先成为经济、政治、文化与科技中心，这就对周边地区产生了强烈的吸引力和向心力。

(2)中国自古有"中心与四方"一说，以中土、中原、中州为中心，四面为四夷（东夷、南蛮、西戎、北狄），进而延伸为四海、九州与天下。可见，各区域之间的密切关系。

(3)各民族间交互杂居，相互通婚，形成了"大杂居，小聚居"的民族融合图景。

(4)秦统一后实行"书同文"。表意特征的汉字承担了传递信息与沟通心灵的符号系统的职能，在民族统一的过程中发挥了强大的作用。

(5)由先秦到汉代形成的"大一统"思想，对历代统一起了积极的促进作用。

(6)中国的农耕文化使人民祈盼"天下太平"，而只有国家统一，稳定与太平才有相应的保证。

以上这些因素，使"统一"积淀为中华民族的心理渴望与价值取向，这才是中国文化得以保持完整和绵延不绝的根本要素。

第4章　姓氏与名、字、号

4.1　复习笔记

【知识框架(庖丁解牛)】

- 姓氏与名、字、号
  - 姓氏
    - 姓
    - 氏
    - 姓与氏的融合
    - 姓氏来源
    - 望族大姓
    - 姓氏分布
  - 名、字、号
    - 名
    - 字
    - 名与字的使用
    - 避讳
    - 号

【考点剖析与拓展(游刃有余)】

考点一、姓氏

表4－1　姓氏

要点		具体内容
姓	意义	为氏族的标志。姓以别婚姻，同姓不婚
	起源	从最早的姓(如黄帝的姬姓，炎帝的姜姓)都以“女”字为偏旁来推测，大概出现于母系氏族社会
	上古八大姓	姬(起源于黄帝)、姜(起源于炎帝)、姚、妫(姚、妫同源，都是起源于舜)、姒(起源于大禹)、嬴(起源于皋陶)、妊(起源于燧人氏)、妘(起源于祝融氏)
氏	意义	为氏族分支的标志。氏以别贵贱，贵者有氏，贱者无氏
	起源	母系氏族由于子孙繁衍，分为若干分支散居各地，每支有一个特殊的称号作为标志就是氏
姓与氏的融合		战国以后姓氏逐渐合而为一，汉魏以后通称为姓。至此，从天子到庶人都有姓了

续表

要点	具体内容
姓氏来源	①源于姓，如姬姓派生出周、吴、郑、王、鲁、曹、魏等400多个姓。 ②源于国，如春秋战国时期的诸侯国齐、鲁、晋、宋、郑、吴、黄、秦、楚、卫、韩、赵、魏、燕、陈、蔡、曹、胡、许等。 ③源于采邑，如尹、魏、韩等。 ④源于乡亭，如裴、陆、阎、郝、欧阳等。 ⑤源于居住地，如东郭、西门、柳等。 ⑥源于先人，如林、皇甫、高、刁、公、施等。 ⑦源于兄弟次第，如孟、季等。 ⑧源于官职，如司马、祝、史等。 ⑨源于职业，如巫、卜、陶、屠等。 ⑩源于谥号，如穆、戴、召等。 来源于少数民族汉化，如元、单于等
望族大姓	汉魏两晋之际盛行门阀制度，姓氏有了高低贵贱之分。帝王、功臣、贵戚之姓取得尊贵地位，形成一些豪门大族，这种影响一直延续到隋唐。如东晋时期琅琊王氏家族与当时皇室力量势均力敌，当时百姓称之为“王与马，共天下”；又如隋唐时期形成“五姓七望”，即陇西李氏、赵郡李氏、博陵崔氏、清河崔氏、范阳卢氏、荥阳郑氏、太原王氏
姓氏分布	据统计，在中国历史上，约有19个姓长期以来分布于全国一半以上的人口，分别为：李、王、张、刘、陈、杨、赵、黄、周、吴、徐、孙、胡、朱、高、林、何、郭和马

考点二、名、字、号

表4-2 名、字、号

要点	具体内容	
名	乳名	即小名，是一个人在孩童时期的名字，如曹操，小名阿瞒
	学名	又称训名，为父、师所命之名。中国人的名字一般以两字和三字为常见
	范字	在命名同一辈分的单名所使用的共同偏旁或双名所使用的同一个字，可以区别不同辈分。如孔姓范字自明末孔子第65代孙孔荫植之后开始使用，共20字，是一首五言诗，即“兴毓传继广，昭宪庆繁祥，令德维垂佑，钦绍念显扬”
字	含义	是指在本名以外所起的表示德行或本名的意义的名字，字往往是名的解释和补充，是和名相表里的，所以又称表字。如岳飞，字鹏举。有时候在字中嵌入伯(孟)、仲、叔、季以表示兄弟姐妹之间的排行大小
	取字时间	古代男子冠礼(二十岁)、女子笄礼(十五岁)后可以取字
名与字的使用	①中国的这种名、字双轨制早在周代就已经形成。 ②古人的名，主要用于自称；古人的字，主要用于他称。 ③名是成年前的称呼，字是成年后的称呼	
避讳	是指古人在正式场所言谈或写文章时，要避免用君主、圣人或自己长辈的名字所使用过的文字，避讳之法主要有①改字法：以其他同音或同义字代替；②缺笔法：省却笔画；③空字法：空而不写，等等	

续表

要点	具体内容	
号	含义	封建社会的中上层人物（特别是文人）往往以住地和志趣等为自己取号（包括斋名、室名等），号不像取姓名那样要受家族、行辈的限制，而是由使用者本人所起，因而可以更自由地抒发或彰显使用者的某种审美趣味。如宋代欧阳修晚年号六一居士，即一万卷书、一千卷古金石文、一张琴、一局棋、一壶酒加上他本人一老翁，以彰显其审美品位
	起号的特定名词	①称“居士”的，如“青莲居士”（李白），“香山居士”（白居易）；“东坡居士”（苏轼），“稼轩居士”（辛弃疾）；“六如居士”（唐寅）。 ②称“先生”的，如“五柳先生”（陶渊明），“甫里先生”（陆龟蒙），“东莱先生”（吕祖谦），“龙川先生”（陈亮），“兰谷先生”（白朴）。 ③称“公”的，如“石公”（袁宏道），“任公”（梁启超）。 ④称“子”的，如“幽忧子”（卢照邻），“知非子”（司空图），“归来子”（晁补之）。 ⑤称“老人”的，如“少陵野老”（杜甫），“老泉”（苏洵），“千岩老人”（肖德藻），“黄华老人”（王庭筠），“随园老人”（袁枚），“颍滨遗老”（苏辙）。 ⑥称“翁”的，如“桑苎翁”（陆羽），“醉翁”（欧阳修），“涪翁”（黄庭坚），“放翁”（陆游），“笠翁”（李渔）。 ⑦称“叟”的，如：“正斋叟”（关汉卿），“蒙叟”（钱谦益）。 ⑧称“外史”的，如：“海岳外史”（米芾），“会稽外史”（王冕），“仇他外史”（梁辰鱼）。称“山人”的，如：“九华山人”（杜荀鹤），“少室山人”（胡应麟），“射阳山人”（吴承恩）。 ⑨称“散人”的，如“湖海散人”（罗贯中），“顾曲散人”（冯梦龙），“清都散人”（赵南星）。 ⑩称“渔和樵”的，如：“沂东渔父”（康海），“天目山樵”（张文虎）

4.2 典型题（含考研真题）详解

一、填空题

1. 诗句“旧时王谢堂前燕，飞入寻常百姓家”中的“王谢”实际代表了东晋时的______。[首都师范大学2015年研]

【答案】王导、谢安

【解析】“王谢”指的是六朝时望族王氏与谢氏的并称，东晋时为王导、谢安两大家族，王导、谢安，晋相，世家大族，贤才众多，皆居巷中，冠盖簪缨，都居住在乌衣巷，人称其子弟为“乌衣郎”。

2. 全国汉族三大姓氏为______、王、张。[南京师范大学2015年研]

【答案】李

【解析】李、王、张为汉族三大姓，分别占汉族人口的比例为7.94%，7.65%，7.07%。

3. 母系氏族社会的人们按母系血缘分成若干氏族，每个氏族都以图腾或居住地形成互相区别的族号，这个族号就成为该氏族成员的______。[中山大学2010年研]

相关试题：在母系氏族公社时期，每个氏族都有相互区别的族号，这个族号就是“______”。[厦门大学 2011 年研]

【答案】姓

【解析】中国姓氏的产生一般认为可以追溯到母系氏族社会。那时的人们按母系血缘分成若干氏族，每个氏族都以图腾或居住地形成互相区别的族号，这个族号就是“姓”。据《说文解字》云：“姓，人所生也。古之神圣，母感天而生子，故称天子。从女从生。”“感天而生”，其实就是知母不知父的意思。

二、判断题

1. 唐代文学家韩愈被世人称为“韩昌黎”是因为他是昌黎人。(　　)[中国传媒大学 2015 年研]

【答案】错误

【解析】韩愈本为河阳(今河南省孟州市)人。因当时韩姓以昌黎和南阳两地为郡望，所以韩愈自称“昌黎人”，时人也称其为“韩昌黎”。“郡望”是指某一姓氏世居某郡而为人们所仰望，实际指某一姓氏的社会影响。“郡望意识”的产生，与封建社会人们注重出身、看重门第的普遍社会心理有关。

2. “八大山人”是清代八位著名的画家。(　　)[北京大学 2010 年研]

【答案】错误

【解析】“八大山人”是朱耷的号，古人在名字之外还有“号”，这是中国文化中的一个独特现象。如唐代大诗人杜甫号“少陵野老”，明末朱耷号“八大山人”，宋代大文学家苏轼因贬黄州居于东坡而号“东坡居士”，黄庭坚号“山谷道人”，清代画家金农以其藏砚丰富而号“二百砚田富翁”，清代刘庠以其治经学而号“十三经老人”。

三、单项选择题

1. 东周的都城在今天的(　　)。[首都师范大学 2011 年研]

A. 西安　　B. 北京　　C. 洛阳　　D. 许昌

【答案】C

【解析】公元前 770 年，周幽王在申国和犬戎联军的攻打下，兵败被杀，西周灭亡，其子周平王继位，将都城东迁洛邑(今河南省洛阳市)，史称“东周”。

2. 古时姓与氏是分开的，以区别血统和子孙，二者混合为一大约是在(　　)时期。[南开大学 2010 年研]

A. 先秦　　B. 秦汉　　C. 魏晋　　D. 隋唐

【答案】B

【解析】姓与氏混合为一，大约在秦汉时代。到司马迁撰写《史记》的时候，二者已经没有什么区别，表明在进入封建的大一统社会以后，姓氏原有的区别已经毫无意义了。

3. 以下姓氏中，其来源与官职有关的是(　　)。

A. 姜　　B. 韩　　C. 史　　D. 孟

【答案】C

【解析】A项，最早产生的姓，它们多带女字旁。“姜”属于此类。B项，以国邑为姓，“韩”属于此类。C项，以官职为姓。如司马、司空、司徒、司寇、史、理、钱、宗、帅等。“史”即属于此类。D项，以排行次第为氏，是宗法制的一种体现。周代以孟(伯)、仲、叔、季作为子孙排行的顺序。“孟”属于此类。

4．“青莲居士”是谁的号？(　　)

A．李白　　B．杜甫　　C．白居易　　D．欧阳修

【答案】A

【解析】古人在名字之外还有“号”，这是中国文化中的一个独特现象。A项，李白因生长于青莲乡而号“青莲居士”。B项，杜甫自号“少陵野老”。C项，白居易号“香山居士”，又号“醉吟先生”。D项，欧阳修号“醉翁”，晚号“六一居士”。

四、简答题

汉语中与“名”“姓”有关的成语甚多，请任举三例，并简单分析一下古代的“姓”“名”“字”与今天我们常说的“名字”之间的关系。[南开大学2012年研]

答：(1)与“名”“姓”相关的成语

二姓之好、改名易姓、显姓扬名。

(2)“姓”“名”“字”与“名字”之间的关系

①姓

a．姓氏是标志社会结构中一种血缘关系的符号。中国姓氏的产生一般认为可以追溯到母系氏族社会，那时的人们按母系血缘分成若干氏族，每个氏族都以图腾或居住地形成互相区别的族号，这个族号就是“姓”。《说文解字》中说：“姓，人所生也。古之神圣，母感天而生子，故称天子，从女从生。”

b．现在人们常说和常用的不再是母系氏族时期的从女的“姓”，而是父亲的姓氏。

②字

“字”是古代男子20岁(成人)举行加冠礼时取字，女子15岁许嫁举行笄礼时取“字”，以表示对本人尊重或供朋友称呼。“字”的这一意义在现在已经不再使用，而“字”往往和“名”一起使用，表示“姓名”的意义。

③名

古代，人们在姓氏之外，还会取“名”“字”“号”。“名”的概念大概在氏族社会就已经出现了，《说文解字》中说：“名，自命也。从口从夕。夕者，冥也。冥不相见，故以口自名。”《礼记·檀弓上》记载：“幼名，冠字”。注疏说：“名以名质，生若无名，不可分别，故始生三月而加名，故云初名也。冠字者，人年二十有为父之道，朋友等类，不可复呼其名，故冠而加字”。字由名演化而来，所以统称为“名字”。名一般用于谦称、卑称，或上对下、长对少，而字则用于下对上、少对长或对他人尊称。

总之，现在人们常用的“名字”只是古代的“名”，它和古代的“姓”“名”“字”相比，意义已经发生了很大变化。

第5章　汉　字

5.1　复习笔记

【知识框架(庖丁解牛)】

- 汉字
  - 汉字的演变
    - 汉字的起源
    - 演变过程
  - 六书
    - 概念
    - 六书之造字法
    - 六书之用字法
  - 汉字文化
    - 汉字反映上古社会的三大途径
    - 汉字的特点
    - 汉字的影响

【考点剖析与拓展(游刃有余)】

考点一、汉字的演变

表5－1　汉字的演变

要点	具体内容		
汉字的起源	结绳说、八卦说、刻契说、仓颉造字说、刻划说和图画说		
演变过程	古文字	甲骨文	是中国殷商代后期用于占卜记事而刻(或写)在龟甲和兽骨上的文字
		金文	又称钟鼎文，是商周时代刻在青铜器上的文字
		大篆	又称籀文，相传为周宣王时史籀所作。起于西周晚期，春秋战国时期行于秦国。代表为今存的石鼓文，被誉为“石刻之祖”
		小篆	又称秦篆，秦统一六国后，李斯作《仓颉篇》，中车府令赵高作《爰历篇》，太史令胡毋敬作《博学篇》，对大篆进行简化而成，推行全国。今存《琅琊台刻石》《泰山刻石》
	今文字	隶书	相传为秦末程邈在狱中所整理，去繁就简，字形变圆为方，笔画改曲为直，更便于书写。“隶变”强化了汉字的记号功能，削弱了象形功能，是汉字发展史上最重要的里程碑，为后来的派生出草书、楷书、行书奠定了基础。其显著特征是“蚕头燕尾”“一波三折”
		楷书	又称正书、真书，始于东汉，魏晋进一步发展，到隋唐达到高峰，出现“欧体”(欧阳询)、“虞体”(虞世南)、“颜体”(颜真卿)、“柳体”(柳公权)。到了宋代，出现“宋体”

续表

要点	具体内容		
演变过程	今文字	草书	章草约始于汉初，据张怀瓘《书断》记载，为汉元帝黄门令史游所造，是快写的隶书；至东汉末年，相传张芝脱去了隶书笔画形迹，发展成今草；到唐代的张旭、怀素，今草写得更加放纵，成为狂草
		行书	约产生于东汉末年，据张怀瓘《书断》记载，为刘德升所造，是介于楷书、草书之间的一种字体，是楷书的草化或草书的楷化。楷法多于草法的叫“行楷”。草法多于楷法的叫“行草”。代表人物“二王”（王羲之、王献之）

考点二、六书

表5-2 六书

概念	含义	六书是古人解说汉字的结构和使用方法而归纳出来的六种条例，具体为象形、指事、会意、形声、转注、假借
	形成过程	六书之名最早见于《周礼·地官·保氏》，后世文字学家采用班固的次序、许慎的名称确定
六书之造字法	象形	描画事物的形象的造字法。如“人”字，形如直立行走的人
	指事	在象形字的基础上加象征符号的造字法。如“刃”字，刀上加一点，表示刀刃
	会意	用两个或两个以上具有独立意义的符号组成新字的造字法。如“明”字，日月都发光，是为明
	形声	用表示意义的形旁（又称“义符”）和表示读音的声旁（又称“音符”）两部分组成新字的造字法。形声字在汉字中数量最多，占百分之八十以上。如“想”字，“相”表示读音，“心”表示意义
六书之用字法	假借	依据声音相近或意义相近的原则，借用已有的字表示新的意义。如“令”字本义表命令的会意字（上部模拟发出号令的木铎，下部模拟受命的人），后来指县令
	转注	字的意义发生变化而转作他用，其本义用另一个字来注解和代替。如“斤”与“斧”字：“斤”本义为“斧”，后来转做量词“斤”，本义用“斧”字代替

考点三、汉字文化

表5-3 汉字文化

要点	具体内容	
汉字反映上古社会的三大途径	近取诸身	通过对人体及器官的观察和描摹创制“人”“口”“手”“心”等文字，从中可以体会到古人对自身认识的细致与深入，也反映了先民“以己度人”“以己夺物”的思维方式
	远取诸物	通过对外部世界的观察和描摹来创制“日”“月”“神”“武”等文字，体现了他们对于日月山川等自然现象和衣食祀戎等社会现象的认识
	深及诸理	汉字集中反映了中华民族的形象性、整体性、辩证性的传统思维方式，和男女地位、等级制度、尊祖敬神、以老为尊有关的传统文化习俗，以及天人合一、变动不居、矛盾统一的中国传统哲学观

续表

要点	具体内容	
汉字的特点	汉字是平面型方块体汉字	汉字的笔画(点、横、竖、撇、捺、提、折、钩)有秩序的分布在一个平面性的方框里，这是汉字从外观上看最明显的特点
	汉字的形音义之间存在一定的理据	汉字是形音义统一的，有见形知义的特点。这一特性在世界文字中是独一无二的。随着汉字的发展，古汉字在经过隶变、楷化以及现代的简化之后，许多字的形音义之间失去了联系或要经过一定的分析以后才能看出
	汉字具有稳定性	汉字是表意文字(即将意思置换成形状来表示的文字)，含义较少受语言(音节)的影响，有变化也都是可以追溯的引申义；且象形文字将字符代表的意义和知觉固定下来，文化内涵更丰富，一个文字背后可能隐藏很多含义；而表音文字完全依赖语音，如果语音发生变化，则文字就失去意义
汉字的影响	对日本文字的影响	日语的文字由汉字(真名)和假名两套符号组成，混合使用。假名有两种字体：平假名(吉备真备)和片假名(弘法大师空海)，各有 73 个。前者假借汉字的草书造成，用于日常书写和印刷；后者假借汉字楷书的偏旁冠盖造成，用于标记外来词、象声词以及特殊的词语
	对朝鲜文字的影响	朝鲜文字称为谚文。李朝初期，世宗在宫中设谚文局，令郑麟趾、成三问等人制定谚文。他们依中国音韵，研究朝鲜语音，创造出 11 个母音字母和 17 个子音字母，并于公元 1443 年公布使用，朝鲜从此有了自己的文字
	对越南文字的影响	十世纪以前的越南曾是中国的郡县，秦、汉、隋、唐莫不在此设官统辖，故受中国文化的影响较深。越南独立后，无论是上层人士的交往，还是学校教育以及文学作品的创作，均以汉字为工具。直至十三世纪，越南才有本国文字——字喃。字喃是以汉字为基础，用形声、假借、会意等方法创制的表达越南语音的新字

5.2 典型题(含考研真题)详解

一、填空题

1．按照汉字的“六书”来分析，“本”和“甘”都是______字。[中国传媒大学 2015 年研]

【答案】指事

【解析】《说文解字》：“指事者，视而可识，察而见意，上、下是也。”意思是看一下就可以知道它代表什么，但要仔细观察以后才能明白它的意义，比如“上”“下”等字。“本”从木下一横，表示树木之本所在，为指事字，甲骨文中已有“本”字。“甘”从口中一点，表示口尝到了甘甜味道，甲骨文中已有“甘”字。

2．传说汉字是由黄帝的史官______发明的。[首都师范大学 2015 年研]

【答案】仓颉

【解析】《说文解字》记载仓颉是黄帝时期造字的左史官，在仓颉没有造字之前，人们都是用绳子打结记录事情，用不同颜色的绳子，记录不同牲口、数目。仓颉见鸟兽的足迹受到启发，分门别类，加以搜集、整理和使用，在汉字创造的过程中起了重要作用，被尊为“造字圣人”。

3. “明”字属于“六书”中的______字。[四川大学 2014 年研]

【答案】会意

【解析】《说文解字》：“会意者，比类合谊，以见指？，武信是也。”意思是把两个或两个以上的字合并在一起，并把它们的字义合起来，就出现一个新义的指向。“明”是会意字，从日从月，表示清晰明亮的意思，甲骨文以“日、月”发光表示明亮。

4. “六书”这个词最早见于《______》。[北京大学 2012 年研]

【答案】周礼

【解析】东汉许慎的《说文解字》系统分析了汉字的六种结构，学术上称为“六书”。“六书”一词最早见于《周礼》。东汉班固在《汉书·艺文志》中明确指出“象形、象事、象意、象声、转注、假借”为“六书”，是“造字之本”。许慎在《说文解字·叙》中对“六书”做了比较详细的说明，但次序、名称与班固等人又有所不同，后世文字学家采用许慎的名称、班固的次序。

5. 中国古代研究汉语经典语言的文字、音韵、训诂的学问称为______。[首都师范大学 2011 年研]

【答案】小学

【解析】古代小学先教授六书，所以把研究文字、训诂、音韵方面的学问称为小学。“中国传统语言学”是指中国古代研究语言文字的学问，这门学问古代称为“小学”。“小学”开始是指为贵族子弟设置的初级学校。

6. 汉字演变的历史是从甲骨文演变到金文，从金文演变到篆书，由篆书演变到隶书，由隶书逐渐转变为今天使用的______和楷书。[北京外国语大学 2010 年研]

【答案】行书

【解析】汉字的演变是由甲骨文到金文，由金文到篆书，由篆书到隶书，然后才是现在使用的行书和楷书。但事实上篆书又分大篆和小篆，小篆现在还比较多见，大篆则仅以石鼓文为代表。由于其发现早于殷墟甲骨文，曾被当作中国最早的文字。

7. ______是迄今为止所发现的最早的能够完整地记录汉语且比较成熟的文字体系。[南开大学 2010 年研]

【答案】甲骨文

【解析】甲骨文主要指殷墟甲骨文，又称为“殷墟文字”“殷契”，是殷商时代刻在龟甲兽骨上的文字。甲骨文是中国已发现的古代文字中时代最早的、体系较为完整的文字。

8. 现存最早的汉字是甲骨文和金文。甲骨文据说是由清代的金石学家______等首先发现的。[华中师范大学 2010 年研]

【答案】王懿荣

【解析】我国现存最早的汉字是甲骨文和金文。“甲骨文”就是刻在龟甲和兽骨上的文字，据说是清光绪二十五年(1899 年)由清朝的金石学家王懿荣等首先发现的，出土地点在今河南省安阳市小屯村。

二、判断题

1．汉字文化圈指的是至今仍使用汉字作为主要书面交际工具的国家和地区。（　　）［首都师范大学2015年研］

【答案】错误

【解析】汉字文化圈指历史上曾经使用汉字或在文字上受汉字影响的国家和地区，并不是说这些国家和地区至今仍使用汉字作为主要的书面交际工具。一般认为，汉字文化圈包括中国、朝鲜、韩国、日本、越南等国家。

2．秦朝时期对汉字形体进行了第一次规范化，所规范的汉字称为隶书。（　　）［首都师范大学2011年研］

【答案】错误

【解析】公元前221年，秦始皇下令规定以小篆为统一书体在全国推行，并“罢其不与秦文合者”的各种文字。为推行小篆，秦始皇命李斯、赵高等人编写了《仓颉篇》《爰历篇》《博学篇》等书文，作为标准的文字范本。

三、单项选择题

1．下列断言完全正确的一项是（　　）。［首都师范大学2014年研］

A．隶书是秦始皇统一六国后采用的标准字体

B．象形、假借、会意、形声是古代汉语的四种造字法

C．汉字是记录汉语的书写符号系统，属于表意文字

D．现行汉字的结构单位有两级：一是独体字，二是合体字

【答案】C

【解析】A项，秦始皇统一六国后采用的标准字体是小篆。B项，汉语的四种造字法是象形、指事、会意和形声，转注和假借是用字法。D项，现行汉字的结构单位有两级，即笔画和部件。

2．汉字数量很多，总数约60000个，其中常用字约（　　）。［四川大学2013年研］

A．3000个　　B．4000个　　C．5000个　　D．6000个

【答案】A

【解析】现行汉字是记录现代汉语的书写符号系统，1988年公布的《现代汉语通用字表》收汉语通用字7000字，其中包括《现代汉语常用字表》的3500字。根据现代白话文著作所用字数统计，现代汉语的常用字大约有3000多，其中最常用字有2000多。

3．隶书是哪个朝代的通行文字？（　　）［首都师范大学2013年研］

A．西周　　B．东周　　C．秦朝　　D．汉朝

【答案】D

【解析】汉代是书法艺术成熟的时期。在这个阶段，隶书定型，草书、行书、楷书也应运而生，形成了隶书盛行、诸体皆备的辉煌局面。隶书产生很早，秦代已有使用；到汉代逐步定型为横扁形的，从起笔到结体都有一定的规格；到东汉，成为官定标准字体。这一

书体的变革，文字史上叫作“隶变”。经过隶变后通行的隶书，即为“汉隶”。它上承秦隶，又显出汉隶本身点画均匀、舒展自由的特点。汉代竹简、碑石、印章上的文字，大多采用汉隶。

4. 现代汉字属于哪种文字？(　　)［首都师范大学2013年研］

A. 拼音文字　　B. 表意文字　　C. 图画文字　　D. 音节文字

【答案】B

【解析】表意文字是一种用象征性书写符号记录信息的文字体系，不直接或不单纯表示语音。表意文字是一种图形符号，只代表语素而不代表音节的文字系统。表意文字主要在东亚国家有广泛的发展和使用。目前中国境内使用的汉字、彝文、东巴文、格巴文、水书(部分)和广义上网络上所使用的颜文字、emoji(绘文字)属于表意文字。

5. 传统汉字学有“六书”的说法，“六书”指的是(　　)。［首都师范大学2011年研］

A. 汉字的六种写法　　B. 汉字的六种字体

C. 六种研究汉字的书　　D. 汉字造字和用字的六种方法

相关试题：判断题，“六书”是指《诗经》《尚书》《礼记》《周易》《乐经》《春秋》。［南京师范大学2017年研］(**【答案】**错误)

【答案】D

【解析】关于“六书”的说法一般采用《说文解字》中的名称，《汉书·艺文志》中的顺序，表述成：象形、指事、会意、形声、转注和假借。前四种是造字之法，称为“四体”，后两种是用字之法，称为“二用”。

6. 图画文字产生后开始出现(　　)，它的产生标志着人类文明时代的开端。［厦门大学2011年研］

A. 楔形文字　　B. 象形文字　　C. 腓尼基字母　　D. 拼音字母

【答案】B

【解析】文字的出现是文明时代的重要标志之一。“龟纹鸟迹之象”是指象形符号，“博采众美”是指图形之美。也就是说汉字的起源，最早是原始社会的图画和象形符号。A项，楔形文字由苏美尔人所创，是已知最古老的文字。C项，腓尼基字母是腓尼基人在楔形字基础上将原来的几十个简单的象形字字母化形成的，约公元前1500年左右。D项，拼音字母是指拼音文字所用的字母，也指汉语拼音方案采用的为汉字注音的二十六个拉丁字母。拼音字母是埃及人发明的。

7. 中国现存最早的石刻文字是“石鼓文”，它属于(　　)。［南开大学2010年研］

A. 大篆　　B. 小篆　　C. 金文　　D. 隶书

相关试题：填空题，文字是文化的载体，中国现存最早的石刻文字是______。［山东大学2019年研］(**【答案】**石鼓文)

【答案】A

【解析】大篆以石鼓文为代表，石鼓文就是刻在十块鼓形石上的文字，也是我国现存最早的石刻文字。其字体既不同于金文，又不同于小篆；其字形比金文更整齐，结构又近于小篆，是由金文向小篆过渡的一种字体，其书法字体多取长方形，形势整肃，端庄凝重，笔力稳健，在汉字发展史上有重要的研究价值。

四、简答题

1. 汉字与中国文化的关系是什么？请举例说明。[西安建筑科技大学2020年研]

答：(1)汉字与中国文化息息相关

汉字由图画和符号文字发展成今天独具特色的方块字，它是跟中国人重实际、多想象、包容万物的那种实用理性思维和天人合一、物我一体的精神密切相关的。从汉字的构成来看，六书中的象形、指事、会意、形声属于造字法，转注和假借属于用字法。在四种造字法中，象形字是最基本的。

(2)汉字结构体现中国文化的基本精神

①写实主义精神。如“人、马、日、月、山、水”等象形字都是从实物演化而来。

②人体本位精神。在汉字结构中，是以人为感觉万物的基础，一切物质的存在，都是有人去感受的，人是物质世界的中心，是万物的主体成分。如“人(亻)、身”表示人的整体部位，“头(页、首)、目、耳、口、手(扌)、足、心、骨、肉(月)”等表示人的分体部位及与该部位有关的动作，从而构成无数字。

③原始社会物质条件和精神生活的反映。如由“示”组成的汉字，大都与当时崇拜、祝愿、祭祀有关。

2. 简述“六书”是怎样反映汉字构成特点的。

答：“六书”，首见于《周礼》，清代以后一般指象形、指事、会意、形声、转注、假借，汉代学者把汉字的构成和使用方式归纳成六种类型，总称六书。普遍采取的是许慎的名称、班固的次序。六书是后来的人对汉字进行分析而归纳出来的系统，也是最早的关于汉字构造的系统理论。当有了六书系统以后，人们再造新字时，都以该系统为依据。具体来说，“六书”通过以下方式来反映汉字构成的特点：

(1)象形

许慎《说文解字》云：“象形者，画成其物，随体诘诎，日月是也。”即用文字的线条或笔画，把要表达物体的外形特征，具体地勾画出来。例如“月”字像一弯明月的形状，“龟”字像一只龟的侧面形状。象形属于“独体造字法”。

(2)指事

许慎《说文解字》云：“指事者，视而可识，察而见意，上下是也。”指事与象形的主要分别是，指事字在象形字基础上含有较抽象的符号。例如“刃”字是在“刀”的锋利处加上一点，以作标示；“上”“下”二字则是在主体“一”的上方或下方画上标示符号，这些字的勾画，都有较抽象的部分。指事也属于“独体造字法”。

(3)会意

许慎《说文解字》云：“会意者，比类合谊，以见指撝，武信是也。”会意字由两个或多个独体字组成以表达新字的意思。例如“解”字的剖拆字义，是以用“刀”把“牛”和“角”分开来字达。会意属于“合体造字法”。

(4)形声

许慎《说文解字》云："形声者，以事为名，取譬相成，江河是也。"形声字由两部分组成：指示字的意思或类属的形旁（又称"义符"）和表示字的相同或相近发音的声旁（又称"音符"）。例如"樱"字，形旁是"木"，表示它是一种树木，声旁是"婴"，表示它的发音与"婴"字一样。形声也属于"合体造字法"。

（5）转注

许慎《说文解字》云："转注者，建类一首，同意相受，考老是也。"《说文解字》中说"考"字下注"老也"，"老"字下注"考也"，即以同义字相互注解，要求是两个字部首相同。转注属于"用字法"。

（6）假借

许慎《说文解字》云："假借者，本无其字，依声托事，令长是也。"依据声音相近或意义相近的原则，借用已有的字表示新的意义。如"令"本义表命令的会意字（上部模拟发出号令的木铎，下部模拟受命的人），后来指县令。假借也属于"用字法"。

第6章　学术思想

6.1　复习笔记

【知识框架(庖丁解牛)】

- 学术思想
  - 诸子百家
    - 儒家
    - 道家
    - 墨家
    - 法家
    - 兵家
    - 名家
    - 阴阳家
    - 纵横家
    - 农家
    - 医家
    - 小说家
    - 杂家
  - 两汉经学
    - 基本概念
    - 今古之争
    - 重要人物
  - 魏晋玄学
    - 基本概念
    - 背景
    - 分期、代表人物与主要观点
  - 隋唐佛学
    - 背景
    - 八大宗派
  - 宋明理学
    - 背景
    - 周敦颐
    - 邵雍
    - 张载
    - 程朱理学
    - 陆王心学
  - 清代朴学
    - 明末清初的学风的转变
    - 乾嘉学派

【考点剖析与拓展(游刃有余)】

考点一、诸子百家

表6－1　诸子百家

要点		具体内容
儒家	孔子	①“仁”是孔子学说的核心，也是儒家思想的核心，其最基本的精神就是“爱人”。“仁”的提出，既关系到个人人格修养，又关系到家庭伦理，还关系到国家和社会治理的政治伦理。“礼”是“仁”的外在表现，是社会制度和礼节仪式。教育上倡导“因材施教”“有教无类”。 ②其思想主要体现在其弟子编成的《论语》一书中
	孟子	①继承了孔子“仁”的思想，将其发展成“仁政”学说，提出“民为贵，社稷次之，君为轻”的民本思想；主张“性善论”，认为人有恻隐之心、羞恶之心、辞让之心、是非之心，是为仁、义、礼、智“四善端”；重视主观精神的修养，提出要“养浩然之气”，达到“富贵不能淫，贫贱不能移，威武不能屈”的境界。 ②其思想主要体现在孟子与其弟子编成的《孟子》一书中
	荀子	①主张“性恶论”，提出“圣人化性而起伪，伪起而生礼义，礼义生而制法度”，强调后天的道德教化与礼法约束对人的发展的作用；提出“学不可以已”，强调学习的重要性；还提出了“君者舟也，庶人者水也，水则载舟，水则覆舟”的进步思想。 ②其思想主要体现在荀子与其弟子编成的《荀子》一书中
道家	老子	①“道”是老子学说的核心，也是道家思想的核心，“道”是宇宙本原，“道生一，一生二，二生三，三生万物”，“道”又是宇宙间一切事物发展变化运行的规律，不要违背规律而动，主张“道法自然”，因循自然之规律达致“无为而无不为”之境；还认为“柔弱胜刚强”，主张“不争”的处世之道；认识到事物可以相互转换，提出“物极必反”“祸兮福所倚，福兮祸所藏”等观点；在政治上，认为“小国寡民”是最理想的社会。 ②其思想主要体现在老子所著的《道德经》(又称《老子》)一书中
	庄子	①继承和发展了老子“道”的思想，幻想摆脱外物的束缚(“无待”)，超越自我的羁绊(“无己”)，追求一种个人精神上绝对自由的境界(“独与天地精神相往来”)，并提出“心斋”与“坐忘”是达到超越的理想手段；他宣扬“绝圣弃知”思想，反对“人为”，主张齐物我、齐是非、齐生死、齐贵贱，以达到“天地与我并生，万物与我为一”的主观精神境界，安时处顺，逍遥自得，而学“道”的最后归宿，也唯有泯除一切差异，从“有待”进入“无待”，从“有我”达到“无我”。 ②其思想主要体现在庄子及其后学所著的《庄子》一书中
墨家	墨子	①以“为万民兴利除害”为己任，提出兼爱，非攻，尚贤，尚同，节用，节葬，天志，明鬼，非乐，非命十大主张。“兼爱”是墨子十大主张的核心，也是墨家区别于其他各家的标志，其基本含义是视人如己，不分亲疏远近、贫富贵贱，同等程度地爱一切人；“非攻”是“兼爱”的延伸。 ②其思想主要体现在墨子与其弟子编成的《墨子》一书中

续表

要点	具体内容	
法家	韩非子	①将商鞅的“法”、申不害的“术”和慎到的“势”融合在一起，认为国君要想有效地统治国家，达到富国强兵的目的，必须拥有法(健全法制)、术(御下之术)、势(君主的至高权威)相结合的君主集权制的统治术；主张通过“严刑”“重罚”来治国，第一次明确提出了“法不阿贵”的思想，主张“刑过不避大臣，赏善不遗匹夫”。 ②其思想主要体现在韩非子及其后学所著的《韩非子》一书中
兵家	孙武吴起	①研究军事战略战术，总结战争经验，研究制胜规律，分为权谋、形势、阴阳、技巧四个支派。 ②其思想主要体现在《孙子兵法》《吴子兵法》等书中
名家	惠施 公孙龙	注重辩论名(名称、概念)实(事实、实在)之间的关系，是一种逻辑学
阴阳家	邹衍	提倡阴阳五行学说，并用它解释社会人事
纵横家	苏秦 张仪	①以纵横捭阖之策游说诸侯；苏秦力主燕、赵、韩、魏、齐、楚合纵以拒秦，张仪则力破合纵，连横六国分别事秦。 ②其思想、言论主要体现在《战国策》一书中
农家	许行	认为农业是衣食之本，注重对农业生产技术和经验进行总结
医家	扁鹊	研究病理、药理、诊断之法、预防之法、治疗之法
小说家	虞初	采集民间传说议论，借以考察民情风俗
杂家	吕不韦	①对诸子百家兼收并蓄，博采众议，自成一家。 ②其思想主要体现在吕不韦门客编成的《吕氏春秋》(又名《吕览》)一书中

考点二、两汉经学

表6－2　两汉经学

要点	具体内容		
基本概念	经		是对儒学典籍的尊称，主要指《诗》《书》《礼》《乐》《易》《春秋》(《乐经》亡佚)
	今文经		是指经历秦始皇焚书坑儒之后，至汉初通过老儒忆诵，弟子记录这种口耳相传的方式保存下来的经典经籍，记录时的文字主要是当时通用的隶书(今文)
	古文经		是指经历秦始皇焚书坑儒之后，至汉景帝时河间献王以重金在民间征集所得先秦古本以及汉武帝时鲁恭王从孔子故宅壁间所发现的先秦古本，这些经籍以先秦古籀文字(古文)写成
今古之争	今文经派	发展过程	汉武帝时，重用公羊派经学大师公孙弘、董仲舒，并采用董仲舒的建议，“罢黜百家，独尊儒术”，设五经博士，从此今文经学长期垄断汉代官学。后今文经学逐渐陷入了僵化和烦琐，且又与谶纬结合，流于妄诞，西汉后期见衰
		代表人物	董仲舒、何休
		重要特征	认为六经皆孔子所作，视孔子为托古改制的“素王”；注重阐发经文的“微言大义”，为汉王朝的封建“大一统”寻找理论依据；最重《春秋公羊传》

续表

要点	具体内容		
今古之争	古文经派	发展过程	汉哀帝时，负责整理校订国家藏书的刘歆发现今文经存在残缺和讹误，而内府收藏的古文经更为可靠，并请立古文经于学官。在他的竭力提倡下，古文经学逐渐流行。后王莽为了托古改制，开始推崇古文经，到了东汉，古文经获得更大发展，古文经学大师如卫宏、贾逵、马融、许慎等，以学术取得高官，门人弟子众多，古文经完全压倒今文经
		代表人物	刘歆、贾逵
		重要特征	尊崇周公，视孔子为“述而不作，信而好古”的先师；偏重训诂、考据，与现实政治问题联系较；最重《周礼》
重要人物	董仲舒	《天人三策》 《春秋繁露》	以《公羊春秋》为依据，将周代以来的宗教天道观和阴阳、五行学说结合起来，吸收法家、道家、阴阳家思想，把神权、君权、父权、夫权贯穿在一起，提出了“春秋大一统”“天人感应”“三纲五常”等重要儒家理论，其“罢黜百家，独尊儒术”的主张被汉武帝采纳，使儒学成为中国社会正统思想，影响长达两千多年
	许慎	《五经异义》 《说文解字》	坚持古文经学的立场，著《五经异义》刊正了五经混乱，创作《说文解字》以“六书”来分析小篆构形的理论，从根本上反驳了今文经学家随意根据隶书字体解析汉字形体、说解字义的弊端。《说文解字》是中国语文学史上第一部分析字形、辨识读音和解说字义的字典，开创了部首检字的先河
	郑玄	《天文七政论》 《中侯》	以古文经学为宗，兼采今文之说，综合两派，遍注群经，使经学进入了一个“小统一时代”，成为汉代经学的集大成者

考点三、魏晋玄学

表 6－3　魏晋玄学

要点	具体内容		
基本概念	清议		东汉后期，官僚士大夫中出现了一种品评人物的风气，这些官僚士大夫以太学为中心，希望通过“清议”，表达自己对现实统治的不满，希望引起统治者的重视
	清谈		又称玄谈，是指魏晋名士们对于本末、有无、动静、一多、体用、言意、自然名教的哲学命题的探讨、辩论
	三玄		《周易》《老子》《庄子》，清谈的主要内容和很多哲学问题都源自此这三部经典
背景	汉末随着儒家经学的衰微，党锢之祸对士大夫的政治压迫，以及佛道思想对儒学的影响，于是，士人变清议为清谈，谈玄之风渐盛		
分期、代表人物与主要观点	前期：魏末～西晋	正始时期	①代表人物：何晏、王弼。 ②主要观点：以老庄学说为基础，认为“天地万物，皆以无为本”，被称为“贵无论”
		竹林时期	①代表人物：阮籍、嵇康。 ②主要观点：超越儒家的各种伦理纲常束缚，任人之自然本性自由伸展（“越名教而任自然”），政治上不愿与司马氏政权合作

续表

要点	具体内容		
分期、代表人物与主要观点	前期：魏末～西晋	元康时期	①代表人物：郭象。 ②主要观点：认为万物各依其性而发展变化，而非取决于其自身之外的任何因素。各个事物都是无待而独化的，即是自为而不为他的。万物自生，自有，独化于"独化于玄冥"，被称为"独化论"
			①代表人物：裴頠。 ②主要观点：认为世界的根本是"有"，而不是"无"；世界万物是互相联系、互相依赖的，并不需要有一个虚无的"道"来支持，"无"不能对事物的存在和发展起积极作用，只有"有"才对事物的发展变化起积极的影响，被称为"崇有论"
	后期：东晋	清谈只为口中或纸上的玄言，已失去政治上的实际性质，仅止作为名士身份的装饰品，并且与佛教结合，发展为儒、道、佛三位一体的趋势	

考点四、隋唐佛学

表6－4　隋唐佛学

要点	具体内容	
背景	佛教自两汉之际传入中国，到魏晋南北朝时期，经过鸠摩罗什及弟子僧肇等对佛经的大量翻译，以及统治者的大力支持，得到广泛传播，并形成了不同的学风、学统。到隋唐时，国家由分裂走向一统，佛教南北的不同学风与不同经论师的不同学统逐渐走向了融合，佛教与儒、道二学亦已在抗争中日渐互渗，并形成许多不同的佛教宗派，各宗派之间具有强烈的排他性，互相纷争又互相吸取，共同促进佛学的昌盛繁荣	
八大宗派	法华宗	①是中国佛教最早创立的一个宗派，陈隋之际僧人智顗创立，因他常住浙江天台山，故名天台宗；又因以《法华经》为主要的教义根据，故又名"法华宗"；该宗倡导"止观双修"，止即禅定，观即智慧。在佛教基本教义基础上，提出"性具说""一心三观""一念三千"等佛学思想。 ②祖庭河南光山县净居寺
	唯识宗	①唐代僧人玄奘及弟子窥基创立，《成唯识论》为该宗代表作；因剖析一切事物(法)的相对真实(相)和绝对真实(性)而名法相宗，又因强调不许有心外独立之境，又称唯识宗。基本思想是："万法唯识""唯识无境"和"转识成智"说。又名瑜伽宗、慈恩宗。 ②祖庭为陕西西安大慈恩寺
	三论宗	①隋代僧人吉藏创立，以主要研究印度龙树的《中论》《百论》《十二门论》而得名，又因其阐扬"一切皆空""诸法性空"而名空宗或法性宗，基本思想是"二谛八不中道"说。 ②祖庭为陕西西安草堂寺、南京栖霞寺
	华严宗	①唐代僧人法藏(武则天赐以"贤首")创立，又称贤首宗，著有《华严经探玄记》《华严经旨归》等；依《大方广佛华严经》立法界缘起之妙旨，提出四法界说：事法界、理法界、理事无碍法界、事事无碍法界。 ②祖庭为陕西西安华严寺

续表

要点	具体内容	
八大宗派	禅宗	①唐代僧人慧能创立，著有《六祖坛经》，曾作偈曰：“菩提本无树，明镜亦非台，本来无一物，何处惹尘埃。”得到其师弘忍赞许，密授衣钵，该宗不重戒律，不立文字，认为“心生种种法生，心灭种种法灭”，弘扬“直指人心，见性成佛”的顿悟法门，又称“顿门”。 ②祖庭为河南嵩山少林寺，广东曹溪宝林寺
	净土宗	①唐代僧人善导创立，该宗的发展历史可追溯于东晋时期在庐山东林寺建立莲社的僧人慧远，故又称莲宗，该宗以三经一论为主要典籍，即《无量寿经》《观无量寿经》《阿弥陀经》《往生论》，主要修行方法是“观想”和“念佛”。只要一生至诚念佛，临终时即可仰仗阿弥陀佛的愿力往生西方净土。由于修行方法简单易行而得到了广泛流行。 ②祖庭为江西庐山东林寺，陕西西安香积寺
	律宗	①唐代僧人道宣创立，因着重研习及传持戒律而得名；又因道宣常住终南山，又称南山律宗或南山宗；该宗的主要学说是戒体论，即受戒后所产生的防非止恶的神秘力量。 ②祖庭为陕西西安净业寺
	密宗	①唐代僧人一行创立，著有《大日经疏》，又称真言宗，该宗派依《大日经》《金刚顶经》等建立三密瑜伽，事理观行，修无上本尊秘法。后日本空海和尚来汉地习学，及后携所学经论、仪轨回日本创建日本密宗。 ②祖庭为陕西西安大兴善寺

考点五、宋明理学

表6－5　宋明理学

要点	具体内容	
背景	①外：魏晋南北朝到唐“三教合一”潮流弥漫，为重兴儒学，唐宋儒者力图建立一种既贯通宇宙自然和人生命运，又继承孔孟正宗并能治理国家的学说。 ②内：魏晋隋唐儒家学者已摒弃琐碎章句之学，转向探求儒学的“原道”和“原性”	
周敦颐	世称“濂溪先生”，创立濂学，宋代理学的开创者，著有《太极图说》《通书》。他提出的无极、太极、阴阳、五行、动静、主静、至诚、无欲、顺化等理学基本概念，为后世的理学家反复讨论和发挥，构成理学范畴体系中的重要内容	
邵雍	世称康节先生，宋代理学奠基人之一，著有《皇极经世书》《击壤集》，他建构了一个以太极为环中的“包括宇宙，始终今古”的庞大的象数学思想体系，开创了流行于宋元明清先天图书易学的崭新局面	
张载	世称“横渠先生”，创立关学，宋代理学奠基人之一，著有《正蒙》《易说》，他认为客观世界存在的基础是客观存在的物质实体“气”，“气”是“至虚”与“至实”的统一，虚实统一的特性使“气”可以转化成各种事物。“为天地立心，为生民立命，为往圣继绝学，为万世开太平”为著名的“横渠四句教”	
程朱理学	北宋 程颢 程颐	程颢，世称明道先生，程颐，世称伊川先生，二人都曾就学于周敦颐，并同为宋明理学的奠基者，世称“二程”，创立洛学，他们的思想主要见于《遗书》《文集》《经说》等，他们以“理”为世界本原，先有理而后有物；天理与心性是贯通的，仁即此理此心此性，忠恕之道近乎仁。程氏兄弟所创建的“天理”学说上承“孔孟”之道统，下启朱熹、王阳明等人之理学，受到了后世历代封建王朝的尊崇，成为官方哲学

续表

要点	具体内容	
程朱理学	南宋朱熹	世称朱子，理学集大成者，著有《四书章句集注》《太极图说解》《通书解说》《周易读本》《楚辞集注》等，所建立的学派被称为闽学。他以程氏兄弟的理本论为基础，并吸取周敦颐太极说、张载的气本论以及佛教、道教的思想而形成一个完整的理学体系。他认为，人物禀理以为性，禀气以为形，理是第一性的，气是第二性的，心是最后产生的，但是心包含了理与气；格物可以穷理，持敬为穷理之本，要想"人心"服从于"道心"，就必须坚持"去人欲，存天理"的修养原则。宋以后，元、明、清三朝都以《四书章句集注》为学官教科书和科举考试的标准答案；理学成为官方哲学，占据着封建思想的统治地位
陆王心学	陆九渊	世称象山先生，"心学"的开山之祖，与朱熹齐名。他提出"心即理"的命题，认为整个天地之间只是一个理，人们学习的目的，就是要明白这个理，而这个理包括万事万物，是无限的，它就在人的心中。所以，他的理就是道德的原则，他的心就是道德意识
	王守仁	世称阳明先生，集心学之大成，著有《大学问》《传习录》等，所建立的学派被称为姚江学派，他继承并发挥了陆九渊"心即理"的见解，提出"心外无理""心外无物"，即道德的原则是人人心里所固有的理，事物不能离开人的知觉意念而独立存在，从而反对程朱通过"格物致知"追求"至理"的方法，认为事理无穷无尽，格之则未免烦琐，故提倡"致良知"，即从自己内心中去寻找"理"，"理"全在人"心"，"理"化生宇宙天地万物，人秉其秀气，故人心自秉其精要。在知与行的关系上，强调要知，更要行，知中有行，行中有知，所谓"知行合一"，二者互为表里，不可分离
	李贽	号卓吾，王学左派——泰州学派的代表人物，著有《焚书》《藏书》《续焚书》《续藏书》，他强调物质生活的重要，认为"人伦物理"，即人与人的关系及规则，就在"穿衣吃饭"的物质生活中。肯定人欲、肯定私心，将人欲与私心看作天理与公德存在的基础，反对以孔子的是非为是非，提出了"是非无定"的观点，尖锐地指出假道学家们的虚伪("口谈道德而心存高官，志在巨富；既已得高官巨富矣，仍讲道德说仁义自若也")，提出"童心说"，认为"童心"是"绝假纯真，最初一念之本心"，而一切"闻见道理"都是童心的障碍；指出"德礼刑政"都是束缚人民的工具

考点六、清代朴学

表6-6　清代朴学

要点	具体内容		
明末清初的学风的转变	背景	①清代文字狱盛行，一言一名的疏失就可能引来杀身之祸，文人学士不仅不敢抒发己见，议论时政，把时间和精力用在古代典籍的整理上，以规避政治上的风险。 ②许多学者由明入清，对晚明游谈心性、空疏误国的学风深感不满，故倡导经世致用的实学和求真务实的考据之学，形成质朴实在的学风，因而清代学术被称为"朴学"或"实学"	
	重要思想家	顾炎武	世称"亭林先生"，清代儒林第一人，著有《日知录》《天下郡国利病书》，以考古求真为宗旨，主张到实践中求真知，力求解决国计民生的现实问题，以经世致用的治学精神和"天下兴亡，匹夫有责"的爱国情怀，开一代朴实学风的先河

续表

要点	具体内容		
明末清初的学风的转变	重要思想家	黄宗羲	世称“梨洲先生”，著有《明儒学案》（第一部研究中国哲学断代史的著作）、《宋元学案》《明夷待访录》，尖锐地揭露君主专制是天下之大害，提出“天下为主，君为客”的近代民主思想
		王夫之	世称“船山先生”，著有《船山遗书》，总结和发展了中国古代唯物论和辩证思想，认为世界是物质的，物质是不断变化的，一切事物通过考察研究都是可以认识的；反对禁欲主义，对程朱理学的“存天理，灭人欲”提出了批评，反对豪强兼并土地，提出“均天下”的主张
		颜元	世称“习斋先生”，与弟子李塨形成当时著名的“颜李学派”，著有《四存编》，主张“实文、实行、实体、实用”，猛烈抨击宋明理学家脱离实际空疏迂阔之学，并深刻揭露了八股取士制度对于学校教育的危害，提倡分科教学，培养具有各种特长的有用人才，在教学方法上强调“习行”
乾嘉学派	吴派	惠栋、江永、钱大昕	
		稽考汉代学者的经书旧注，意在摆脱后人的附会之说，以求近古，因而在许多方面难免迷信汉说	
	皖派	戴震、段玉裁和王念孙、王引之父子	
		宗古求是，注重文字、校勘和训诂，注意总结考据中的规律，并能超越汉代学者而有所突破	
	浙派	全祖望和章学诚	
		受黄宗羲的影响，注重史学研究，在撰史、补史、史料、史论方面有重大成果	

6.2 典型题（含考研真题）详解

一、填空题

1．孔子说：“不愤不启，不悱不发。举一隅不以三隅反，则不复也。”其中所体现的教学思想是______。［华东师范大学 2014 年研］

【答案】启发式教学

【解析】此句出自《论语·述而篇》，意为“教导学生，不到他冥思苦想仍不得其解的时候，不去开导他，不到他想说却说不出来的时候，不去启发他。给他指出一个方面，如果他不能由此推知其他三个方面，就不再教他了。”这句话讲述了“启发式”的教学思想，孔子反对“填鸭式”的机械教学做法，要求教育者要激发学生主动思考的能力，让受教育者能够独立思考、举一反三。

2．提出“知行合一”主张的是明代思想家______。［南开大学 2012 年研］

【答案】王阳明

【解析】王阳明是明代著名的思想家、哲学家、文学家，心学的集大成者。他认为“心外无物，心外无事，心外无理，心外无义，心外无善”，并在此基础上提出了“知行合一”的主张，即万事万物之理都在我心中，这就是“知”，而内心代表真理的“知”就是“良知”。

“良知”表现于行动就是“良能”。“知”表现于“行”，而不“行”就是不“知”。这便是“知行合一”。一个人如能不断发掘和表现良知，就能与天地万物为一体，达于至道。

3．最早论述了杠杆原理、力与运动和重量之关系的是诸子百家中的______学派。［南开大学2012年研］

【答案】墨家

【解析】墨家是战国时代与儒学并称的两大“显学”之一，创始人为墨子，主要提出了“兼爱”“非攻”“尚贤”“尚同”等十大主张。墨家在形式逻辑和自然科学方面也有突出成就。后期墨家提出了以“名”（即概念）、“辞”（即判断）、“说”（即推理）为思维的三种基本形式，还提出了推理的四种形式。在几何学方面，论述了点、线、面、圆的关系；在力学方面，论述了杠杆原理、力与运动和重量的关系等等，充分展示了中华民族的聪明才智。

4．南宋理学的代表人物是______。［首都师范大学2011年研］

相关试题：

（1）南宋时，理学的集大成者是______。［厦门大学2010年研］

（2）南宋理学的集大成者是______。［中国海洋大学2019年研］

【答案】朱熹

【解析】南宋朱熹集理学的大成。朱熹继承北宋诸儒，糅合佛、老，建立了一个完整的理学体系，以“理”和“气”解释宇宙、人生，认为“理”是形而上的绝对真理，“气”则是形而下的由“理”派生出的具体物质。理气相合而成人，气中之理，即是人性。气有清浊，性有善恶，所以要居恭持敬，明德修道，以便去浊还清。

5．朴学以明清为盛，成就超越古人，尤以乾隆、嘉庆时的朴学最辉煌，形成所谓“______”。［厦门大学2011年研］

【答案】乾嘉学派

【解析】理学在清代走向衰微，儒家学者因思想和社会的变迁又归向经学，注重的训诂和考据之学简称“朴学”。朴学以清代为盛，尤以乾隆、嘉庆时的朴学最辉煌，形成“乾嘉学派”。

6．孔子的中心思想实际上是一个______字。［中山大学2010年研］

【答案】仁

【解析】孔子的中心思想实际上是一个“仁”字，“仁”的意义几乎包括了一切美德。它是孔子关于社会政治、伦理道德的最高理想和标准，也反映了他的哲学观点。仁体现在教育思想和实践上是“有教无类”，体现在政治上是强调“德治”。

7．中国思想史上，把治国之道分为“王道”和“霸道”的是战国时期的思想家______。［华中师范大学2010年研］

【答案】孟子

【解析】孟子进一步发展了孔子的“人本思想”，提出了“民为贵，社稷次之，君为轻”的主张，强调了人民的重要性，突出了人民在国家政治结构中的地位。还从孔子“仁者爱人”的思想出发，提出了“仁政”的观念，提倡王道，反对霸道，即主张国家要养民，要实行

"仁政"，并且就实施"仁政"提出许多具体措施。

8．东汉王充在《论衡》中主要的批判对象就是"______"说。［北京外国语大学 2010 年研］

【答案】天人感应

【解析】王充是一个无神论者，著《论衡》85 篇，求真实，疾虚妄，匡时俗，颇具科学态度和科学精神。他否认"天"有任何意志，认为灾异都是自然现象，与人事毫无关系；人死犹如火灭，不可能有脱离人体而独立存在的灵魂；他承认感性经验是获得知识的基础，强调用事实来验证知识的可靠性；主张人性有善恶，认为人性可以改变；反对崇古非今，反对浮华虚伪之语等。

二、判断题

1．"儒"最早是在奴隶主贵族中掌管道德教化、音乐礼仪的官员。（　　）［中国传媒大学 2014 年研］

【答案】正确

【解析】所谓"儒"，最早指的是在奴隶主贵族中掌管道德教化、音乐礼仪的官员，如巫、史、祝、卜等。后来在社会变动中，这些人逐渐分化，流落到民间。由于他们熟悉"诗书礼乐"，待人"温文尔雅"，他们的学问和道德都高于常人。孔子开始讲学以后，因其弟子众多，影响不断扩大，"儒"就成了孔门弟子的专称。

2．"相濡以沫，不如相忘于江湖"出自《老子》。（　　）［厦门大学 2014 年研］

【答案】错误

【解析】"相濡以沫，不如相忘于江湖"出自《庄子》，原文为"泉涸，鱼相与处于陆，相呴以湿，相濡以沫，不如相忘于江湖"，意思是泉水干涸时，鱼被困在陆地上相互依偎，以唾沫相互湿润求得生存，此时此境，不如当作彼此不相识，各自畅游于江湖。庄子以鱼比人，精辟阐述了"道"通其变的观点。

3．在保护自然方面，中国古代有一个重要观点值得注意，就是孟子提出的"不违天时"的观念。（　　）［华东师范大学 2014 年研］

【答案】正确

【解析】孟子以"仁政"为根本出发点，创立了一套以"井田"为模式的理想经济方案。提出了"省刑罚、薄税敛""不违农时"等主张。要求封建国家在征收赋税的同时，必须注意生产，发展生产，使人民富裕起来，这样财政收入才有充足的来源，对后世确立限制土地兼并，缓和阶级矛盾的治国理论有着深远的影响。作为新兴地主阶级的思想家。孟子还提出重农而不抑商理论，改变了传统的"重农抑商"的思想。

4．主张"天不变，道亦不变"的中国古代思想家是宋朝的朱熹。（　　）［首都师范大学 2013 年研］

【答案】错误

【解析】"天不变，道亦不变"是汉代儒学大师董仲舒的主张。"天"是指自然界的最高主宰或天意。董仲舒认为，封建社会的最高原则是由天决定的，天是永恒不变的，因而按天意建立的封建社会之“道”，也是永恒不变的。

5. 孔子主张“有教无类”，开中国历史平民教育的先河。(　　)［首都师范大学 2011 年研］

【答案】正确

【解析】孔子是历史上最伟大的教育家，他的教育思想有许多精辟的东西，直到今天仍有巨大的继承价值。

在教育对象方面，孔子提出“有教无类”的主张，它是孔子整个教育思想体系的总纲。孔子认为不管什么人都可以接受教育而从善，应该一视同仁对他们进行教育。孔子是历史上第一个办私学的人，打破了官学对学生的限制。他不分阶级，不分地域，不分智愚，只要肯虚心向学，他一律对他们进行教育。

6. 孔子创立的“儒学”是春秋战国时期影响最大的思想流派。(　　)［首都师范大学 2010 年研］

【答案】正确

【解析】孔子出现以后，因其弟子众多，影响扩大，“儒”就成了孔门弟子的专称，由孔子创立的学说称为“儒学”。后经孟子、荀子等人继承和发展，成为春秋战国时期影响最大的思想流派。

7.《逍遥游》是老子所作。(　　)［中山大学 2010 年研］

【答案】错误

【解析】《逍遥游》是战国时期哲学家、文学家庄周的代表作，被列为道家经典《庄子·内篇》的首篇，在思想上和艺术上都可作为《庄子》一书的代表。此文主题是追求一种绝对自由的人生观，庄子认为，只有忘却物我的界限，达到无己、无功、无名的境界，无所依凭而游于无穷，才是真正的“逍遥游”。

三、单项选择题

1. 以下哪位理学家是《传习录》的作者？(　　)［中山大学 2014 年研］

A. 周敦颐　　B. 朱熹　　C. 程颐　　D. 王守仁

【答案】D

【解析】《传习录》的作者是王守仁，即王阳明，书中记载了他的语录和论学书信。A 项，周敦颐著有《太极图说》，以“无极而太极”来解释宇宙生成，而以“中正仁义”为人生之大道。B 项，《朱子语类》是朱熹与其弟子问答的语录汇编。C 项，程颐的著作被后人辑录为《程颐文集》，明代后期又与其兄程颢的著作合编为《二程全书》。

2. 下列关于水的名句中，出自《荀子》的是(　　)。［首都师范大学 2014 年研］

A. 上善若水，水善利万物而不争　　B. 冰，水为之而寒于水

C. 洪水横流，泛滥于天下　　D. 秋水时至，百川灌河

【答案】B

【解析】B 项，“冰，水为之而寒于水”出自《荀子·劝学》，用冰与水的关系，比喻学生

如果能用功研究学问，坚持不懈地努力，就可以比他的老师更有成就。A 项，“上善若水，水善利万物而不争”出自《老子》第八章。C 项，“洪水横流，泛滥于天下”出自《孟子·滕文公上》。D 项，“秋水时至，百川灌河”出自《庄子·秋水》。

3. 美学史上，提出“尽善尽美”的美学观，主张人生的道德境界与审美境界相统一的是(　　)。[华东师范大学 2014 年研]

A. 儒家　B. 道家　C. 佛家　D. 墨家

【答案】A

【解析】儒家代表人物孔子提出了“尽善尽美”的美学观点，主张人生的道德境界与审美境界应相互统一。《韶》曰：“尽美矣，又尽善也。”《武》曰：“尽美矣，未尽善也。”孔子在评价《韶》和《武》两部乐舞时，也表明了自己对武王伐纣的反对态度，也由此认为《武》虽“尽美”却未“尽善”。

4. (　　)提出治学当有“独立之精神，自由之思想”。[中山大学 2013 年研]

A. 胡适　B. 鲁迅　C. 徐志摩　D. 陈寅恪

【答案】D

【解析】“独立之精神，自由之思想”出自陈寅恪于 1929 年所作的王国维纪念碑铭，是针对研究学术说的，研究学术最重要的是要具有自由的意志和独立的精神，并且独立精神和自由意志是必须争的，且须以生死力争。在今天已成为中国知识分子共同追求的学术精神与价值取向，且一定会成为现代化以后的全中国人民的人生理想。

5. “祸兮福所倚，福兮祸所伏。”这句话出自(　　)。[中山大学 2011 年研]

A.《庄子》　B.《孟子》　C.《孙子》　D.《老子》

【答案】D

【解析】“祸兮福之所倚，福兮祸之所伏”出自老子的《道德经》(即《老子》)，意为“福与祸相互依存，互相转化。”老子的朴素辩证法思想认为，事物的自身都包含着他物，任何事物都是正与反、肯定与否定的对立统一，有的甚至相反相成，这些对立统一的关系，都可以物极必反，互相转化。

6. “修身、齐家、治国、平天下”这句话出自(　　)。[首都师范大学 2011 年研]

A.《论语》　B.《孟子》　C.《大学》　D.《中庸》

【答案】C

【解析】该句出自《礼记·大学》，意思是爱人要推己及人，就是从爱自己，到爱父母兄弟，爱妻子朋友，再由家庭而社会，由社会而国家，即由小到大，由内及外，体现了儒家“平天下”的终极目标，就是要达到在等级秩序基础上的平等和公平的社会理想状态。

7. 春秋到战国初年，和儒家并称显学的是(　　)。[南开大学 2011 年研]

A. 法家　B. 道家　C. 墨家　D. 阴阳家

【答案】C

【解析】战国时代，正当儒学大兴的时候，还有一个影响广泛的学派，就是墨家，当时它与儒学并称为两大“显学”。墨家的创始人是墨子，主要提出了“兼爱”“非攻”“尚贤”“尚同”等十大主张。墨家在形式逻辑和自然科学方面也有突出成就。

8. “万物皆备于我矣。反身而诚，乐莫大焉。强恕而行，求仁莫近焉”语出(　　)。[北京外国语大学2010年研]

A.《论语》　B.《荀子》　C.《老子》　D.《孟子》

【答案】D

【解析】该句出自《孟子·尽心上》，意思是：“万物我都具备了。反躬自问，诚实无欺，便是最大的快乐。尽力按恕道办事，便是最接近仁德的道路。”体现了在认识和实践两大领域的儒学追求：一是“诚”，二是“恕”，都是儒学的核心内容。

9. “天行有常，不为尧存，不为桀亡”这一具有唯物思想的论点是(　　)提出来的。[南开大学2010年研]

A. 孟子　B. 荀子　C. 老子　D. 庄子

【答案】B

【解析】荀子提出了“明于天人之分”的唯物主义观点，认为“天行有常，不为尧存，不为桀亡”，即天道不能干预人事，自然界和人类社会各有自己的发展规律，因而社会治乱的根本在人不在天。

10. 理学在清代走向衰微，清代朴学源于几位明末清初的大儒。其中反对不求实际学问而空谈性理，强调“天下兴亡，匹夫有责”的是(　　)。[华中师范大学2010年研]

A. 黄宗羲　B. 王夫之　C. 颜元　D. 顾炎武

【答案】D

【解析】顾炎武以考古求真为宗旨。他最重要的两部著作《日知录》和《天下郡国利病书》是几十年读书治学的结晶，被认为“无一字无来历”。他强调“天下兴亡，匹夫有责”，强调“行己有耻，博学于文”，认为探讨济世治国的学问与砥砺操守气节同等重要。

11. “清初学界三先生”是指(　　)三位当时的思想界新人。[北京外国语大学2010年研]

A. 龚自珍、魏源、康有为　B. 章炳麟、王国维、魏源

C. 黄宗羲、顾炎武、王夫之　D. 黄宗羲、谭嗣同、章炳麟

【答案】C

【解析】清代朴学实源于明末清初顾炎武、黄宗羲、王夫之等几位大儒。这些人感于亡国切肤之痛，斥责理学空谈心性误国，大力提倡经世致用之学，要经世致用就要有根有据，其结果就是走向考据。

四、概念题

1. 魏晋玄学[南京大学2021研]

答：魏晋玄学是魏晋时期流行的一种哲学思潮，是以老庄思想为主旨，又糅合儒家经义而产生的一种新的学说。三国魏时何晏和王弼喜好老庄，到魏晋之际，便有嵇康、阮籍等人，大力宣扬何、王二人的观点，遂使玄学大盛。他们的根本点是倡导道家的自然主义

思想，抨击虚伪的儒家名教。当时的一般学人群起仿效，崇尚清谈，不拘礼教，行为放荡，使“自然”与“名教”完全对立起来。这时，便有裴頠、郭象等人针对这种无德无行的现象，主张“贵有”，反对“贵无”，力图使自然与名教、儒家与道家等统一起来。直至东晋以后，佛、道二教流行，玄学才走向衰微。玄学作为一种哲学思潮，整整影响了魏晋南北朝三百余年的社会生活。

2. 程朱理学［南开大学2011研］

答：程朱理学是指宋明时代的儒家学说。因其竭力宣扬儒家“大道”，又被称为“道学”。因为他们强调“理”的重要性，又称“理学”。程朱理学的代表人物是“二程”（程颐、程颢）和朱熹。“二程”认为“理”既是宇宙万物的最高原则，也是社会伦理纲常的最高原则。朱熹是理学的集大成者，建立了一个完整的理学体系，认为“理”是形而上的绝对真理，提出“存天理，灭人欲”的主张。因此理学被称为“程朱理学”。程朱理学在封建社会影响巨大，在清代走向衰微，称为束缚思想解放的障碍。

五、简答题

简述儒家思想成为中国封建社会的主导思想的原因。

答：儒家思想之所以可以成为中国封建社会的主导思想，表层原因是汉武帝采纳董仲舒“罢黜百家，独尊儒术”的建议，使儒家思想得到了官方支持。深层原因是：

（1）政治上：儒家的大一统和忠孝思想符合统治者的利益。

（2）经济上：儒家重农抑商观点与封建小农经济相适应。

（3）伦理上：儒家尊卑有别、长幼有序的“礼治”思想和温良恭俭让的“德治”主张，有利于缓和社会矛盾，稳定秩序。

此外，儒家思想自身善于根据时代要求不断发展完善，并形成完整的体系，也是它长期成为中国封建社会的主导思想的原因。

第7章　宗教信仰

7.1　复习笔记

【知识框架(庖丁解牛)】

- 宗教信仰
  - 信仰与崇拜
    - 特点
    - 崇拜对象
  - 佛教
    - 传入
    - 宗派
    - 对中国文化的影响
    - 历史上的反佛斗争
  - 道教
    - 产生
    - 宗派
    - 对中国文化的影响
  - 伊斯兰教
    - 在中国的称呼
    - 信仰
    - 传入时间
    - 派别
    - 对中国文化的影响
    - 清真寺
  - 基督教
    - 概述
    - 四传中国

【考点剖析与拓展(游刃有余)】

考点一、信仰与崇拜

表7－1　信仰与崇拜

要点	具体内容		
特点	中国文明是一种农业文明，传统农民以自耕自足的小农经济为本，这便造成中国人讲究现实利益的多神信仰		
崇拜对象	自然	皇天后土	①封：在泰山祭天。 ②禅：在梁父山祭地。 ③进行过封禅活动的皇帝有：秦始皇、汉武帝、刘秀、唐高宗、武则天、唐玄宗等
		五岳	东岳泰山、西岳华山、南岳衡山、北岳恒山、中岳嵩山
		五镇	东镇沂山、西镇吴山、南镇会稽山、北镇医巫闾山、中镇霍山

续表

要点	具体内容		
崇拜对象	自然	四海	东海、南海、西海、北海
		四渎	东渎淮河、南渎长江、西渎黄河、北渎济水
	人物	孔子、关羽、诸葛亮、岳飞等	古圣先贤、忠臣良将等
		祖先	祭祀场所：皇家为太庙，民间为宗祠
		妈祖	闽、台两岸奉为海神

考点二、佛教

表 7－2　佛教

要点	具体内容	
传入	时间	公元 64 年，东汉汉明帝刘庄夜梦金人，于是派蔡音、秦景等西行求佛
	中国第一古刹	洛阳白马寺。摄摩腾和竺法兰在此译出《四十二章经》，为中国第一部汉译佛典
宗派	三大系	汉传佛教（汉语系）、藏传佛教（藏语系）和云南地区上座部佛教（巴利语系）
	八大宗派（性、相、台、贤、禅、净、律、密）	法性宗（又名三论宗）；法相宗（又名瑜伽宗、慈恩宗、唯识宗）；天台宗（又名法华宗）；贤首宗（又名华严宗）；禅宗；净土宗；律宗；密宗（又名真言宗）
	喇嘛教五大支派	①前期四大派宁玛派（红教）、噶举派（白教）、萨迦派（花教）、噶当派。 ②后期的格鲁派（黄教；创始人宗喀巴，在噶当派基础上发展为最大的一个教派）
对中国文化的影响	四大翻译家	鸠摩罗什、真谛、玄奘和不空
	佛教四大名山	山西五台山、四川峨眉山、安徽九华山和浙江普陀山
	四大石窟	敦煌石窟、龙门石窟、云冈石窟和麦积山石窟
	四大名刹	山东济南灵岩寺、浙江天台国清寺、湖北当阳玉泉寺和江苏南京栖霞寺
历史上的反佛斗争	“三武一宗之厄”	北魏太武帝拓拔焘、北周武帝宇文邕、唐武宗李炎、周世宗柴荣四次灭佛

考点三、道教

表 7－3　道教

要点	具体内容	
产生	思想渊源	鬼神崇拜；神仙方术；黄老道
	崇拜对象	①三清：元始天尊、灵宝天尊、道德天尊。 ②四御：北极紫微大帝、南极长生大帝、勾陈上宫天皇大帝、承天效法后土皇地祇
	教团组织	①东汉顺帝时，张陵创立正一盟威道，简称正一道，又称“五斗米道”。 ②东汉灵帝时，张角创立太平道，发动“黄巾起义”

续表

要点	具体内容	
宗派	按修炼内容划分	①丹鼎派：由方术发展而来，以炼汞制丹、追求长生为特点。 ②符箓派：由巫术发展而来，以画符念咒、驱鬼禳灾为特点
	按明代道录司的划分	①正一道：以天师道为主，融合上清、灵宝、茅山等派而成，崇拜鬼神，注重符箓；道士可以结婚；以江西的龙虎山为中心。 ②全真道：创始人为金代王重阳；主张儒、道、佛三教合一；注重"识心见性"的内修真功；道士必须出家
对中国文化的影响	对科学的影响	铅、汞等实验，火药的发明
	对医药学的影响	葛洪著《肘后备急方》《神仙服食药方》，陶弘景著《视农本草经集注》《效验方》《药总诀》，孙思邈著《千金方》《千金翼方》等
	对文学影响	六朝志怪小说，唐传奇，李白的诗歌，宋话本、明清小说都受道教的影响
	对民俗的影响	画桃符，贴门神，祭祀城隍、土地，崇拜灶君、钟馗、灵官等

考点四、伊斯兰教

表7-4 伊斯兰教

要点	具体内容	
在中国的称呼	大食教、天方教、清真教、回回教、回教	
信仰	六信	信安拉(唯一的神)；信天使(四大天使)；信经典(《古兰经》)；信先知(穆罕默德等)；信后世(行善者升天堂，作恶者下地狱)；信前定(主张顺从和忍耐)
	五功	念"清真言"(念)；礼拜(礼)；斋戒(斋)；天课(课)；朝觐(朝)
传入时间	一般认为是在公历651年(唐朝永徽二年)	
派别	分逊尼派和什叶派两大教派，中国主要是逊尼派	
对中国文化的影响	①促成了中国回族的形成。 ②引入阿拉伯文化，如天文、历法、数学、医学以及建筑、民俗、饮食等	
清真寺	中国四大清真寺	广州怀圣寺；泉州清净寺；扬州仙鹤寺；杭州凤凰寺
	中国最大的清真寺	新疆喀什市的艾提尕清真寺

考点五、基督教

表7-5 基督教

要点	具体内容	
概述	创立	公元1世纪中叶，耶稣在今日的以色列、巴勒斯坦和约旦地区所创立
	经典	《圣经》
	教义	圣父、圣子、圣灵三位一体；摩西十诫；洗礼、圣餐礼等重要礼仪；圣诞节、复活节等重要节日
	三大教派	天主教、新教、东正教

续表

要点	具体内容	
四传中国	第一次	唐贞观九年(635)，基督教的一个分支聂斯托利派经波斯传入，史称景教
	第二次	随蒙古人主中原而传入中国，称为也里可温教
	第三次	明万历十年(1582)天主教由耶稣会传教士再度传入，以利玛窦为代表
	第四次	鸦片战争后，依仗不平等条约，传教士在中国发展基督教

7.2 典型题(含考研真题)详解

一、填空题

1. “菩提本无树，明镜亦非台，本来无一物，何处惹尘埃?”是______所作的偈子。[暨南大学2013年研]

【答案】慧能

【解析】此为禅宗六祖慧能大师著名的四句偈，意为“菩提本来无树，明镜也不是台，原本空无一物，又到哪惹来尘埃?”意在说明一切有为法皆如梦幻泡影，教人不要执着妄想，才能明心见性，自证菩提。

2. 禅宗的六祖是______，他主张“顿悟”，开创了南派禅宗，后来逐渐成为禅宗的主流。[南开大学2012年研]

相关试题：禅宗发轫于六朝，至隋唐而趋于成熟。______是它的主要代表人物。[中国传媒大学2010年研]

【答案】慧能

【解析】慧能是禅宗最主要的代表人物，他主张“顿悟”，即为“南禅”，后来逐渐成为禅宗的主流，记载其思想的《坛经》是禅宗最重要的著作。禅宗的特点是教外别传，不立文字，主张我心即佛，识心见性，以心传心，不用背诵经卷，只要坐禅修行即可。

3. 佛教四大名山中位于安徽境内的是______。[南开大学2012年研]

【答案】九华山

【解析】佛教四大名山，即山西五台山、四川峨眉山、安徽九华山和浙江普陀山。其中九华山位于安徽省池州市青阳县境内，是大愿地藏菩萨的道场，佛寺最多时达两百余所，被誉为国际性佛教道场。

4. 大同云冈石窟是在______时期开始营造的。[南开大学2012年研]

相关试题：北魏时期，在山西的大同修建了______石窟，这种新的艺术形式，对中国艺术产生了影响。[北京外国语2010年研](【答案】云冈)

【答案】北魏

【解析】大同云冈石窟是在北魏文成帝复兴佛教，佛教迅猛发展的背景下开始营造的，始于北魏和平元年(460年)，大部分完成于北魏迁都洛阳之前(494年)，石窟现存主要洞窟53个，造像五万余尊。它的特点是造像雄伟，大佛很多，一般大佛均在13米以上。

5. 天主教的各级神职人员中，______有选举和被选举为教皇的权利，他们通常被称为红衣大主教。[南开大学 2012 年研]

【答案】枢机主教

【解析】天主教的组织十分严密，神职人员主要有枢机主教、首席主教、总主教、神甫(也称神父)、修士和修女。枢机主教即通常所说的红衣大主教，他们由教皇任命，有选举和被选举为教皇的权利，一般都担任罗马教廷和各国教会的重要职务；首席主教，各国天主教会的首脑；总主教，负责一个教区的主教；神甫，在基层教堂工作，直接管理教徒；修士和修女则是终身为教会服务的传教人员。

6. 公元 7 世纪，出于民族团结的需要，阿拉伯先知______比照犹太教和基督教，取二者之长，结合阿拉伯人习性，创立了伊斯兰教。[厦门大学 2011 年研]

相关试题：世界宗教史上，伊斯兰教的创始人是______。[华中师范大学 2010 年研]

【答案】穆罕默德

【解析】伊斯兰教宣称，安拉曾在不同时期向不同地区派遣过许多使者，他们都是安拉选来治世安民、拯救世人的“先知”，穆罕默德则是安拉派遣的最后一个使者，称为“封印至圣”，专门传达神意，开导世人。

7. 伊斯兰教的基本经典是______。[首都师范大学 2011、2010 年研]

【答案】《古兰经》

【解析】伊斯兰教信仰《古兰经》是安拉启示的经典。伊斯兰教认为《古兰经》是安拉的语言，是万古不变的教条、穆斯林生活的准则。

8. 伊朗的穆斯林主要属于伊斯兰教中的______派。[南开大学 2011 年研]

【答案】逊尼

【解析】由于伊斯兰教实行政教合一的制度，并且一开始就拥有宗教武装，因此，伊斯兰教的宗派斗争总是伴随着剧烈的军事冲突。一般来说分为两大对立派：逊尼派和什叶派。伊斯兰教把穆罕默德的继承人称“哈里发”。最初有四大哈里发，即阿布·伯克尔、欧麦尔、奥斯曼和阿里。这四人之中，只有阿里出身于哈希姆家族，他是穆罕默德的堂弟和女婿。逊尼派认为，四大哈里发都出身于古莱氏部落，都是穆罕默德的合法继承人，因而获得历代哈里发的支持，成为人数最多、势力最大的一个教派。世界穆斯林多属此派，中国穆斯林一般也属此派。什叶派是在同逊尼派的斗争中形成的。

9. 犹太教、基督教、伊斯兰教的圣地是______。[中山大学 2011 年研]

【答案】耶路撒冷

【解析】耶路撒冷城堡，世界闻名的古城，犹太教、基督教和伊斯兰教供奉的圣地。位于以色列犹地亚山区之巅。阿拉伯人称它为“古德斯”，即“圣城”。

10. 唐代______宗的产生标志着佛教完成了它的中国化历程。[北京外国语大学 2010 年研]

相关试题：在中国佛教宗派中，______是佛教中国化最典型的产物。[厦门大学 2010 年研](**【答案】**禅宗)

【答案】禅

【解析】禅宗是中国佛教的一个宗派，它是在融合印度大乘佛学和中国的道家学说基础上形成的，发轫于六朝，至隋唐而趋于成熟。从唐末开始，禅宗具有了压倒其他各宗派的绝对优势，成为中国佛教的典型代表。到宋代理学产生和佛教禅宗流行以后，可以说佛教中国化的过程就基本上结束了。

11. 根据老子的思想，中国古代产生了以老子为始祖的宗教派别______，是华夏民族本土产生的最具影响的宗教。[中国传媒大学2010年研]

【答案】道教

【解析】道教是中国土生土长的具有很大影响的宗教。东汉末年，有河北张角、张宝、张梁三兄弟，奉《太平经》为经典，以老子为教主，创立"太平道"，也用符水咒法给人治病，广收道徒，发动了黄巾起义，这就是道教的早期派别。道教认为，"道"清虚自然，无为自化，人们只有清静无为，恬淡寡欲，才能体悟"道"，认为老子就是"道"的化身。

12. 基督教的三个教派是新教、天主教和______。[北京大学2010年研]

【答案】东正教

【解析】罗马帝国的东西两部分分裂后，基督教也于1054年分裂为两派：以罗马教皇为首的天主教和以东罗马帝国首都君士坦丁堡为中心的东正教。16世纪，德国农民思想家闵采尔掀起了反教会的农民斗争。在这一宗教改革运动的冲击下，代表欧洲新兴资产阶级利益的基督教新教应运而生。

二、判断题

1. 佛教是唐朝传入中国的。(　　)[首都师范大学2011年研]

【答案】错误

【解析】现在的学者一般认为佛教在西汉末年或两汉之间传入是比较可信的。如任继愈先生在他主编的《中国佛教史》和日本学者镰田茂雄在他所著的《简明中国佛教史》里都持这一看法。其主要根据是裴松之在《三国志注》中引用了三国时鱼豢所著《魏略·西戎传》的一段记载，《后汉书》也载明帝的异母兄弟楚王刘英在家拜黄帝、老子和浮屠。据这些史料推断，佛教传入我国的时间大约在两汉之间，学术界已将西汉元寿元年作为佛教传入的时间点。

2. 五台山相传是文殊菩萨的道场。(　　)[中山大学2011年研]

【答案】正确

【解析】五台山相传是文殊菩萨显灵说法的道场，从东汉时开始在山中建寺，到南北朝时全山寺庙已达200余所，隋唐时增至360余所。宋以后大为缩减，元明以后，喇嘛教渗入，到清代尚有寺庙122所，现仍存49所。规模大小各不相同，但都有专供文殊菩萨的"文殊殿"。

3. 大乘佛教与小乘佛教的区别是按照信众人数的多寡划分的。小乘佛教又称为"上座部佛教"或"南传佛教"。(　　)[华中师范大学2010年研]

【答案】错误

【解析】佛教有“小乘佛教”和“大乘佛教”之分。小乘佛教是指初始的、传统的教派，大乘佛教则指后起的、变化了的教派。后来，小乘佛教流行于东南亚各国，称为“南传佛教”；大乘佛教流行于中国、朝鲜和日本等，称为“北传佛教”。

4．佛教从印度传入我国后，很多佛教词汇也成为汉语中的常用词，如“大千世界”等。（　　）［北京大学 2010 年研］

【答案】正确

【解析】大千世界是三千大千世界的简称，是古印度传说中的一个极大范围的世界。佛教沿用古印度传说，以大千世界为释迦牟尼所教化的范围，是佛教说明世界组织的情形。佛教传入我国后，它成为汉语中的常用词。

5．太极拳在发展过程中，接受了中医的经络学说和道教的引导之术。（　　）［中国传媒大学 2010 年研］

【答案】正确

【解析】道教的养生之道和导引之术，是今天气功、武术、太极拳等体育活动的直接来源，其养生理论仍是当今人们关注和研究的一个课题。

6．道教的基本信仰“道”与老子所讲的“道”既有联系又有区别。（　　）［厦门大学 2010 年研］

【答案】正确

【解析】道教的基本信仰是所谓的“道”，也称“大道”。这是从道家那里借来的一个概念。因此，与老子所讲的“道”既有联系又有区别。

7．伊斯兰教产生于阿拉伯半岛，后来流行于亚洲和非洲广大地区。（　　）［南开大学 2010 年研］

【答案】正确

【解析】伊斯兰教于公元 7 世纪初产生于阿拉伯半岛，后来流行于亚洲和非洲的大片地区，尤以西亚、北非、南亚次大陆和东南亚为盛。

8．天主教、基督教、佛教并称为世界三大宗教。（　　）［中山大学 2010 年研］

【答案】错误

【解析】伊斯兰教、佛教、基督教并称为世界三大宗教。而天主教是基督教分裂为两派之后其中的一派。

三、单项选择题

1．被奉为“天后”而受到广泛崇拜的是（　　）。［中山大学 2014 年研］

A．观音　　B．妈祖　　C．龙母　　D．王母

【答案】B

【解析】被奉为“天后”而受到广泛崇拜的是妈祖。妈祖是以中国东南沿海为中心的海神信仰，又称天妃、天后、天上圣母等，是历代船工、海员、旅客、商人和渔民共同信奉的

神祇。20 世纪 80 年代，联合国有关机构授予妈祖“和平女神”称号。2009 年 9 月 30 日，妈祖信俗就被联合国教科文组织正式列入人类非物质文化遗产，成为中国首个信俗类世界遗产。

2. 下面(　　)国家的居民以信仰伊斯兰教为主。[南开大学 2012 年研]

A. 新加坡　　B. 泰国　　C. 菲律宾　　D. 印度尼西亚

【答案】D

【解析】D 项，伊斯兰教是世界三大宗教之一，印度尼西亚约 87% 的人口信奉伊斯兰教，是世界上穆斯林人口最多的国家。A 项，新加坡是一个多宗教国，佛教是第一大宗教，其次还有道教、天主教和基督教、伊斯兰教、印度教、锡克教和其他宗教。B 项，泰国是佛教之国，大多数泰国人信奉上座部佛教，佛教徒占全国人口九成以上。C 项，菲律宾国民大部分信奉天主教，一小部分信奉伊斯兰教，华人多信奉佛教，原住民多信奉原始宗教。

3.(　　)的特点是教外别传，不立文字，主张我心即佛，识心见性。[中山大学 2011 年研]

A. 净土宗　　B. 华严宗　　C. 密宗　　D. 禅宗

【答案】D

【解析】禅的意义就是在定中产生无上的智慧，以无上的智慧来印证，证明一切事物的真如实相的智慧，这称作禅。它的特点就是教外别传，不立文字，主张我心即佛，识心见性，以心传心，因而不用背诵经卷，只要坐禅修行即可。

4. 西藏喇嘛教属于佛教哪一宗？(　　)[首都师范大学 2011 年研]

A. 密宗　　B. 法相宗　　C. 禅宗　　D. 华严宗

【答案】A

【解析】“喇嘛教”就是西藏地区流传的佛教，因此称为“藏传佛教”。藏传佛教主要以印度传入的密教经典为主，吸收了苯教的某些仪式和神，形成了具有西藏特色的所谓“藏密”。而密宗，也称密教，其研习经典主要为《大日经》《金刚顶经》等多部，自称受大日如来佛秘密传授教旨，故称“密宗”。

5. 藏传佛教格鲁派又被称为(　　)。[南开大学 2011 年研]

A. 红教　　B. 黄教　　C. 白教　　D. 花教

【答案】B

【解析】格鲁派，西藏地区最晚形成的一个教派，也是迄今为止势力最大的一派。因该派僧人穿戴黄色衣帽，又称“黄教”，创始人为青海藏族僧人宗喀巴。

6. 道教是我国土生土长的宗教，相传为汉代张道陵(一说于吉)所创。它在民间又被称为(　　)。[华中师范大学 2010 年研]

A. 黄道婆　　B. 老君道　　C. 张公道　　D. 五斗米道

【答案】D

【解析】汉顺帝时，一个名叫张陵的人首创道教。张陵本任巴郡江州(今重庆市)令，后隐于鹤鸣山(在今四川省大邑县)，自作道书 24 篇，奉老子为教主，创立了一种宗教，教人悔过奉道，用符水咒法给人治病，很快拥有一批信徒，凡是入道的人都要交五斗米，因此称为“五斗米道”。张陵后来被道徒尊为“天师”，因而又称为“天师道”。

7．下列哪项是道教中代表北方的四大保护神？(　　)［北京大学2010年研］

A．青龙　　B．白虎　　C．朱雀　　D．玄武

【答案】D

【解析】道教认为玄武是黄帝投胎转世，生为净乐国王子，入太和山修炼成仙，被玉帝封为玄武，守护北方，又因非玄武不能担当此任，改太和山为武当山。

8．(　　)于7世纪中叶传入我国，五代、北宋之际开始传入中国新疆地区，元代在中国全面发展，与道教等其他宗教处于同等地位。［中国传媒大学2010年研］

A．佛教　　B．伊斯兰教　　C．基督教　　D．景教

【答案】B

【解析】7世纪中叶伊斯兰教开始由阿拉伯传入中国，经过长期的传播、发展和演变而形成具有民族特色的中国伊斯兰教。唐宋时期是伊斯兰教在中国内地早期传播时期。约于五代、北宋之际伊斯兰教从中亚开始传入新疆地区。元代至明代前期是伊斯兰教在中国内地广泛传播和全面发展的重要时期。

9．洗礼是(　　)的礼仪。［厦门大学2010年研］

A．基督教　　B．佛教　　C．伊斯兰教　　D．印度教

【答案】A

【解析】洗礼是基督教的一个很重要的仪式，表示洗净原有的罪恶，接受耶稣基督为救主，来更新自己的生命，后来有了延伸义：比喻在艰难的磨炼和考验后，或经过多方面的教育、引导后对生命有了新的认识，生命有了新的起点和开端。

四、简答题

1．简述小乘佛教和大乘佛教的区别。［首都师范大学2015年研］

答：佛教有“小乘佛教”和“大乘佛教”之分，区别具体有以下几个方面：

(1)小乘佛教是指初始的、传统的佛教流派，大乘佛教则指后起的、变化了的佛教流派。大约在公元前2世纪到1世纪，一些要求改革的信徒认为传统的佛教只讲自我解脱，不讲普度众生，犹如一叶只能运载少数人的小船，故称之为“小乘”；同时，他们认为自己是能把一切众生救出苦海运往幸福彼岸的“大乘”。

(2)小乘佛教流行于东南亚各国，称为“南传佛教”；大乘佛教流行于中国、朝鲜半岛和日本等，称为“北传佛教”。大乘佛教与小乘佛教的区别主要在于大乘着重利他(利益大众的行为)，小乘着重自己解脱。

(3)小乘佛教只信奉释迦牟尼佛；大乘佛教则是多佛、多菩萨的信仰，除释迦牟尼佛之外，还有阿弥陀佛、弥勒佛、药师佛，以及观音菩萨、地藏菩萨等四大菩萨和四大天王，等等。

(4)小乘佛教没有法门，修持方法只包括持戒、修心、禅坐；大乘佛教号称有八千四百法门，目前实则只有禅、净、密三法门。

(5)小乘佛教世尊讲法从不放光；大乘佛教世尊讲法前基本都是放大光明，照亮十方世界。

(6)小乘佛教讲六识；大乘佛教讲八识。

(7)小乘佛教中，罗汉是受人敬重的圣人；大乘佛教则认为罗汉是只顾自己的自了汉。

(8)小乘佛教的菩萨比罗汉层次高，佛子只有在修成罗汉、经佛祖受记后才能修菩萨道，最终成佛；大乘佛教讲究从入门的当天起，只要发菩提心即是菩萨，只不过是“初发心菩萨”。

(9)小乘佛教允许吃“三净肉”(信徒没有看见、听说或怀疑为了自己而杀死的动物之肉类)；大乘佛教则只许食素。

(10)小乘佛教不持咒；大乘佛教讲究持咒。

(11)小乘佛教的佛经产生在有文字记载之前，原本由弟子代代传承，大乘佛教有不同的经典，在教义上有所发挥和发展。

(12)小乘佛教讲究祸福自担、因果自负，因此没有回向；大乘佛教认为福德可以转移，因此讲究回向。

2. 何谓禅宗？它的流传对中国文化产生了哪些重要影响？［南开大学2011年研］

答：(1)禅宗的含义

禅宗是中国佛教的宗派之一，是佛教中国化的最典型的产物。

①禅是禅那的简称，本义是思想修养、静虑定心，本为佛教的一种修炼方法。传入中国以后逐渐形成了一个宗派，产生了一整套理论体系和修行体系。禅的意义是在定中产生无上的智慧，以无上的智慧来印证，证明一切事物的真如实相的智慧，这称为作禅。它的特点就是教外别传，不立文字，主张我心即佛，识心见性，以心传心，因而不用背诵经卷，只要坐禅修行即可。

②禅宗谱系上以印度人菩提达摩为初祖，以历代传承的袈裟和法钵为信物。后来禅宗分裂为南禅和北禅，其后，北禅衰落，南禅兴盛，成为禅宗主流。后来南禅分为五家七宗，流传广泛。

(2)禅宗的流传对中国文化的重要影响

①哲学史方面

禅宗把佛教的客观唯心主义转变成主观唯心主义，儒道佛三家互相吸收，互相影响。

②文学方面

历代描写禅宗的诗文不计其数，禅宗宣扬心性，使文学界形成一种清淡悠远的艺术流派，在文论史上主张以禅论诗，讲求诗歌创作要“物象超然”“意境空蒙”，在文学史上也出现了不少诗僧。

③艺术方面

禅宗深刻地影响了中国的绘画和雕塑。佛教传入中国，印度以及西域的石窟艺术也跟着传入。至于壁画，自佛教传入以后，以佛教为内容的宗教壁画大大发达起来，出现了像吴道子等著名的宗教画家。在表现手法上，释迦牟尼在印度的修行生活，加入了中国传统的亭台楼阁，使中国人在感觉上更为接近和亲切。

④语言词汇方面

佛教的传播及其中国化，使佛语、佛典、佛偈大量渗入社会生活，并失去了佛教含义而具有了社会含义，成为人们常用的成语、俗语、谚语和惯用语。

总之，作为中国佛教宗派之一的禅宗，以其独特的魅力对中国文化的发展产生了深远影响，意义深远。

3. 藏传佛教有哪些派系？达赖与班禅两大宗教领袖是如何确立的？

答：(1)藏传佛教的派系

“喇嘛教”是西藏地区流传的佛教，也称为“藏传佛教”。主要的派系有：

①宁玛派

出现较早，是由前弘期传下来的，因其古旧而称其为“宁玛派”。而该派僧人戴红帽子，又被称为“红教”。

②噶当派

重视戒律，宣扬因果报应，主张用佛的教诲来指导凡人接受佛理。15 世纪并入格鲁派。

③噶举派

僧人穿白色僧衣，又称“白教”。以苦行为特色，支派甚多，最早采用“活佛转世”制度。

④萨迦派

始于宋代，兴于元代。因主寺萨迦寺的寺墙上涂有红、白、黑三种颜色的花条，又称为“花教”。

⑤格鲁派

西藏地区最晚形成的一个教派，也是迄今为止势力最大的一派。因僧人穿戴黄色衣帽，又被称为“黄教”。明嘉靖二十一年(1542 年)，该派采用活佛转世制度解决法位传承问题，后清乾隆时改为“活佛转世金瓶掣签制度”。

(2)达赖与班禅两大宗教领袖的确立

“达赖”和“班禅”是黄教两大活佛转世系统的称号。

①达赖的称号始于三世达赖喇嘛索南嘉措。五世达赖之后历代达赖喇嘛都要经过中央册封，才算合法。

②班禅的称号比达赖略晚。五世班禅被封为“班禅额尔德尼”后，班禅也必须经过中央政府批准才能通过。

第 8 章　古代教育

8.1　复习笔记

【知识框架（庖丁解牛）】

- 古代教育
  - 中国古代教育的起源与学校的产生
    - 中国古代教育的起源
    - 学校的产生
  - 夏商周教育
    - 夏
    - 商
    - 西周
    - 东周
  - 汉代教育
    - 历史背景
    - 学校及特点
  - 魏晋南北朝教育
    - 曹魏
    - 西晋
  - 隋唐教育
    - 隋
    - 唐
  - 宋辽金元教育
    - 宋
    - 辽
    - 金
    - 元
  - 明清教育
    - 明
    - 清
  - 中国古代教育常识
    - 蒙学
    - 家教
    - 书院
    - 国子监

【考点剖析与拓展（游刃有余）】

考点一、中国古代教育的起源与学校的产生

1. 中国古代教育的起源

表8-1 中国古代教育的起源

要点	具体内容
教育起源	起源于人类适应社会生活的需要，是人类社会存在和发展的必要条件
教育内容	①生产劳动教育。 ②生活习俗教育。 ③原始宗教教育。 ④原始艺术教育。 ⑤体格和军事教育
教育方式与特点	①没有专门的组织形式，是自然形态的口耳相传与行动模仿的方式。 ②没有阶级性，没有与生产劳动相分离，没有文字与书本

2. 学校的产生

表8-2 学校的产生

要点	具体内容
产生时期	萌芽于原始社会末期或奴隶社会初期
产生原因	①生产力提高及社会分工。 ②社会事务复杂需要专门人员。 ③文字的产生与知识积累
学校及学官	①虞舜以前的五帝时代已有大学，名叫“成均”。 ②虞舜时代有“上庠”“下庠”“米廪”等学校，兼作养老、藏米之所。 ③学官有“司徒”“秩宗”“典乐”等

考点二、夏商周教育

表8-3 夏商周教育

朝代	官学名称及特点	
夏	有“庠”“序”“校”三种学校的雏形，“庠”是从虞舜时代继承下来的，“序”和“校”是新增加的。 ①序：“序者，射也”，注重习射，以培养武士。 ②校：习武和比武的场所	
商	有“序”“庠”“学”和“瞽宗”等。 ①“庠”“序”属于教育平民子弟的乡学。 ②“学”属于培养贵族子弟的国学。 ③“瞽宗”是学习祭礼的学校，乐官多由盲人担任	
西周	特点	学在官府
	学校系统	国学(分辟雍和泮宫)和乡学(塾、庠、序、校)
	教育内容	“六艺”：礼、乐、射、御、书、数，文武兼备、诸育兼顾
东周	春秋时期	“天子失官，学在四夷”。孔子开创私人讲学之风，倡导仁义礼智信，有弟子三千，其中贤人七十二
	战国时期	齐国的稷下学宫是世界上第一所由官方举办、私家主持的特殊形式的高等学府。赵国的荀子作《劝学篇》，是我国最早的教育学论文

考点三、汉代教育

表8-4 汉代教育

要点	具体内容		
历史背景	三大文教政策	①“罢黜百家，独尊儒术”。 ②“兴教化”“正万民”。 ③建立太学，改革选士制度	
	意义	汉代官学标志着我国封建官学制度的确立	
学校及特点	中央官学	太学	汉武帝下令兴太学于京师，这是中国历史上正式设立的第一所大学，御定统一的教材为“五经”
		鸿都门学	汉灵帝设立的鸿都门学是中国古代最早的一所传授书法绘画艺术的专科学校
	地方官学	汉平帝元始三年（3年）明确规定：郡国设学，县邑设校，乡设庠，聚（自然村）设序	

考点四、魏晋南北朝教育

表8-5 魏晋南北朝教育

要点	具体内容
曹魏	设立律学，打破经学一统的局面
西晋	在太学之外，另设“国子学”

考点五、隋唐教育

表8-6 隋唐教育

要点	具体内容	
隋	以国子寺总辖国子学、太学、四门学等	
唐	中央	①“六学”：包括国子学、太学、四门学、律学、书学、算学。由国子监统一领导。 ②“二馆”：为“弘文馆”（归门下省管辖）、“崇文馆”（归太子东宫管辖）
	地方	设府学、州学和县学

考点六、宋辽金元教育

表8-7 宋辽金元教育

要点	具体内容	
宋	三次兴学运动	①庆历兴学（范仲淹主持）。 ②熙宁兴学（王安石主持）。 ③崇宁兴学（蔡京主持）
	官学	①中央官学：有国子学、太学、辟雍、四门学、广文馆、武学、律学、小学等，都由国子监管辖。 ②地方官学：有州学、府学、军学、监学以及县学，由地方政府及诸路提举学事司管辖

续表

要点	具体内容	
辽	五京学	分别在上京、南京、中京、东京、西京设国子学
金	六学	中央官学包括隶于国子监的6所中央学校：国子监、小学、太学、女真国子学、女真小学和女真太学
元	中央官学	主要有国子学、蒙古国子学和回回国子学等
	地方官学	建立起路学、府学、州学、县学以及小学、社学的儒学系统

考点七、明清教育

表8-8 明清教育

要点	具体内容
明	社学→府、州、县学→国子监三级教育体系
清	①沿袭明朝旧制，此外还有宗学、八旗官学、俄罗斯文馆等。 ②在府、州、县学中创立“六等黜陟法”，对生员实行升降动态管理

考点八、中国古代教育常识

表8-9 中国古代教育常识

要点	具体内容	
蒙学	私塾	①汉代称“书馆”或“学馆”，教师称“书师”。 ②唐宋称村学、村塾、冬学等。 ③明清有三种形式：“坐馆”或“教馆”；“家塾”或“私塾”；“义学”或“义塾”
	教材	《三字经》《百家姓》《千字文》《幼学琼林》《二十四孝》《龙文鞭影》《增广贤文》《神童诗》《千家诗》《唐诗三百首》《古文观止》
家教	“庭训”典故	源于《论语·季氏》，是关于孔子与儿子孔鲤的故事，其中的名言为：“不学诗，无以言。”“不学礼，无以立。”
	名著	《颜氏家训》，隋代颜之推著，是我国最早的一部家庭教育专著
		《朱子家训》，又名《治家格言》，清代朱柏庐著
书院	第一次高潮	“宋初四大书院”：一说：石鼓书院、岳麓书院、睢阳书院和白鹿洞书院；另一说：嵩阳书院、岳麓书院、睢阳书院和白鹿洞书院
	第二次高潮	“南宋四大书院”：岳麓书院(张栻主持)、白鹿洞书院(朱熹主持)、丽泽(吕祖谦主持)、象山书院(陆九渊主持)
	第三次高潮	明代顾宪成、高攀龙主持的东林书院积极参与朝政，“讽议朝政，裁量人物”。东林书院依庸堂内悬挂一副由顾宪成所撰的著名对联：“风声雨声读书声声声入耳，家事国事天下事事事关心。”
国子监	发展	晋武帝司马炎始设国子学，至隋炀帝时，改为国子监。最初是管理教育的行政机关；在发展演变中与国子学合一；到明代取代国子学，成为兼有行政机关和最高学府两种性质的机构；到清代又取代太学，成为国家唯一的最高学府
	称呼	正副长官称祭酒、司业；学生称监生，又分恩监、荫监、优监、捐监等，可参加乡试

8.2　典型题(含考研真题)详解

一、填空题

1. 古代将学生与老师初次见面奉献的礼物称为______。[复旦大学 2015 年研；西南大学 2015 年研]

【答案】束脩

【解析】束脩，又称束，本是指扎成一捆(十条)的干肉，是古代民间上下级、亲戚、朋友之间相互馈赠的一种礼物。古代学生与教师初见面时，必先奉赠礼物，表示敬意，被称为“束脩”。这种礼仪，据说孔子时代已经实行。

2. 清代，地方出钱聘请老师设馆教学叫______。[云南大学 2014 年研]

【答案】义学(义塾)

【解析】在清代的教育系统中，学塾教育比较发达。就其教育阶段而论，属于民间的小学教育，有蒙馆、家塾、族学等多种不同的名称。在办学形式上，可分成三种情况：①有钱人聘请教师在家教读子弟，称为“教馆”或“坐馆”；②教师在家设馆教授生徒，称为“家塾”或“私塾”，鲁迅先生早年读书的“三味书屋”就属于私塾；③地方出钱聘请老师在公用场所设馆教授贫寒子弟，称为“义学”或“义塾”。

3. ______最先把“教育”二字连用。[北京大学 2012 年研]

【答案】孟子

【解析】《说文解字》中说：“教，上所施，下所效也。”“育，养子使作善也。”孟子最早将“教、育”两字连用，称“得天下英才而教育之。”

4. 旧时童蒙教材中由南朝周兴嗣所编的是《______》。[南开大学 2012 年研]

【答案】《千字文》

【解析】周兴嗣是南朝梁代文学家，撰有《皇帝实录》《起居注》《职仪》等专著百余卷，文集十卷传世，但流传最广、最久远的是《千字文》。《千字文》是由一千字组成的韵文，是周兴嗣奉梁武帝之命从王羲之书法中选取 1000 个字，编纂成文，是中国历史上第一篇《千字文》。其精思巧构，知识丰赡，音韵谐美，宜蒙童记诵，成为千百年蒙学教科书。

5. 西周时期的学校教育的内容主要是“六艺”——即礼、乐、射、御、书、______。[北京外国语大学 2010 年研；北京大学 2010 年研]

【答案】数

【解析】大体来说，西周的学校分作“国学”和“乡学”两种，国学是中央设立的学校，有“大学”和“小学”之分。以国学而论，包括了德、行、艺、仪四个方面，具体内容则为六艺：礼(规章仪式)、乐(音乐舞蹈)、射(射箭)、御(骑马驾车)、书(历史)、数(数学)，大学以诗、书、礼、乐为重点，小学则以书、数为重点。实施教育的目的，如《礼记 · 大学》所说：“大学之道，在明明德，在亲民，在止于至善”。

6. 南北朝末年和隋代初年成书的《______》是我国最早的一部家庭教育专著。[中山大

学2010年研]

【答案】颜氏家训

【解析】南北朝末年和隋代初年的教育家颜之推，搜集历代家教典故，结合自己的家教实践，写成《颜氏家训》二十篇，其中有“教子”“勉学”“兄弟”“治家”“风操”“慕贤”“涉务”“杂艺”等篇目，涉及封建家庭教育的各个方面，其精华部分在塑造人们的民族文化心理、维护社会的稳定方面，起过积极的作用；因此可以说《颜氏家训》是我国最早的一部家庭教育专著。

二、判断题

1. 宋代是我国书院发展的第一个高潮期，出现了一些规模较大的书院，如岳麓书院等。(　　)[中国计量大学2020年研]

【答案】正确

【解析】书院有着一段漫长的发展历史。汉代出现了书院的前身“精舍”“精庐”，唐朝，开始慢慢成形。北宋时期书院大发展，草野之读书人希望通过读书获取功名，朝廷办不了那么多学校，各地的名儒、学者、官吏纷纷选址山林，兴建书院，形成我国书院教育的第一个高潮期。其中湖南长沙的岳麓书院属于“宋初四大书院”之一。北宋开宝九年(976年)，潭州太守朱洞在僧人办学的基础上，由官府捐资兴建，正式创立岳麓书院。后历经南宋、元、明、清各代，至清末光绪廿九年(1903年)，岳麓书院与湖南省城大学堂合并改制为湖南高等学堂，沿用书院旧址。中华民国十五年(1926年)，湖南高等学堂正式定名湖南大学，仍在书院基址上扩建。

2. 现存北京的国子监相当于现在的高等学府。(　　)[中山大学2010年研]

【答案】正确

【解析】国子监后来在发展演变中与国子学合一，到明代已取代国子学，兼有行政机关和最高学府两种性质。到清代又取代太学，成为国家唯一的最高学府。现在，我们所看到的北京国子监，就是元、明、清三代沿用的最高学府。

3. 在古代文献中，“庠”是指培养贵族子弟的学校。(　　)[首都师范大学2010年研]

【答案】错误

【解析】迄今所知最早有文物佐证的学校出现在商代，因为殷墟甲骨文里记载了殷商学校的名称，如庠、序、学、瞽宗等。从文献记载来看，大约“庠”“序”属于教育平民子弟的乡学。

三、单项选择题

1. 国子监的最高官员为祭酒，一般都由学识渊博、声望较高的儒家学者担任，唐代著名文学家(　　)曾担任过此职。[中国人民大学2016年研]

A. 白居易　　B. 韩愈　　C. 柳宗元　　D. 欧阳修

【答案】B

【解析】国子监的最高官员为祭酒，习惯上称作“国子祭酒”，一般都由学识渊博、声望较高的儒家学者担任，唐代文学家韩愈曾任此职。国子监的副职是“司业”，职责是协助祭酒管理全监事务，类似今天的常务副校长。司业以下为“监丞”，坐绳愆厅办公；“典簿”坐典簿厅办公；“典籍”坐典籍厅办公，类似今天的大学图书馆馆长；“博士”和“助教”，分坐博士厅和六堂工作，负责讲解经义，他们就相当于今天的大学教授和讲师。

2．明代的顾宪成、高攀龙以(　　)为活动中心，对当时以魏忠贤为首的宦官集团展开猛烈抨击。[广东外语外贸大学 2015 年研]

A．岳麓书院　　B．东林书院　　C．白鹿洞书院　　D．石鼓书院

【答案】B

【解析】明朝末年，顾宪成、高攀龙等以东林书院为中心，“讽议朝政，裁量人物”，把攻击的矛头指向专权的宦官魏忠贤，吸引了很多人前来听讲，一时盛况空前。在当时，书院成为江南人文荟萃的一大区会，又是议论国事的主要舆论中心，形成了巨大的社会影响，因而书院中人被视为“东林党人”，遭到残酷的镇压。这就是著名的“东林学案”。

3．下面哪一位学者没有做过北京大学的校长？(　　)[中山大学 2014 年研]

A．梁启超　　B．蔡元培　　C．严复　　D．章士钊

【答案】D

【解析】A 项，北京大学的前身为京师大学堂，京师大学堂的开办是戊戌变法的“新政”之一。梁启超参与领导了戊戌变法，被光绪皇帝委任办理大学堂事务，可以说是京师大学堂的创办者。B 项，蔡元培于 1917 年出任北京大学校长，他提倡思想自由、兼容并包，对北京大学进行了卓有成效的改革，促进了思想解放和学术繁荣。C 项，严复于 1912 年任京师大学堂总监督，同年京师大学堂改称北京大学，严复出任首任校长。D 项，章士钊曾在北京大学任教，但未担任过校长。

4．国子监相当于今天的“教育部”而非最高学府是在(　　)统治时期。[南开大学 2012 年研]

A．隋文帝　　B．隋炀帝　　C．唐太宗　　D．唐玄宗

【答案】B

【解析】魏晋南北朝时期，教育发生了一些变化，晋朝时，在太学之外另设“国子学”，北齐时，改国子学为“国子寺”，南朝的宋文帝立儒学、玄学、史学、文学四馆。隋唐一统天下，加强了对学校教育的控制。隋文帝以国子寺总辖国子学、太学、四门学等。隋炀帝时又改国子寺为“国子监”。这样，国子监的职能便相当于后来的教育部。唐代承袭隋代的制度，但学校的体系更加完备，在中央设立“六学二馆”，六学由国子监统一领导，国子监在发展中与国子学合一，到明代已取代国子学，兼有行政机关和最高学府两种性质，到清代取代太学，成为国家唯一的最高学府，不再是教育行政领导机关。

5．宋初兴起的书院教育中，最大特点是“讲会制度”的实行，它的创立者是(　　)。[北京外国语大学 2010 年研]

A．陆九渊　　B．程颐　　C．朱熹　　D．周敦颐

【答案】C

【解析】书院在教学方面的最大特点，是朱熹创立的“讲会制度”，即学术辩论制度。宋明理学分作不同学派，书院中的“讲会”，就是不同学派的学术论争。

6. 战国时期著名的“稷下学宫”是当时(　　)的宫学。[南开大学2010年研]

A. 楚国　　B. 齐国　　C. 赵国　　D. 魏国

【答案】B

【解析】稷下学宫，又称稷下之学，战国时期田齐的官办高等学府，始建于齐桓公。稷下是齐国国都城门，位于齐国国都临淄稷门附近。齐国君主在此设立学宫，因学宫地处稷门附近而得名为“稷下学宫”。

7. 战国时期，思想界出现了百家争鸣的学术繁荣局面。各家学派都要通过办学来扩大影响，于是私学高度繁盛，其中以(　　)两大学派的私学规模最大。[北京外国语大学2010年研]

A. 墨、阴阳　　B. 儒、法　　C. 儒、道　　D. 儒、墨

【答案】D

【解析】最早的私学创立者是孔子，他的儒学注重诗、书、礼、乐，同时重视言、德、政、文等才能的培养。与儒学并行的还有墨学，墨学重视实际生产技能的培养，同时也注重对力学、光学和几何学的研究。

四、简答题

简述古代学校教育的发展历程。

答：古代学校教育的发展历程表现为：

(1)夏商周时期

①夏代已经有了正式的学校。

②周代确立宗法制度，将学校分作“国学”和“乡学”两种。经过周代的探索，学校教育制度进一步完善，学校结构进一步完备。

③此时依然是“学在官府”，即教育由国家管理。

(2)春秋时期

在诸侯混战局面下，出现了“天子失官，学在四夷”的局面。加上生产力的发展推动了作为上层建筑的教育制度也随之而改变，具体表现为私学兴起。

(3)汉代

封建制度在汉代确立以后，国家为了培养统治阶级所需要的人才，采取“内法外儒”的文教政策，积极兴办学校，招纳士子。此时，学校也分官学和私学两类，以官学为最发达，如中央政府主办的“太学”和“鸿都门学”。

(4)魏晋南北朝时期

社会动荡、战乱不断，官学有所削弱。为适应门阀制度变革需求，晋武帝于咸宁二年(276年)在太学之外，另设“国子学”。国子学只收五品以上官员子弟入学，太学则成为六品以下官员子弟的学校。这实际上推动了平民教育的发展。

(5)隋唐时期

隋唐一统天下，加强了对学校教育的控制。唐代在继承魏晋南北朝以来教育的成果的同时，大兴汉代教育传统，推动学校教育形成新的发展高峰。如隋唐时期针对“九品中正制”的流弊，建立健全了科举考试制使寒门庶士有了学优而政的可能，在一定程度上促进了阶层流动，助力了政治革新。

(6)明清时期

国子监到明代已取代国子学，成为兼有行政机关和最高学府两种性质的机构。到清代又取代太学，成为国家唯一的最高学府。

第9章　科举制度

9.1　复习笔记

【知识框架(庖丁解牛)】

- 科举制度
  - 科举制以前的选士制度
    - 先秦
    - 汉代
    - 魏晋
  - 科举制的产生与发展
    - 产生
    - 发展
    - 中落
    - 鼎盛
    - 废除
  - 科举制的影响
    - 积极影响
    - 消极影响

【考点剖析与拓展(游刃有余)】

考点一、科举制以前的选士制度

表9－1　科举制以前的选士制度

时期	具体内容	
先秦	世官制	即世卿世禄制，奴隶主贵族子子孙孙世代做官，适应分封制和宗法制，李悝、商鞅变法后被破坏
	军功爵制	按军功授爵，打破了奴隶主贵族世袭爵位的制度
	选举制	上层统治者出于维护统治的需要，从下层人民中选贤举能，进入官僚体系为国君服务
汉代	察举制	①由地方官根据一定的科目和标准考察选拔，层层推荐，最后向朝廷荐举，经皇帝亲自策问，按成绩高下授以不同的官职。 ②科目繁多，贤良方正、孝悌力田、孝廉、秀才、明经、明法及其他临时规定的特殊科目。 ③东汉后期出现弊端，渐被世家大族操纵，权门请托，名不副实
	征辟制	“征”是由皇帝聘请，“辟”是由官府来聘请，即由皇帝和官府直接聘请有名望的人来做官
魏晋	九品中正制（九品官人法）	①设置大小中正官，品第人物，依家世和才德区分为高下九等作为任官授爵的根据，按品授官。 ②门阀士族把持了中正的任命权，选取标准以门第为重，出现“上品无寒门，下品无士族”的情况

考点二、科举制的产生与发展

表9－2 科举制的产生与发展

要点		具体内容
产生	隋	隋炀帝大业三年设立“明经”“进士”二科，以考试策问取人，这是科举制的开始
发展	唐	继承并完善了隋代的科举制，设立的科目有秀才、明经、进士、明法、明字、明算、史科等，明经、进士二科在唐代科举吸引了最多的考生。武则天还设立武举
	宋	宋太祖建立殿试制度，主考官也直接由皇帝任命，加强了皇帝对科举考试的控制；增加了科举录取名额；实行弥封、誊录等改革
中落	元	经历了科举制最长的一次中断；体现出巨大的民族不平等
鼎盛	明清	①明清科举一脉相承达五百多年。 ②考试内容以八股为主。 ③乡试之前要经过童试、院试。 ④乡试，又称“秋闱”，考中为“举人”，发榜称为“桂榜”，第一名称为“解元”。 ⑤会试，又称“春闱”，考中为“贡士”，发榜称为“杏榜”，第一名称为“会元”。 ⑥殿试，在保和殿举行，分三甲录取：一甲赐“进士及第”，第一甲取三名，一甲第一名为状元，第二名为榜眼，第三名为探花；二甲赐“进士出身”，二甲第一名为传胪；三甲赐“同进士出身”；发榜时采用金榜，故考中进士又称“金榜题名”。 ⑦如果一个人在乡试、会试、殿试中都考取第一名，就称为“连中三元”
废除	1905年	1905年9月2日，袁世凯、张之洞奏请立停科举，以便推广学堂，咸趋实学。清廷诏准，于次年正式施行，至此，在中国历史上延续了1300年的科举制度正式废除

考点三、科举制的影响

表9－3 科举制的影响

要点	具体内容
积极影响	①它是封建时代所可能采取的最公平的人才选拔形式，为社会下层民众提供了一条上升通道，为统治阶级扩大了社会基础。 ②以经史等作为考试内容，在一定程度上促进了官员文化素质的提升。 ③影响了日本、韩国、越南的科举制，也影响了欧洲的文官制
消极影响	①以对儒家经典的理解程度作为筛选人才的唯一标准，不利于选拔实干型人才，从事科学技术研究的人才更为薄弱。 ②畸形地彰显了“学而优则仕”的功利主义价值观，刺激了读书人追求功名富贵的心理，甚至为此不择手段，从而导致考场上的营私舞弊和官场上的贪鄙腐败现象层出不穷。 ③随着形式的僵化，日益成为统治者奴化臣民的工具，特别是明清两代采用形式死板的八股文取士，严重束缚了人们的思想和创新精神

9.2 典型题(含考研真题)详解

一、填空题

1. 唐代进士科考试分______、诗赋、策论三场。第一场要求对儒家经典十分熟悉，第

二场要求文学、文化素养高，第三场要求能对现实的重大政治、经济问题提出自己的见解。[北京大学2016年研]

【答案】帖经

【解析】帖经是中国古代科举考试的方法之一，开始于唐朝。唐朝的明经、进士等科，考试时都要帖经。帖经的方法是主考者将需要考试的经书任意翻开一页，只留出一行，其余的都被遮蔽。同时，又用纸随意遮盖住这一行的三个字，让应试的学子读出或写出被遮盖住的文字。

2. 周王朝有一套行政制度，设置各种官职。这些官职往往由权贵之家世袭把持，形成______制度。[北京大学2015年研]

【答案】世卿世禄

【解析】春秋战国以前，由于奴隶主贵族把持政权，因此官吏的选拔，主要实行“世卿世禄制”，“世卿”就是天子或诸侯国君之下的贵族，官职世世代代、父死子继。“禄”是官吏所得的享受财物，“世禄”就是官吏们世世代代、父死子继，享有所封的土地及其赋税收入。选士做官只是一种辅助手段而已。

3. 中国古代科举考试制度，乡试逢子、午、卯、酉年为______科，遇庆典加科为______科；正榜所录取的考生叫______，第一名则称为______。[广州大学2015年研]

【答案】正；恩；举人；解元

【解析】明清乡试是一省范围内的考试，参加者必须是秀才，乡试每三年举行一次，即每逢子、卯、午、酉年按规定举行的考试，称为“正科”，地点在各省城(包括京师)的贡院，乡试及格者都叫举人，第一名称为“解元”，是解送朝廷录用之意。朝廷为了延揽人才，常在皇帝即位或其他国家性的大典时特别增加一次考试，这叫“恩科”。

4. 提倡“唯才是举”，颁布“求贤令”的是汉魏六朝时期的______。[南开大学2012年研]

【答案】曹操

【解析】汉代选拔人才实行“察举”和“征辟”制，但是这些制度很快就暴露出它的弊端。首先是被选的范围有限，都为官僚和富豪子弟；其次是以财产为入选标准，因此所选人才未必都是贤才，以财富钻营者大有人在。曹操看到了这种弊端，提倡“唯才是举”，并直接颁布了“求贤令”，只要是有才能的人就推荐、任用，这种用人制度也被后世所提倡和学习。

5. 古代实行科举制度时，将殿试前三名称为“状元”“榜眼”“探花”始自于______朝。[南开大学2012年研]

【答案】宋

【解析】宋代继承了唐代的科举制，并做了一些重要的改革。北宋时，殿试第一名称“榜首”，二、三名称“榜眼”，一、二、三名都可以称“状元”。南宋以后，专以第一名为状元，第二名为榜眼，第三名为探花，其后历代成为定制。

6. 中国古代通过“科举制度”选拔人才始于______代。[首都师范大学2011年研]

相关试题：

(1)科举制度始于______朝，是中国古代用人制度的历史性变革。[中山大学2010年研]

(2)中国的科举制产生于______代。[华中师范大学2010年研]

【答案】隋

【解析】隋开皇七年(587年)，隋文帝废九品中正制，规定采用考试方法选拔官吏，并于开皇八年设立“志行修谨”和“清平干济”两科，以选拔人才。大业三年(607年)，隋炀帝又在诸多科目中设立“明经”“进士”二科，以考试策问取人。这就是科举制的真正开始。因其基本做法是设立科目，以考试举士，故称“科举”。

7. 在科举考试中，如果一个人在乡试、会试、______中都考取第一名，就叫“连中三元”。[首都师范大学2010年研]

【答案】殿试

【解析】乡试及格者都称举人，第一名称为“解元”；会试取中后，通称“贡士”，第一名称“会元”；殿试分三甲录取：第一甲取三名，一甲第一名为状元。如果一个人在乡试、会试、殿试中都考取第一名，称为“连中三元”。

二、判断题

中国古代的“八股文”都是由八个部分组成的。(　　)[首都师范大学2013年研]

【答案】正确

【解析】八股文是明清科举考试的一种文体，也称制义、制艺、时文、八比文。八股文章就四书五经取题，内容必须用古人的语气，不允许自由发挥，而句子的长短、字的繁简、声调高低等也都要相对成文，字数也有限制。八股文就是指文章的八个部分，文体有固定格式：由破题、承题、起讲、入题、起股、中股、后股、束股八部分组成，题目一律出自四书五经中的原文。后四个部分每部分有两股排比对偶的文字，合起来共八股。旧时科举，八股文要用孔子、孟子的口气说话，四副对子平仄对仗，不能用风花雪月的典故亵渎圣人。

三、单项选择题

1. 三省六部制、科举制度是在(　　)创立的。[北京师范大学2015年研]

A. 秦代　　B. 汉代　　C. 隋代　　D. 唐代

【答案】C

【解析】三省六部制初创于隋代，完善于唐代，并一直沿用至清末。“三省”指中书省、门下省和尚书省，“六部”指尚书省下属的吏部、户部、礼部、兵部、刑部和工部。科举制度同样创立于隋代。隋炀帝设立“明经”“进士”二科，以考试策问取人，这就是科举制度的真正开始。因其基本做法是设立科目，以考试举士，故称“科举”。科举制度的实施，是中国古代用人制度的历史性变革。

2. 下面哪项中的词语与中国古代科举考试无关？(　　)[中国传媒大学2015年研]

A. 出类拔萃　　B. 春风得意　　C. 金榜题名　　D. 管鲍之交

【答案】D

【解析】D 项，“管鲍之交”说的是春秋时期齐国管仲与鲍叔牙二人相交至深，后称朋友之间深厚的交谊为“管鲍之交”，与古代科举考试制度无关。A 项，“出类拔萃”形容卓越出众、不同一般。多指人的品德才能。古代科举高中极其不易，科举考试人才往往可用“出类拔萃”来形容。B 项，“春风得意”出自唐代孟郊《登科后》，诗云：“春风得意马蹄疾，一日看尽长安花”，形容考上进士后得意的心情。C 项，科举时代公布殿试入选者，放榜时采用金榜，因而考中进士又叫“金榜题名”。

3．中国历史上的最后一次科举考试举行于（　　）年。［南开大学 2012 年研］

A．1898　　B．1904　　C．1911　　D．1919

【答案】B

【解析】科举制度是中国历史上延续时间最长的制度之一，它与古代的教育制度和官吏制度构成封建社会三位一体的人才制度。隋炀帝时设“进士科”，以考试策问取人，这是科举制的真正开始。经过隋唐直至明清各朝代的沿用，经历了一千三百多年，到清朝时，日趋没落，弊端也越来越多，清光绪三十年（1904 年）甲辰恩科是中国科举制的最后一次考试，科举制最终消亡。

4．古代科举殿试及第的士人称为（　　）。［首都师范大学 2011 年研］

A．状元　　B．进士　　C．贡生　　D．秀才

【答案】B

【解析】明清时期乡试之前要参加三次考试，即县试、府试、院试，合称“童生试”。参加考试的人，合格后之后就叫“生员”，俗称“秀才”。挑选府、州、县生员（秀才）中成绩或资格优异者，升入京师的国子监读书，称为贡生。殿试举行地点在今故宫保和殿，由皇帝亲自主考，有时只设御座，而由钦命大臣宣读考题，清代一般由亲王担任。应试者必须是贡士，考中者才是进士。殿试分三甲录取，第一甲取三名，一甲第一名为状元。

5．自汉代至隋代实行的一种举荐加考试的选官制度是（　　）。［中国传媒大学 2010 年研］

A．九品中正制　　B．察举　　C．征辟　　D．科举制

【答案】B

【解析】“察举”，就是由公卿、列侯和地方郡守等高级官员经过考察把所谓品德高尚、才干出众的人才推荐给朝廷，由朝廷授予他们官职；对被举荐的人员，朝廷有时也要进行考试，方法是由皇帝提出政治或经义方面的问题，称为“策问”。

6．明清两代科举的正式考试分为院试、乡试、会试，会试之后，经过朝考才能分配官职。《儒林外史》中的“范进中举”就是对范进参加（　　）的描写。［北京大学 2010 年研］

A．院试　　B．乡试　　C．会试　　D．朝考

【答案】B

【解析】乡试及格者都称为举人，第一名称为“解元”，是解送朝廷录用之意。中举以后，就算正式进入了统治阶级，可以被人们称作“老爷”，既可以参加会试，继续上进；也可以要求担任教职，去做学官，甚至还可以参加大选，候补知县。《儒林外史》描写的“范

进中举”，指的就是乡试。

四、概念题

九品中正制[兰州大学2015研]

答：九品中正制，又称“九品官人法”，是魏晋南北朝时期中央政府的官员选拔制度，用于替代始于汉武帝时期的察举制。这种制度以“簿世（谱牒家世）”“行状（才干、道德）”“乡品（中正鉴定）”为标准，将被选者分为上上、上中、上下、中上、中中、中下、下上、下中、下下九等，由朝廷任命的“中正官”进行品评，然后按等录用。

五、简答题

1. 科举制度发展到了宋代，做出了哪些重要的改革？[河南师范大学2017年研]

答：宋代完全继承了唐代的科举制，进行了重要的改革：

(1)礼部的考试

主考官直接由皇帝任命，加强了皇帝对科举考试的控制。

(2)殿试制度

殿试制度由宋太祖建立，对考中进士的人进行最高一级的考试，由皇帝亲自主持，并决定录取的名次。

北宋时，殿试第一名称“榜首”，二、三名称“榜眼”，一、二、三名都可以称“状元”。南宋以后，专以第一名为状元，第二名为榜眼，第三名为探花，其后历代成为定制。

(3)三舍法

宋神宗时，于国子监内实行“三舍法”取士。把国子监的学生分为上舍生、内舍生、外舍生三个等级，后来逐渐成为科举取士的最高标准。

2. 简述中国人才选拔制度的演变过程。

答：中国人才选拔制度的演变过程：

(1)春秋战国以前：“世卿世禄制”

由于奴隶主贵族把持政权，因此官吏的选拔，主要实行“世卿世禄制”，即奴隶主贵族凭借血统关系，子孙世代做官，国君不能随意任免，选士做官只是一种辅助手段而已。

(2)春秋时期：“客卿制”

由于社会经济文化的发展和阶级关系的变化，士的数量越来越多，士的作用也越来越重要，形成“士、农、工、商”四个阶层，士位居第一。这时实行的选士制度是“客卿制”，即将相重臣往往从下层军士或平民中选拔，只要他们有一技之长，能够解决君主或其他统治者迫切需要解决的问题，就可以登上政治舞台一展才干。

(3)由秦及汉：“察举”“征辟”

进入封建集权时代，统治阶级需要大批为它效命的人才，便扩大了选拔的范围。其基本办法有两种：一是察举，即由公卿、列侯和地方郡守等官员经过考察把品德高尚、才干出众的人才推荐给朝廷，由朝廷授予他们官职。二是征辟，由皇帝和官府直接聘请有名望的人来做官。

(4)魏晋南北朝时期：“九品中正制”

魏文帝曹丕当政，采用礼部尚书陈群的建议，制定了“九品官人法”，即“九品中正制”。

(5)隋朝建立后：“科举制”

隋文帝下令废除九品中正制，规定各州被举荐的人必须经过考试，才能被录用，从而拉开了科举制的序幕。隋炀帝时开“明经”“进士”二科，以考试策问取人，这是科举制的真正开始。此后的历朝统治者都采用这种方法取士。

第10章　典籍藏书

10.1　复习笔记

【知识框架(庖丁解牛)】

- 典籍藏书
  - 经书
    - 四书
    - 五经
    - 十三经
  - 史书
    - 按体裁分类
    - 按记述的内容分类
    - 按官方认可程度分类
  - 类书
    - 《北堂书钞》
    - 《艺文类聚》
    - 《太平御览》
    - 《册府元龟》
    - 《永乐大典》
    - 《古今图书集成》
  - 辞书
    - 《说文解字》
    - 《尔雅》
    - 《广韵》
    - 《康熙字典》
    - 《佩文韵府》
  - 方志
    - 方志的起源
    - 方志学的形成
  - 典籍
    - 典籍的目录
    - 典籍的版本
    - 典籍的收藏

【考点剖析与拓展(游刃有余)】

考点一、经书

表 10－1　经书

名称	内容	说明
四书	《大学》《中庸》《论语》《孟子》	四书之名始立于宋代
五经	《诗经》《尚书》《礼记》《周易》《春秋》	五经之名始称于汉武帝时
十三经	《诗经》《尚书》《周礼》《仪礼》《礼记》《易经》《左传》《公羊传》《穀梁传》《论语》《尔雅》《孝经》《孟子》	由汉朝的五经逐渐发展而来，最终形成于南宋

考点二、史书

表 10－2　史书

分类标准	体例	定义	代表作
按体裁分类	编年体	以年代为线索编排有关历史事件的史书体例	①据传由春秋末年的孔子修订的《春秋》为第一部编年体史书。 ②北宋司马光主编的《资治通鉴》是编年体的通史的代表作
	纪传体	通过记叙人物活动反映历史事件的史书体例	西汉司马迁的《史记》
	纪事本末体	以历史事件为主的史书体例	南宋袁枢的《通鉴纪事本末》
按记述的内容分类	实录	记录帝王言行的史书	《梁皇帝实录》是我国最早的实录
	制度史	记述历代典章制度的史书	唐代杜佑的《通典》是典章制度专史的开创之作
	杂史	记载历史掌故、见闻的私人性史书	东汉赵晔的《吴越春秋》、北魏杨衒之的《洛阳伽蓝记》、唐代吴兢的《贞观政要》
	史传	记述人物生平事迹的史书	汉代刘向的《列女传》、清代阮元的《畴人传》
按官方认可程度分类	正史	以纪传体、编年体写就的官审史书	二十四史：《史记》《汉书》《后汉书》《三国志》《晋书》《宋书》《南齐书》《梁书》《陈书》《魏书》《北齐书》《周书》《隋书》《南史》《北史》《旧唐书》《新唐书》《旧五代史》《新五代史》《宋史》《辽史》《金史》《元史》《明史》
	别史	纪传体、编年体以外杂记历代或一代史实的史书	南宋陈振孙的《直斋书录解题》是别史的开创之作

考点三、类书

表 10－3　类书

代表作	作者	地位
《北堂书钞》	隋代末年虞世南	现存最早的类书
《艺文类聚》	唐初欧阳询	唐代的第一部类书
《太平御览》	太宗命李昉等人编撰	宋代著名的两大类书之一
《册府元龟》	宋真宗命王钦若、杨亿等人编撰	汇辑了从上古至五代的历代君臣事迹，概括了宋代以前的十七史，目的是以古鉴今

续表

代表作	作者	地位
《永乐大典》	明成祖命解缙、姚广孝等人编撰	明代规模最大的类书
《古今图书集成》	初由陈梦雷编撰，雍正时改为蒋廷锡编撰	现存规模最浩大、体例最完善、用途最广泛的一部类书

考点四、辞书

表10-4 辞书

名称	作者	类型	体例	地位
《说文解字》	东汉许慎	字典	先列篆文，然后解释意义，最后按“六书”的方法来分析字形的结构	是我国最早的字典，也是世界上最早的字典，全书收9353个字，由此而建立了中国的“文字学”
《尔雅》	不可考	训诂性质的辞书	共19篇，前三篇解释一般词语，后16篇分类解释词语，对各种名物加以解说	是我国最早的训诂学专著，也是后世词典的雏形
《广韵》	宋代陈彭年、邱雍等	词典	按韵编排，凡同音字都编在一起	是我国现存最早的韵书
《康熙字典》	清代张玉书、陈廷敬等	字典	先注音，后释义	是当时世界上收字最多的字典
《佩文韵府》	清代张玉书等	查阅诗文典故的辞书	按韵排列，体例是先列单字，接着释义，然后按字数多少列出韵藻，韵藻下尽列古书用例	是我国依韵排列规模最大的辞书

考点五、方志

表10-5 方志

要点	时期	具体内容	
方志的起源	先秦	《周礼·职方》《尚书·禹贡》《山海经》	我国地方志的源头(雏形)
	东晋	常璩《华阳国志》	现存最早的地方志
	唐	李吉甫《元和郡县志》	现存最早的全国性地方志
	元	《大元一统志》	第一部规模巨大的全国一统志
方志学的形成	明末清初	顾炎武撰《天下郡国利病书》《肇域志》；顾祖禹撰《读史方舆纪要》	开创了综合利用和研究地方志的先河
		顾炎武撰《营平二州史事序》	在该书中对编修地方志提出了系统的见解，为此后修志指明方向
	清朝中叶	纂辑派(又称地学派)	以戴震为代表
		撰著派(又称史学派)	以章学诚为代表

考点六、典籍

表 10－6 典籍

<table>
<tr><th>要点</th><th colspan="4">具体内容</th></tr>
<tr><td rowspan="7">典籍的目录</td><td rowspan="4">按编订目录的方法分类</td><td>七分法</td><td>西汉刘歆的《七略》</td><td>按性质把书的内容分成七类：
①辑略(即总目)。
②六艺略(即《诗》《书》《礼》《乐》《易》《春秋》等“六经”)。
③诸子略。
④诗赋略。
⑤兵书略。
⑥术数略。
⑦方技略(包括医、卜等)</td></tr>
<tr><td rowspan="3">四分法</td><td>西晋荀勖的《中经新簿》</td><td>①是目前可以确定的最早使用四部分类的图书目录。
②把文献分为甲乙丙丁四部，但四部的内涵没有完全确定</td></tr>
<tr><td>东晋李充《晋元帝四部书目》</td><td>将甲乙丙丁四部的内涵确定：五经为甲部，史记为乙部，诸子为丙部，诗赋为丁部</td></tr>
<tr><td>唐初魏徵等《隋书·经籍志》</td><td>正式定名为经、史、子、集四部</td></tr>
<tr><td rowspan="3">按编订目录的主体分类</td><td>史志目录</td><td>史书中所记载的图书目录</td><td>汉代班固在《汉书·艺文志》中首创</td></tr>
<tr><td>官修目录</td><td>由政府主持对国家图书整理后编写的目录</td><td>西汉时，刘向、刘歆父子受汉成帝之命撰《别录》《七略》等，成为我国图书分类和目录学的奠基人和开山鼻祖</td></tr>
<tr><td>私家目录</td><td>由藏书家编纂的目录</td><td>南宋晁公武所撰的《郡斋读书志》是现存最早的、具有题要的私家藏书目录</td></tr>
<tr><td rowspan="2">典籍的版本</td><td>按复制方式分类</td><td colspan="3">①写本：以手写方式完成的图书，如《永乐大典》《四库全书》。
②刻本，即雕版印刷的本子，现存最早的雕版印刷品是公元 868 年印刷的《金刚经》(现藏大英博物馆)。
③石印版：用石材制版印刷的本子。
④活字本：即活字印刷的本子，又分泥活字、木活字、铜活字、铅活字。如雍正年间以铜活字印成的《古今图书集成》，乾隆年间以木活字(雅称“聚珍版”)印成的《武英殿聚珍版书》</td></tr>
<tr><td>按存世数量或内容完整度分类</td><td colspan="3">①孤本：仅有一份在世间流传的书本。
②珍本：具有历史、艺术和科学价值的稀有书本。
③善本：即那些具有历史文物性、学术资料性和艺术代表性，或在某一方面有特殊价值的书本。
④足本：即内容未经删节改动的书本。
⑤节本：对原书经删节后而印行的书本，故又有“洁本”之称。如《水浒》四十八回本。
⑥选本：遴选精粹而成的书本。如《唐诗三百首》。
⑦百衲本：用同一种书的不同版片拼印或用同一种书的不同版本拼配起来的书本。清初宋荦用两种宋本，三种元本，配置成一部《史记》八十卷，称为百衲本《史记》</td></tr>
</table>

续表

<table>
<tr><th>要点</th><th colspan="3">具体内容</th></tr>
<tr><td rowspan="5">典籍的收藏</td><td rowspan="4">官藏</td><td colspan="2">汉朝未央宫内有三座藏书阁：石渠阁、天禄阁和麒麟阁，确立了我国藏书史上的皇家藏书制度</td></tr>
<tr><td colspan="2">汉桓帝特设“秘书监”一职，专管收藏艺文图书，这是我国历史上最早设立的专职国家图书馆馆长</td></tr>
<tr><td>“内廷四阁”或“北四阁”</td><td>乾隆时，仿天一阁在承德避暑山庄建文津阁，北京紫禁城内建文渊阁，在圆明园内建文源阁，在沈阳旧宫建文溯阁</td></tr>
<tr><td>“宫外三阁”或“南三阁”</td><td>扬州文汇阁、镇江文宗阁、杭州文澜阁</td></tr>
<tr><td>私藏</td><td colspan="2">明清两代著名的藏书楼：
①天一阁，位于浙江宁波，藏书人为明代嘉靖年间范钦。它是现存最古老的藏书楼。
②汲古阁，位于江苏省常熟市，藏书人为明末清初的毛晋。
③绛云楼，位于江苏省常熟市，藏书人为明末清初钱谦益，后毁于大火。
④海源阁，位于山东省聊城市，藏书人为清代杨以增，与铁琴铜剑楼、八千卷楼、皕宋楼并称清代四大藏书楼。
⑤铁琴铜剑楼，位于江苏省常熟市，藏书人为清代的瞿镛，与海源阁藏书人杨以增并称为“南瞿北杨”。
⑥八千卷楼，位于浙江省杭州市，藏书人为清代丁国典。
⑦皕宋楼，位于浙江省湖州市，藏书人为清末陆心源</td></tr>
</table>

10.2　典型题(含考研真题)详解

一、填空题

1. ______是维系家庭文化的经典，被称为民间的“二十五史”。[华东师范大学 2014 年研]

【答案】家谱

【解析】家谱又称族谱、宗谱等，是一种以表谱形式，记载一个家族的世系繁衍及重要人物事迹的书。就其内容而言，家谱是中华文明史中具有平民特色的文献，记载的是同宗共祖血缘集团世系人物和事迹等方面的情况，被誉为“民间的二十五史”。

2. 司马迁《史记》从______开始记史。[北京大学 2012 年研]

【答案】黄帝时代

【解析】《史记》是西汉史学家司马迁撰写的纪传体史书，是中国历史上第一部纪传体通史，记载了上古传说中的黄帝时代到汉武帝太初四年间共 3000 多年的历史。《史记》共 130 篇，包括八书(记述典章制度)、十表(按年月简列历史大事和人物)、十二本纪(记述帝王事迹)、三十世家(记诸侯国、圣哲名人事迹)、七十列传(记述其他历史人物)。

3. 史书按照运用的体裁来分，分为______。[北京外国语大学 2012 年研]

【答案】纪传体、编年体、纪事本末体

【解析】按照运用的体裁来分，史书可分为“编年体”“纪传体”“纪事本末体”三大类。编年体是按历史编年分述历史事件，并杂以评论，借以总结历史的经验教训的一类史书体裁。纪传体以人为纲，穿插史实，并用专章记载典章制度。纪事本末体以历史事件为纲，按类组织史料，每一类记述一个大的历史事件，可以单独成篇。按照记述的内容来分，史书可分为“正史”“实录”“制度史”“杂史”和“传记”等类。

4．中国最早的类书是______。[北京大学2012年研]

【答案】《皇览》

【解析】类书是辑录各个门类或某一门类的资料，经过编排供人查阅的工具书。它最早出现于魏文帝曹丕时期，那时的大臣把“五经”等书分类编排，供皇帝阅览，故名《皇览》，原书已失传，现只有辑本。现存最早的类书是隋代末年虞世南编的《北堂书钞》。

5．我国字典的雏形始自《______》。[南开大学2012年研]

【答案】说文解字

【解析】东汉许慎编撰的《说文解字》，它不但是我国最早的字典，也是世界上最早的字典，是我国字典的雏形。全书共收9353个字，其体例是先列篆文，然后再解释意义，最后按照“六书”的方法来分析字形的结构，由此而建立了中国的“文字学”。

6．如果要查找古代作家的文学作品，可以看《四库全书》的______部。[南开大学2012年研]

【答案】集

【解析】《四库全书》是清朝乾隆皇帝在“文字狱”的背景下亲自组织编撰的中国历史上一部规模最大的丛书，分“经”“史”“子”“集”四部。经、史、子、集四分法是古代图书分类的主要方法，“经部”包括儒家经典以及研究、解释这些经典的著作；“史部”包括所有的史书以及研究、评论这些史书的著作；“子部”包括除儒家经典之外的兵、法、农、医、天文、算术等各家著作；“集部”包括历代作家的文学作品，如诗、词、赋、曲、散文等。它保存了中国历代大量文献，是我国现存最大的一部官修丛书。

7．《古今图书集成》成书于______朝。[南开大学2011年研]

【答案】清

【解析】清代的大类书称为《古今图书集成》，成于康熙、雍正年间，初由陈梦雷主持编撰，雍正时改为蒋廷锡，是现存规模最浩大、体例最完善、用途最广泛的一部类书。

8．司马光的《______》是编年体史书的代表作。[首都师范大学2010年研]

【答案】资治通鉴

【解析】编年体是指以年代为线索编排有关历史事件的史书体例。《春秋》(鲁国史)为我国第一部编年体史书，司马光的《资治通鉴》是编年体史书的代表著作。

9．中国古代最早的地理著作包括了《尚书·禹贡》和《______》。[华中师范大学2010年研]

【答案】山海经

【解析】我国的地方志起源很早，《尚书》里有一篇《禹贡》，记载了战国以前的方域、物产、贡赋等，实是我国地方志的雏形。还有《山海经》，记载远古时的山川、形势、物怪等，也给后来的地方志以应有的启示。

10．孙子谈用兵，认为给敌方以大规模毁灭性杀伤和打击乃是最下策，能用外交、政治、心理威慑等手段取得胜利，才是上策，这就是“______”。［中国传媒大学2010年研］

【答案】不战而屈人之兵

【解析】《孙子兵法·谋攻篇》：“凡用兵之法，全国为上，破国次之；全军为上，破军次之；全旅为上，破旅次之；全卒为上，破卒次之；全伍为上，破伍次之。是故百战百胜，非善之善者也；不战而屈人之兵，善之善者也。”靠打仗取得胜利，并不值得赞扬，能用政治、外交、心理以及各种威慑手段取得胜利，不战而屈人之兵，才是最理想的。

二、判断题

1．三国时代，纸写本取代简册和帛书，成为书籍的主要形式。（　　）［中国传媒大学2015年研］

【答案】正确

【解析】三国时代，随着造纸术的改进和纸张的大量出现，纸写本取代简册和帛书，成为书籍的主要形式。我国现存最早的纸写本书籍是晋代陈寿所著《三国志》残卷。

2．中国第一部字典是《康熙字典》。（　　）［首都师范大学2011年研］

相关试题：我国最早的字典是东汉许慎编撰的《说文解字》。［中国海洋大学2019年研］（【答案】正确）

【答案】错误

【解析】东汉许慎编撰的《说文解字》不但是我国最早的字典，也是世界上最早的字典，是科学文字学和文献语言学的奠基之作，是中国第一部字书，也是世界上最早出现的辞书。全书收9353个字，从汉字中区别其偏旁和部首，分类归纳成五百四十个部类，开启了汉字按部首编排的汉字字典编排方法，其体例是先列篆文，然后解释意义，最后按“六书”的方法来分析字形的结构，由此而建立了中国的“文字学”。

3．从本质上说，《易经》是一本关于“卜筮”的书，是中国古代先民对未来事态的发展进行预测的规律总结。（　　）［华中师范大学2010年研］

【答案】正确

【解析】《易经》也称《周易》或《易》，是中国最古老的占卜术原著，是中国传统思想文化中自然哲学与伦理实践的根源。从本质上来讲，《易经》是一本关于“卜筮”之书。“卜筮”就是对未来事态的发展进行预测，而《易经》便是总结这些预测的规律理论的书。

4．延续至今的古籍分类法“经、史、子、集”，始于清代编纂规模巨大的《四库全书》。（　　）［厦门大学2010年研］

【答案】错误

【解析】经、史、子、集四分法是古代图书分类的主要方法，始于隋朝。《隋书·经籍志》著录了东汉以来的大量文献，并按“经、史、子、集”四部分类，另附佛、道二类，不列入四部之内，从此有了“四部”之称。

三、单项选择题

1.（　　）中的文章多为历史散文，记录了当时谋士们的言行，故事性很强。[北京师范大学2015年研]

A.《国语》　　B.《左传》　　C.《战国策》　　D.《尚书》

【答案】C

【解析】《尚书》《国语》《左传》和《战国策》中的文章多为先秦历史散文。《战国策》中的文章主要记述战国时代谋士们的言行，注重刻画人物，善于铺张描绘，许多故事写得有声有色，如《邹忌讽齐王纳谏》《触龙说赵太后》《鲁仲连义不帝秦》等，成为古代散文的名篇。

2. 古今典籍中，丰富和补充《春秋》记载的书是（　　）。[云南大学2014年研]

A.《左传》　　B.《国语》　　C.《战国策》　　D.《尚书》

【答案】A

【解析】《春秋》一书记载了上自鲁隐公元年，下至鲁哀公十四年合计242年的鲁国历史，记载内容较为简练。《左传》正是以具体的史实来丰富和补充文字过于简略的《春秋》的一部著作。B项，《国语》记载周、鲁、齐、晋、郑、楚、吴、越八国的历史事实。C项，《战国策》主要记述战国谋士们的言行。D项，《尚书》的内容主要是殷商和西周初年的王室文告、命令、王公大臣的谈话等，是我国最早的一部历史文献汇编。

3. 下面哪一个是清代著名私人藏书楼的名字？（　　）[中山大学2014年研]

A. 文渊阁　　B. 天一阁　　C. 天禄阁　　D. 麒麟阁

【答案】B

【解析】天一阁位于浙江宁波，是明清两代著名的私人藏书楼，也是现存最古老的藏书楼。A项，文渊阁由乾隆皇帝主持修建，位于北京紫禁城内，曾藏有一部《四库全书》。CD两项，天禄阁和麒麟阁，以及另外一座石渠阁，是汉代最早在未央宫中建设的三座藏书阁，确立了我国藏书史上的皇家藏书制度，也就是“官藏”制度。

4.《论语》在体裁上属于（　　）。[首都师范大学2014年研]

A. 论辩体　　B. 语录体　　C. 纪事本末体　　D. 对话体

【答案】B

【解析】《论语》在体裁上属于语录体，言辞简约而意旨丰厚，说理论事富于哲理和抒情意味，许多句子成为后世格言和成语，如“三人行必有我师”“欲速则不达”“温故而知新”“学而不厌”“诲人不倦”等。

5. 唐代著名的类书为（　　）。[南开大学2012年研]

A.《艺文类聚》　　B.《北堂书钞》　　C.《初学记》　　D.《册府元龟》

【答案】A

【解析】类书是辑录各个门类或某一门类的资料，经过编排供人查阅的工具书，它最早出现于魏文帝曹丕时期。唐代初年，欧阳询主编的《艺文类聚》是唐代的第一部类书。全书根据唐以前的一千四百多种古籍，分门别类，摘录汇编，内容相当丰富。

6. 钱谦益是著名藏书楼(　　)的主人。[南开大学 2012 年研]

A. 天一阁　B. 汲古阁　C. 绛云楼　D. 皕宋楼

【答案】C

【解析】C 项，钱谦益，明末清初散文家、诗人，常熟人。“绛云楼”是江苏省常熟市一个著名藏书楼，钱谦益是藏书楼的主人。“绛云楼”中宋刻孤本，秘册精椠较多，其藏书经重加缮治，区分类聚，分为 73 大柜，所藏图书可与内府相比，可惜后来毁于大火。A 项，“天一阁”的主人是明朝范钦。B 项，“汲古阁”的主人是明末清初的毛晋。D 项，“皕宋楼”的主人是清末陆心源。

7. 明代最大的类书是(　　)。[厦门大学 2011 年研]

A.《太平御览》　B.《册府元龟》　C.《永乐大典》　D.《古今图书集成》

【答案】C

【解析】明代规模最大的类书就是举世闻名的《永乐大典》，明成祖命解缙、姚广孝等人主持编撰，参加工作的人员达 2169 人，前后用了五年时间，由明成祖赐名《永乐大典》。全书总计 22937 卷，其中目录即达 60 卷，装订为 11095 册，约三亿七千万字，规模宏大，包罗丰富，如同一部百科全书。

8. “简册”中的“简”的意思是(　　)。[中山大学 2010 年研]

A. 简单　B. 竹片　C. 请柬　D. 手写

【答案】B

【解析】“简册”也称“简策”，是中国最早的书籍。它是用毛笔蘸墨把文字写在竹片或木片上，然后再一片片连接起来，成为一部书。每根竹片称为“简”，我们习惯上称为“竹简”，连接起来的竹片，就称为“简册”。

9. 乾隆年间编撰的、中国古代最大的一部官修书是(　　)。[中山大学 2010 年研]

A.《永乐大典》　B.《太平御览》　C.《四库全书》　D. “十三经”

相关试题：判断题，清代乾隆年间的《四库全书》是古代最著名的丛书，保存整理了大量文献。[中山大学 2019 年研](**【答案】**正确)

【答案】C

【解析】A 项，《永乐大典》是明代规模最大的类书。B 项，《太平御览》是宋代著名的类书，为北宋李昉、李穆、徐铉等学者编纂。C 项，乾隆三十八年，诏令搜集天下珍贵典籍，编纂规模巨大的《四库全书》。至乾隆五十二年，《四库全书》全部编成，写成七部，分藏于七阁。D 项，“十三经”是南宋形成的十三部儒家经典。分别是《诗经》《尚书》《周礼》《仪礼》《礼记》《易经》《左传》《公羊传》《谷梁传》《论语》《尔雅》《孝经》《孟子》。

10. 南宋朱熹的《四书章句集注》中的“四书”指的是(　　)。[北京大学 2010 年研；北京外国语大学 2010 年研]

A.《论语》《孟子》《老子》《庄子》　B.《论语》《大学》《中庸》《孟子》

C.《论语》《孟子》《荀子》《列子》　　D.《老子》《论语》《墨子》《韩非子》

【答案】B

【解析】南宋时朱熹自注《论语》，又从《礼记》中摘出《大学》《中庸》两篇，分章断句，同时加以注释，再加上《孟子》，合称《四书章句集注》，作为初习儒学的入门读物，这才开始有“四书”之称。

四、概念题

1. 善本[湖南师范大学2018年研；中国人民大学2016年研]

答：善本，最早是指校勘严密、刻印精美的古籍，后含义渐广，包括刻印较早、流传较少的各类古籍。真正的善本应主要着眼于书的内容，着眼于古籍的科学研究价值和历史文物价值。①清末的张之洞提出了“善本三义”：一要“足本”，即内容没有缺漏或删节；二要“精本”，即经过仔细的校对和注释；三要“旧本”，即时间比较老的本子。②现今对善本的含义规定为“三性”：一是因年代久远而具有的“历史文物性”；二是内容有重要参考价值的“学术资料性”；三是印刷考究、装帧精美的“艺术代表性”。

2. 北宋四大类书[北京外国语大学2012年研]

答：北宋四大类书是指《太平广记》《太平御览》《文苑英华》和《册府元龟》四部类书。《太平广记》《太平御览》和《文苑英华》是宋太宗时编写完成的，《册府元龟》是宋真宗时完成，这四部书合称为北宋四大类书。《太平广记》，是宋代李昉等人编著的大型类书之一；《太平御览》是宋太宗命李昉等人编撰的，因编于太平兴国年间，初名《太平总类》，后因宋太宗每天阅览三卷，一年阅完，改名《太平御览》；《文苑英华》是宋太宗时李昉、扈蒙、宋白、徐铉等二十余人共同编纂的文学总集；《册府元龟》是宋真宗命王钦若、杨亿等人编撰的，是一部史料性的大类书，汇辑了从上古至五代的历代君臣事迹，概括了宋代以前的十七史，目的是以古鉴今。

五、简答题

中国历史上有哪几类史籍体裁？

答：中国文化的一明显特点就是崇古重史。“以史为鉴，以古为镜”，几乎是历代封建统治者奉行的教条，因而历代修史非常重要。在修史过程中形成了按体裁分类的三类史籍，其区别和代表作主要有：

(1)编年体

编年体是按历史编年分述历史事件，并杂以评论，借以总结历史的经验教训。《春秋》(鲁国史)为第一部编年体史书，开创了我国编年史的先例。司马光的《资治通鉴》为编年体的代表著作。

(2)纪传体

司马迁的《史记》是这一类史书的开端，此后历代相沿，成为我国记载正史的主要体裁。纪传体以人为纲，穿插史实，并用专章记载典章制度。《史记》首创“本纪”(记述帝王事迹)、“表”(按年月简列历史大事和人物)、“世家”(记述诸侯、圣哲名人事迹)、“书”(记述典章制度，《汉书》以后改称“志”)、“列传”(记述其他历史人物)的分类写法。

（3）纪事本末体

它是以历史事件为纲，按类组织史料，每一类记述一个大的历史事件，可以单独成篇。这种写法，可以克服编年体“一事而隔越数卷，首尾难稽”和纪传体“一事而复见数篇，宾主莫辨”的缺点。它的创始者是南宋史学家袁枢，他把《资治通鉴》改编为 239 个专题的《通鉴纪事本末》。

第 11 章　科技成就

11.1　复习笔记

【知识框架(庖丁解牛)】

- 科技成就
  - 夏商周科技
    - 天文历法
    - 地理
    - 农业
    - 手工业
    - 工程
    - 数学
    - 医学
  - 秦汉科技
    - 天文历法
    - 地理
    - 农业
    - 手工业
    - 工程
    - 数学
    - 医学
  - 三国两晋南北朝科技
    - 天文历法
    - 地理
    - 农业
    - 手工业
    - 工程
    - 数学
    - 医学
  - 隋唐五代科技
    - 天文历法
    - 地理
    - 农业
    - 手工业
    - 工程
    - 数学
    - 医学

- 科技成就
  - 两宋科技
    - 天文历法
    - 地理
    - 农业
    - 手工业
    - 工程
    - 数学
    - 医学
  - 金元科技
    - 天文历法
    - 地理
    - 农业
    - 手工业
    - 工程
    - 数学
    - 医学
  - 明代科技
    - 天文历法
    - 地理
    - 农业
    - 手工业
    - 工程
    - 数学
    - 医学
  - 清代科技
    - 天文历法
    - 地理
    - 农业
    - 手工业
    - 工程
    - 数学
    - 医学

【考点剖析与拓展(游刃有余)】

考点一、夏商周科技

表 11－1　夏商周科技

要点	具体内容	
天文历法	夏朝	历法“夏小正”，载有一年中各个月份的物候、天象、气象和农事情况
	商朝	①甲骨文中保留了我国最早的日食、月食和新星记录。 ②干支纪日法是世界上延续时间最长的纪日方法
	春秋	①世界公认的关于哈雷彗星的最早记录，比欧洲早 670 多年。 ②历法已经形成自己固定的系统，基本上确立了十九年七闰的原则，比欧洲早 160 年

续表

要点	具体内容	
天文历法	战国	①《甘石星经》是世界上最早的天文学著作。 ②测定了一年的季节
地理	《尚书·禹贡》是我国最早的系统性地理著作	
农业	《管子·地员》是我国最早的土壤分类学文献	
手工业	青铜器	①商代晚期至西周前期是中国青铜时代的鼎盛期，青铜铸造工艺相当成熟，出土大量的精美青铜礼器、武器与工具。 ②西周末期至春秋时期，出现了分铸法、失蜡法等先进工艺
	铁器	西周末年是中国的早期铁器时代，开始大规模冶炼铁器并将其运用到生产生活中，还出现了炼钢技术和铸铁柔化技术
	其他	战国时期发现磁石指南的特性，发明了“司南”
工程	兴建著名的都江堰、郑国渠等大规模水利工程	
数学	①商代确立了十进位制。 ②西周时期的商高讲过“勾三股四弦五”这一勾股定理特例(载于《周髀算经》)。 ③春秋时期出现九九乘法表	
医学	战国时期的扁鹊发明“四诊法”	

考点二、秦汉科技

表11-2 秦汉科技

要点	具体内容	
天文历法	西汉	①公元前28年西汉关于太阳黑子的记录是世界上最早的太阳黑子记录(《汉书·五行志》)。 ②汉武帝时制定“太初历”，形成了中国第一部完整的历法
	东汉	张衡发明浑天仪
地理	东汉时期张衡发明候风地动仪，是世界上最早的地震仪	
农业	西汉时期氾胜之所著《氾胜之书》总结了黄河流域特别是关中地区的耕作制度	
手工业	东汉时期蔡伦利用植物纤维造纸，史称“蔡侯纸”	
工程	秦代在战国时秦、赵、燕三国长城基础上建造万里长城	
数学	西汉	刘歆推算圆周率为3.1547
	东汉	《九章算术》是当时世界上最先进的应用数学
医学	西汉	①这一时期编定的《黄帝内经》是我国现存较早的重要医学文献，奠定了我国医学的理论基础。 ②淳于意(仓公)首创病历
	东汉	①这一时期编定的《神农本草经》是我国第一部完整的药物学著作。 ②“医圣”张仲景的《伤寒杂病论》是中医的重要经典。 ③华佗擅长外科手术，发明起麻醉作用的麻沸散，比西方早1600多年

考点三、三国两晋南北朝科技

表 11-3　三国两晋南北朝科技

要点	具体内容
天文历法	东晋虞喜发现岁差，并计算出较为精确的岁差值
地理	①西晋裴秀绘制出《禹贡地域图》，提出“制图六体”，创造了中国古代地图学的基础理论。 ②北魏郦道元的《水经注》是一部内容丰富的地理学巨著
农业	北魏贾思勰的《齐民要术》标志着农学的成熟
手工业	这一时期青瓷烧制取得重大突破；蜀锦闻名遐迩
工程	①前秦时期开始开凿莫高窟。 ②后秦时期开始开凿麦积山石窟。 ③北魏时期开始开凿云冈石窟、龙门石窟
数学	①魏晋之际的刘徽著有《九章算术注》《海岛算经》，是我国古典数学理论的奠基人之一。 ②南朝祖冲之为《九章算术》作注，又著《缀术》；他精确地算出圆周率是在 3.1415926 ~ 3.1415927 之间，比欧洲早 1000 年
医学	①魏晋之际的皇甫谧著有《针灸甲乙经》，是世界上最早的针灸学专著。 ②西晋王叔和《脉经》是中医学的第一部脉学专书。 ③东晋葛洪编撰《肘后备急方》，搜集了大量治疗有效的处方

考点四、隋唐五代科技

表 11-4　隋唐五代科技

要点		具体内容
天文历法	隋	刘焯编制的《皇极历》，创立了计算日月运行的新方法，是当时最先进的历法
	唐	僧一行在《皇极历》的基础上制定的《大衍历》，比较准确地反映了太阳运行的规律，系统周密，表明中国古代历法体系的成熟；他还是世界上用科学方法实测地球子午线长度的创始人
地理		唐代李吉甫编撰《元和郡县图志》，是汉民族现存最早的总地志
农业		①唐代“茶圣”陆羽的《茶经》是中国乃至世界现存最早、最完整、最全面介绍茶的专著。 ②唐代后期出现曲辕犁（又称江东犁），是古代中国耕作农具成熟的标志
手工业		①公元 868 年印刷的《金刚经》（现藏大英博物馆）是现存最早的雕版印刷品。 ②唐代《真元妙道要略》一书最早提到了火药，唐末火药开始用于军事。 ③“唐三彩”均已达到炉火纯青的地步
工程		①隋朝开凿大运河，是世界上开凿最早、规模最大的运河。 ②唐朝以隋大兴城为基础营建长安城，是当时世界上规模最大、建筑最宏伟、规划布局最为规范化的一座都城
数学		唐代王孝通著有《缉古算经》，首次提出三次方程式正根的解法，能解决工程建设中上下宽窄不一的计算问题，比阿拉伯人早 300 多年，比欧洲早 600 多年
医学		①隋朝巢元方著有《诸病源候论》，是古代医学史上探讨病因、病理内容最丰富的一部著作。 ②唐朝“药王”孙思邈著有《千金方》，总结了历代和当时的医学成果，是中医药学史上的巨著。 ③唐高宗时编修的《唐本草》，是世界上最早的、由国家颁布的药典

考点五、两宋科技

表 11－5　两宋科技

要点	具体内容
天文历法	北宋沈括制定《十二气历》
地理	北宋乐史编撰《太平寰宇记》是一部著名的地理总志
农业	从越南引入了优良品种占城稻
手工业	①北宋五大名窑官、钧、汝、定、哥生产的瓷器各具特色。 ②北宋景德镇瓷器兴起。 ③北宋仁宗时成书的《武经总要》记载了许多火器的制作方法。 ④北宋毕昇发明活字印刷术，比欧洲早400年。 ⑤北宋沈括著有《梦溪笔谈》，是一部涉及古代中国自然科学、工艺技术及社会历史现象的综合性笔记体著作，英国科学史家李约瑟评价为“中国科学史上的里程碑”。 ⑥南宋时期发明“突火枪”，开创了人类作战史的新阶段。 ⑦两宋时期我国是世界上造船水平最先进的国家，指南针用于航海
工程	北宋李诫编撰的《营造法式》是我国古代最完整的建筑技术书籍，标志着中国古代建筑已经发展到了较高阶段
数学	①南宋秦九韶著有《数书九章》，创造了“大衍求一术”，这不仅在当时处于世界领先地位，在近代数学和现代电子计算设计中，也起到了重要作用，被称为“中国剩余定理”。 ②南宋杨辉著有《杨辉算法》名震东亚，流传世界
医学	北宋王惟一著有《铜人腧穴针灸图经》，以针灸疗法制造针灸铜人，作为针灸的样本，进一步普及和规范了针灸疗法

考点六、金元科技

表 11－6　金元科技

要点	具体内容
天文历法	元代郭守敬、王恂等制订《授时历》，以365.2425日为一岁，距近代观测值365.2422仅差25.92秒，精度与公历(指1582年《格里高利历》)相当，但比西方早采用了300多年
地理	耶律楚材《西游录》，李志常整理的《长春真人西游记》，周达观的《真腊风土记》，汪大渊的《岛夷志略》等，对我国及国外的地理地貌、风土人情、贸易来往等颇多描绘，颇具史学价值
农业	①黄道婆改进了棉花种植方法，并发明了纺织机，对纺织技术进行了改良和创新，比西方的棉花纺织技术要早200年。 ②王祯著有《农书》，是中国古代一部对农业生产进行全面系统论述的伟大著作
手工业	王祯设计出木活字及转轮排字架，其《造活字印书法》是最早的系统性介绍活字排版印刷术的科技文献
工程	①穆斯林建筑学家亦黑迭儿丁主持营造元大都，堪称享誉中、外的建筑学艺术瑰宝。 ②郭守敬主持修建元大都至通州的运河——通惠河
数学	金元之际李冶著有《测圆海镜》，是我国现存最早的一部系统讲述天元术的著作

续表

要点	具体内容
医学	金元四大学派"金元四大家"： ①"泻火派"；刘河间，主张用药首应泻火清热。 ②"补土派"：李东垣，主张脾胃为本，治法采用补气升阳。 ③"攻邪派"：张子和，主张攻邪去病，反对滥用补药。 ④"养阴派"：朱丹溪，取三家之长，主张泻火养阴

考点七、明代科技

表 11－7　明代科技

要点	具体内容
天文历法	邢云路通过实测得出回归年长度值为 365. 24219 日的新值，是当时世界上的最佳值
地理	徐宏祖（号霞客）著有《徐霞客游记》，是一部地理学巨著，书中对石灰岩溶蚀地貌和记述，早于欧洲约 2 个世纪
农业	徐光启著有《农政全书》，是对宋代以来农桑种植经验和水利建设的全面总结
手工业	宋应星著有《天工开物》，是世界上第一部关于农业和手工业生产的综合性著作，外国学者称它为"中国 17 世纪的工艺百科全书"
工程	①永乐时营造北京紫禁城。 ②潘季驯发明"束水冲沙法"
数学	①明代程大位编著的《直指算法统宗》（简称《算法统宗》），奠定了后世珠算法的基础。 ②明朝的徐光启在意大利人利玛窦的帮助下将欧几里得的《几何原本》中的一部分翻译并引进中国
医学	李时珍著有《本草纲目》，是本草学集大成之作，达尔文称之为"古代中国百科全书"

考点八、清代科技

表 11－8　清代科技

要点	具体内容
天文历法	清廷授以日耳曼人汤若望、比利时人南怀仁官职，使之从事天文历法之推算
地理	康熙时对全国进行大地测量，制成了《皇舆全览图》，"比当时所有的欧洲地图都更好、更精确"（李约瑟）
农业	乾隆时修订的《钦定授时通考》是一部大型综合性农书，各省大都有复刻，流传很广
手工业	乾隆时唐英主持烧制的瓷器被称为"唐窑"，著有《陶冶图说》，介绍了瓷器生产的二十项流程，是我国有关陶瓷工艺过程的第一部系统著作
工程	①营造以三山（万寿山、香山、玉泉山）五园（颐和园、静宜园、静明园、畅春园和圆明园）和承德避暑山庄为代表的皇家园林。 ②于成龙治理永定河取得巨大成效
数学	蒙古族明安图著有《割圆密率捷法》，用解析几何方法把三角函数和圆周率的研究提高到一个新的水平
医学	王清任著有《医林改错》，并强调解剖学知识对医病的重要性

11.2 典型题(含考研真题)详解

一、填空题

1. “杏林”是______界的代称。[复旦大学2015年研]

【答案】中医学

【解析】杏林是中医学界的代称，故址在今江西省庐山市和安徽凤阳，典出三国时期闽籍医师董奉，据《神仙传》卷十记载：“君异居山间，为人治病，不取钱物，使人重病愈者，使栽杏五株，轻者一株，如此十年，计得十万余株，郁然成林……”根据董奉的传说，人们用“杏林”称颂医生。医学家以“杏林中人”自居。后世遂以“杏林春暖”“誉满杏林”等来称颂医家的高尚品质和精良医术。

2. 古代天文学者______，是8世纪初的一位高僧，也是由印度来华弘传密教的善无畏的弟子。他在天文学方面的成就包括著有《大衍历》和测定子午线等，对天文学有着卓越的贡献。[厦门大学2014年研]

【答案】一行(张遂)

【解析】一行，佛僧法号“名”。本名张遂，中国唐代著名的天文学家和佛学家，主持修编新历，最主要的成就是编制《大衍历》,《大衍历》共分七篇，包括平朔望和平气、七十二候、日月每天的位置与运动、每天见到的星象和昼夜时刻、日食、月食和五大行星的位置。他在制造天文仪器、观测天象和主持天文大地测量方面也有重大贡献。

3. 最早详细记述珠算的是《______》。[北京大学2012年研]

【答案】数术记遗

【解析】“珠算”一词最早见于汉代徐岳撰的《数术记遗》。书中云：“珠算，控带四时，经纬三才。”该书曾记载了十四种上古算法，其中有一种便是“珠算”。

4. 从汉到明，中国著名的医学著作有《______》《脉经》《千金药方》《本草纲目》等。[北京大学2012年研]

【答案】伤寒杂病论

【解析】汉代“医圣”张仲景《伤寒杂病论》贯彻了“理、法、方、药”一致的原则。提出辨证施治原则，奠定了中医临床学的基础。

5. 《梦溪笔谈》记录了我国古代四大发明中的______。[北京大学2012年研]

【答案】指南针

【解析】指南针是我国古代四大发明之一，其原理主要是将钢针磁化。北宋科学家沈括(1031年~1095年)在其著作《梦溪笔谈》中详细描述了指南针的四种使用方法。

6. 通过______人，中国古代四大发明中的造纸术、火药和指南针传到了欧洲。[南开大学2012年研]

【答案】阿拉伯

【解析】中国四大发明中的造纸术、火药、指南针都是通过阿拉伯人传到了欧洲，从而对世界历史的进程产生了巨大的影响。①造纸术是在 8 世纪时传入阿拉伯，后经阿拉伯传入欧洲，欧洲人才结束了用羊皮书写的历史。②火药是在 13 世纪左右，经由商人传入阿拉伯地区，后来欧洲人又在与阿拉伯人的战争中学会了火药和火器的制造方法。③指南针在宋代就已传入阿拉伯地区，1180 年左右，指南针又从阿拉伯人传到欧洲人手中，才有了后来哥伦布发现新大陆，麦哲伦环球航行的可能。

7．为了让历法更好地配合天象和自然季节，用以安排农业生产，中国古代创制了“______”。[厦门大学 2011 年研]

【答案】二十四节气

【解析】古人创制“二十四节气”的目的是让历法更好地配合天象和自然季节，用以安排农业生产，中国最早出现的是“二分”与“二至”，即春、秋分，冬、夏至。

8．北魏贾思勰所著的《______》是中国历史上最重要的农学著作之一。[首都师范大学 2010 年研]

相关试题：北魏______所著《齐民要术》，是中国历史上最重要的农学著作之一。[中国海洋大学 2019 年研]（**【答案】**贾思勰）

【答案】齐民要术

【解析】北魏时的贾思勰所著的《齐民要术》，系统总结了黄河流域的农业生产经验，阐述了古代因地制宜、因时制宜的农学思想，根据北方农业生产的特点，提出了一系列精耕细作、保墒施肥的方法，成为中国历史上最重要的农学著作之一。

9．中医四诊法是指望、闻、问、______。[中山大学 2011、2010 年研]

【答案】切

【解析】中医诊治强调“四诊”“八纲”。“四诊”即“望”（望色）、“闻”（闻味）、“问”（问情）、“切”（切脉），“八纲”即“阴”“阳”“表”“里”“寒”“热”“虚”“实”。

10．在中医看来，在人体这个错综复杂的生命网络中，有直行和横行的部分就是______，它们上下左右贯通起来就是人的生命体的隐藏系统。[中国传媒大学 2010 年研]

【答案】经脉

【解析】经脉是中医所指的人体内气血运行的通路。经脉可分为正经和奇经两类。正经有十二，即手足三阴经和手足三阳经，合称“十二经脉”，是气血运行的主要通道。奇经有八条，即督、任、冲、带、阴跷、阳跷、阴维、阳维，合称“奇经八脉”，有统率、联络和调节十二经脉的作用。

11．《______》是被称为“药王”的唐代著名医学家孙思邈的著作。[华中师范大学 2010 年研]

【答案】千金要方

【解析】唐代名医孙思邈耗尽毕生的精力从事治疗和著述，他先后编成的《千金要方》和《千金翼方》，载方 6000 余条，涉及中医百科，被称为中医百科全书式的巨著。

二、判断题

1.《许商算术》是我国最古老的数学专著，书中已得出“勾三、股四、弦五”这一公式。(　　)[四川大学2013年研]

【答案】错误

【解析】《周髀算经》成书于公元前3世纪到前1世纪，是中国最古老的数学和天文学著作，记载了周代商高提出的直角三角形三边具有“勾三、股四、弦五”的关系，即所谓“勾股弦定理”，是世界上关于勾股定理的最早记录。《许商算术》为西汉末年许商所著，成书时间晚于《周髀算经》。

2．中国古代天文学将天上的星宿划分归纳为“二十八宿”。(　　)[首都师范大学2011年研]

【答案】错误

【解析】“二十八宿”，是指黄道、赤道附近的二十八个星宿，每个星宿都是若干颗星的组合，而二十八宿又以方位分为四组，以中国古代四方保护神相配。

3.《九章算术》中记载的直角三角形“勾三股四弦五”的关系，是世界上关于勾股定理最早记录。(　　)[首都师范大学2010年研]

【答案】错误

【解析】《周髀算经》记载周代的商高提出了直角三角形的“勾三股四弦五”的关系，即所谓“勾股弦定理”，是世界上关于勾股定理的最早记录。

三、单项选择题

1．中国第一部完整的历法是(　　)。[东北师范大学2014年研]

A．太初历　　B．授时历　　C．大统历　　D．格里历

【答案】A

【解析】汉武帝时制定的“太初历”是中国第一部完整的历法。B项，汉代以后，中国历法几经改动，到元代郭守敬创“授时历”，历法才基本定型。C项，明代所用的“大统历”，实际上就是郭守敬制定的元历。D项，“格里历”指的是现代世界通行的公历。

2．二十四节气首次出现在以下哪部书中？(　　)[厦门大学2014年研]

A.《春秋》　　B.《史记》　　C.《吕氏春秋》　　D.《竹书纪年》

【答案】C

【解析】史料中，中国最早出现的节气是“二分”与“二至”，即春、秋分和冬、夏至。《吕氏春秋》中便记载了立春、春分、立夏、立秋、秋分、立冬等节气。到西汉初年的《淮南子》，则出现了全部的二十四节气。

3．目前已知的世界上最早的雕版印刷品，是在敦煌发现的唐朝印制的(　　)。[南开大学2011年研]

A.《维摩诘经》　　B.《金刚经》　　C.《艺文类聚》　　D.《华严经》

【答案】B

【解析】1900 年，在敦煌千佛洞发现了唐咸通九年(868 年)印刷的《金刚经》，其雕刻精美，图文清晰，是目前已知世界上最早的印刷品，比欧洲最早印刷的《圣克利斯托菲尔》画像要早 600 年。

4. (　　)是我国第一部国家药典，也是世界上最早的国家药典。[厦门大学 2011 年研]

A.《神农本草经》　B.《伤寒杂病论》　C.《唐新修本草》　D.《本草纲目》

【答案】C

【解析】唐显庆二年(657 年)，唐朝政府组织人员在南北朝医学家陶弘景补充的基础上，将《神农本草经》扩编为《新修本草》，并颁布天下，这就是我国的第一部国家药典，也是世界上最早的国家药典。

5. 我国最早的中医学专著是(　　)。[中山大学 2011 年研]

A.《伤寒论》　B.《本草纲目》　C.《黄帝内经》　D.《千金要方》

【答案】C

【解析】《黄帝内经》为古代医家托轩辕黄帝名之作，为医家、医学理论家联合创作，一般认为成书于春秋战国时期。在以黄帝、岐伯、雷公对话、问答的形式阐述病机病理的同时，主张不治已病，而治未病，同时主张养生、摄生、益寿、延年，是中国传统医学四大经典著作之一(《黄帝内经》《难经》《伤寒杂病论》《神农本草经》)，是我国医学宝库中现存成书最早的一部医学典籍。

6. 对宋代以来农桑经验和种植建设进行了全面总结的著作是(　　)。[厦门大学 2010 年研]

A.《农政全书》　B.《农书》　C.《齐民要术》　D.《氾胜之书》

【答案】A

【解析】A 项，徐光启所著的《农政全书》规模宏大，达 70 万字，60 卷，内容涉及农业耕作、土地开垦、水利建设、食品制造、果树技艺等众多方面，尤以系统而集中地叙述了屯垦、水利工程和备荒为一大特色，是对宋代以来农桑种植经验和水利建设的全面总结。B 项，《农书》为元代王祯所著，总结了黄河流域旱田和江南水田的耕作技术。C 项，《齐民要术》为北魏贾思勰所著，阐述了古代因地制宜、因时制宜的农学思想。D 项，《氾胜之书》为西汉氾胜之所著，总结了北方旱地，特别是关中地区的耕作制度。

7. 最早将圆周率精确到小数点后第 7 位数字的是(　　)。[中山大学 2010 年研]

A. 华罗庚　B. 张衡　C. 祖冲之　D. 毕昇

【答案】C

【解析】南北朝时的大数学家祖冲之进一步把圆周率精确到 3.1415926 至 3.1415927 之间，这在当时的世界上是最先进的，比荷兰人安托尼兹求得此值的时间要早一千多年。

8. (　　)是张仲景的论著，开后世方剂学的先河。[中国传媒大学 2010 年研]

A.《伤寒杂病论》　B.《神农本草经》　C.《本草纲目》　D.《千金要方》

【答案】A

【解析】张仲景勤求古训，博采众方，写成医学巨著《伤寒杂病论》。他总结和创制的二百余种处方，贯彻了“理”（医学理论）、“法”（治疗原则）、“方”（处方）、“药”（用药）一致的原则，治疗效果显著。

9. 哪位名医是汉代的？（　　）［中山大学 2010 年研］

A. 李时珍　　B. 扁鹊　　C. 华佗　　D. 孙思邈

【答案】C

【解析】A 项，李时珍，明代医学家，著有《本草纲目》。B 项，扁鹊，春秋战国时期名医，奠定了中医学的切脉诊断方法，开启了中医学的先河。C 项，华佗（约 145～208 年），东汉末年著名医学家。华佗与董奉、张仲景（张机）并称为“建安三神医”。他医术全面，尤其擅长外科，精于手术，被后人称为“外科圣手”“外科鼻祖”。D 项，孙思邈，唐代名医，著有《千金要方》《千金翼方》，其医书被誉为“中医百科全书式的巨著”。

10. 明代末年的（　　），是中国地学史上的一位伟大人物，他用 34 年时间走遍了大江南北的 16 个省区，进行了前无古人的地理旅行与考察。［首都师范大学 2010 年研］

A. 郦道元　　B. 裴秀　　C. 徐霞客　　D. 沈括

【答案】C

【解析】C 项，明代末年，徐霞客以坚强的意志和耐力，进行了前无古人的地理旅行和考察生活，历经 34 年，走遍了大江南北的 16 个省区，旅途中艰苦备尝，非常人所能想象，他将实地观察所得，逐日记述，后被整理成一部旷古奇书《徐霞客游记》。A 项，郦道元，北魏人，撰有《水经注》四十卷，既是一部内容丰富多彩的地理著作，也是一部优美的山水散文汇集，成为中国游记文学的开创者，对后世游记散文的发展影响颇大。B 项，裴秀，魏晋时期名臣、地图学家。裴秀作《禹贡地域图》，开创了中国古代地图绘制学。李约瑟称他为“中国科学制图学之父”，与古希腊著名地图学家托勒密齐名，是世界古代地图学史上东西辉映的两颗灿烂明星。D 项，沈括，北宋政治家、科学家，被誉为“中国整部科学史中最卓越的人物”。代表作《梦溪笔谈》，被称为“中国科学史上的里程碑”。

四、简答题

简述中国四大发明对人类文明的贡献。

答：中国对人类文化发展的巨大贡献当首推“四大发明”，即造纸术、指南针、火药和印刷术，因为它们是改变世界历史进程的伟大科学技术成就。

（1）造纸术的传播

造纸术于 4 世纪传入朝鲜半岛、日本，8 世纪时传入阿拉伯，后经阿拉伯传入欧洲，欧洲人才结束了用羊皮书写的历史。

（2）指南针的传播

指南针在宋代已传入阿拉伯地区。1180 年左右，指南针又从阿拉伯人传到欧洲人手中。正因为如此，才能有后来哥伦布发现新大陆、麦哲伦环绕地球航行，并为殖民地和世界市场的建立提供了可能。

（3）火药的传播

约在13世纪左右，火药才经由商人传入阿拉伯地区，因那时的阿拉伯人称中国为“契丹”，故把中国传入的火药武器称为“契丹火枪”或“契丹火箭”。在蒙古人西征的过程中，阿拉伯人得到了中国的火器；而欧洲人又在与阿拉伯人的战争中学会了火药和火器的制造方法。

(4)印刷术的传播

中国的印刷术大约在8世纪传到日本，在12世纪前后传入波斯和埃及。14到15世纪，雕版印刷与活字印刷在欧洲同时流行。人类文明因纸与印刷术的发明而大大加快了传播、交流和发展的速度。

总之，这四大发明，改变了世界的面貌，造纸术促进了思想的传播，火药把骑士阶层变成了新教的工具，指南针打开了世界市场并建立了殖民地，而印刷术则变成了新教的工具，总的来说，四大发明变成了科学复兴的手段，变成了对精神发展创造必要前提的最强大的杠杆。

第12章 传统建筑

12.1 复习笔记

【知识框架(庖丁解牛)】

- 传统建筑
  - 中国古代建筑概述
    - 建筑的含义
    - 总体特征
    - 分期
    - 基本构件
  - 中国古代建筑的类型
    - 城池
    - 宫殿
    - 寺观祠塔窟
    - 帝陵
    - 园林
    - 民居
    - 关隘
    - 桥梁

【考点剖析与拓展(游刃有余)】

考点一、中国古代建筑概述

表12-1 中国古代建筑概述

要点		具体内容
建筑的含义		建筑是一种以一定物质材料与结构形式，与一定自然环境相结合，使一定的社会生活内容抽象性地展现于空间，具有实用、认知、审美，有时兼具崇拜等诸种社会功能，同时渗融艺术等人文因素的科学技术
总体特征	木构架为主	木构结构大体可分为抬梁式、穿斗式、井干式，以抬梁式采用最为普遍
	单体造型	大致可以分为屋基、屋身、屋顶三个部分；单体建筑的平面形式多为长方形、正方形、六角形、八角形、圆形
	对称布局	主要建筑物位于南北轴线上，次要建筑物通常位于东西两侧
	朝南面	大多数中国古代建筑坐北朝南以避风寒承阳光，也与风水说有关
	装饰多样	对于装修、装饰特为讲究，凡一切建筑部位或构件，都要美化，所选用的形象、色彩因部位与构件性质不同而有别，讲究雕梁画栋
	体现礼制思想	形制、色彩、规模、结构、部件等都有严格规定，注重体现等级

续表

要点	具体内容	
分期	上古至秦（成型期）	①文献与实物资料极度缺乏。 ②北方地区以穴居、半穴居及地面建筑为主。 ③南方地区以干栏式建筑为主；浙江余姚河姆渡文化遗址中，发现了迄今最早的有榫卯结构的干栏式建筑遗迹
	两汉（发展期）	①现存遗迹仅墓室墓阙数处，其他为间接材料。 ②木构架结构技术日渐完善，抬梁式和穿斗式已发展成熟，高台建筑盛行
	魏晋南北朝（融汇期）	①现存遗迹：有石窟、佛塔、陵墓等。 ②建筑风格：融进了许多传自印度（天竺）、西亚的建筑形制与风格
	隋唐五代（成熟期）	①现存遗迹：除石窟寺及陵墓外，砖石佛塔最多。河北石家庄的赵州桥为隋代遗迹，山西五台山南禅寺和佛光寺部分建筑为唐代遗迹，长治的天台庵保存有一座五代时期木结构佛殿。 ②建筑风格：雄浑壮丽，舒展大度，强调整体和谐
	宋辽金（转变期）	①现存遗迹：宫殿已毁尽，佛寺殿宇遗迹遍布华北各省。 ②建筑风格：开始华丽细致，乃趋纤靡文弱
	元明清（总结期）	①在组群建筑规划上达到了前所未有的水平，北京紫禁城、天坛、十三陵等都是组群建筑的典范之作。 ②明清之交，有西藏样式、西洋样式输入
基本构件	开间与进深	四根木柱围成的空间称为“间”，建筑迎面间数称为“开间”或“面阔”，纵深间数称为“进深”
	台基	①高出地面的建筑物底座，起承托、防潮、防腐，美化等作用。 ②高级台基一般为须弥座，又名金刚座，常用于宫殿和寺院中的主要殿堂建筑；最高级台基，由几个须弥座相叠而成，从而使建筑物显得更为宏伟高大，常用于最高级建筑，如故宫三大殿和山东曲阜孔庙大成殿
	柱	承重构件，垂直于地面，排布形成“柱网”，不同柱网造成不同的空间格局
	梁（栿）	①架于二柱顶端，沿着房屋进深方向放置，支撑檩。 ②两架梁（两椽栿）是指承托两根檩子的梁，以此类推
	桁（檩、槫）	架在梁上，沿建筑面阔方向放置，作用为直接固定椽子，并把屋顶荷载通过梁向下传递；形成屋脊的一根长木称为脊槫或脊檩，古称栋，俗称大梁
	椽	是密排檩上，方向与檩垂直，作用为直接承受望板及其上瓦片重量
	枋	柱子之间起联系和稳定作用的水平向的穿插构件，一百般是沿着房屋的面阔方向放置
	斗拱	由斗、拱、昂三部分组成，一般置于柱头和额枋、屋面之间，用于支撑荷载梁架、挑出屋檐，兼具装饰作用
	藻井	传统建筑天花板的一种装饰，也有预防火灾之意
	山墙	房子两侧上部呈山尖形的墙面
	屋顶	分为庑殿顶、歇山顶、悬山顶、硬山顶、盝顶、卷棚顶、攒尖顶等
	彩画	按照等级排列：和玺彩画 > 旋子彩画 > 苏式彩画

考点二、中国古代建筑的类型

表12-2 中国古代建筑的类型

要点	具体内容		
城池	概述	意义	①古代城池是统治阶级对外进行防御，对内实行统治的基地。 ②历代统治阶级都把构筑和加强城池筑城体系作为国家设防的重点，把城池的得失作为战争胜负的主要标志
		基本构建	护城河(古称池)、城墙(古称墉)、城门、吊桥、瓮城、马面墙、女墙、雉堞、城楼、箭楼、敌楼、角楼
	代表	最早的城	1974年在湖南省澧县发现距今六千多年的“城头山古文化遗址”
		最大的城	在隋代大兴城基础上建成的唐代都城长安城是中国历史上最大城池
		四大古城	安徽徽州古城、四川阆中古城、山西平遥古城、云南丽江古城
宫殿	概述	意义	宫殿为帝王居住之所，是中国古代建筑中最高级、最豪华的一种类型
		布局	中轴对称，左祖右社、前朝后寝
		陈设	华表、嘉量、日晷、香炉、铜鼎、吉祥缸(古称门海)以及龟、鹤、狮、龙等雕刻物
	代表	历代宫殿	①夏都二里头宫城是中国最早的宫殿。 ②秦朝的咸阳宫。 ③西汉的长乐宫、未央宫、建章宫(汉三宫)。 ④东汉的南宫、北宫。 ⑤魏晋的洛阳宫。 ⑥六朝的建康宫。 ⑦隋代的大兴宫、紫微城。 ⑧唐代的太极宫、大明宫、兴庆宫(唐三宫)
		北京故宫	又称紫禁城，内部分为外朝、内廷两部分。外朝有三大殿(太和殿、中和殿、保和殿)、文华殿和武英殿；内廷有后三宫(乾清宫、交泰殿、坤宁宫)和御花园
		沈阳故宫	①中路：包括最南端的照壁、东西厢楼、东西朝房、崇政殿、凤凰楼、清宁宫等建筑。 ②东路：主要是初期所建的大政殿。 ③西路：包括戏台、嘉阴堂、文溯阁、仰熙斋等建筑
寺观祠塔窟	概述	性质	属于宗教祭祀建筑，是封建社会数量最多、质量最好的建筑，也是迄今保存最多、最好的古代建筑
		分类	①属于佛教建筑的有：寺、庙、庵以及佛塔。 ②属于道教建筑的有：宫、观。 ③属于祭祀建筑的有：祠、坛
	代表	白马寺	位于河南洛阳，始建于东汉永平十一年(公元68年)，是佛教传入中国后兴建的第一座官办寺院，被誉为“中华第一古刹”
		草楼观	位于陕西周至县城东南十五公里的终南山北麓。据传，东周时函谷关令尹喜邀请老子在此著《道德经》，因此，该观被视为“道观之祖”“天下第一福地”

续表

<table>
<tr><th>要点</th><th colspan="6">具体内容</th></tr>
<tr><td rowspan="12">寺观祠塔窟</td><td rowspan="12">代表</td><td>著名的祭祀场所</td><td colspan="4">①北京的天坛、地坛、日坛、月坛、社稷坛等，是祭祀天地日月土谷之神的场所。
②孔家庙，祭祀文圣孔丘之所，位于山东曲阜，为文庙之祖，始建于鲁哀公十七年。
③关帝庙，祭祀武圣关羽之所，位于山西运城，为武庙之祖，始建于隋开皇九年</td></tr>
<tr><td rowspan="10">著名的塔</td><td>嵩岳寺塔</td><td>北魏</td><td>河南登封</td><td>现存年代最早的大型密檐式砖塔</td></tr>
<tr><td>四门塔</td><td>隋</td><td>山东济南</td><td>现存年代最古老的石塔</td></tr>
<tr><td>应县木塔</td><td>辽</td><td>山西应县</td><td>现存最古老、最大的楼阁式木塔</td></tr>
<tr><td>大雁塔</td><td>唐</td><td>陕西西安</td><td>著名楼阁式砖木结构名塔。玄奘西行求佛法，归国译经的纪念建筑物，具有重要历史价值</td></tr>
<tr><td>开元寺塔</td><td>北宋</td><td>河北定县</td><td>现存最高的楼阁式砖塔</td></tr>
<tr><td>妙应寺白塔</td><td>元</td><td>北京</td><td>现存年代最早、最高、规模最大的覆钵式塔</td></tr>
<tr><td>真觉寺金刚宝座塔</td><td>明</td><td>北京</td><td>现存年代最早、结构最优美的金刚宝座塔</td></tr>
<tr><td>大理千寻塔</td><td>唐至五代</td><td>云南大理</td><td>现存偶数层次(16 层)最高的密檐式塔</td></tr>
<tr><td>小雁塔</td><td>唐</td><td>陕西西安</td><td>著名的密檐式塔</td></tr>
<tr><td>中国四大石窟</td><td colspan="4">莫高窟、云冈石窟、龙门石窟、麦积山石窟</td></tr>
<tr><td rowspan="7">帝陵</td><td rowspan="2">概述</td><td>意义</td><td colspan="4">我国的帝王陵寝不仅数量众多、历史悠久，而且布局严禁、建筑宏伟、工艺精湛，具有独特的风格，在世界文化史上占有重要的地位</td></tr>
<tr><td>构成</td><td colspan="4">神道、翁仲(又称石像生)、封土、地宫、方城、明楼、享殿、宝顶等</td></tr>
<tr><td rowspan="5">代表</td><td>秦始皇陵</td><td colspan="4">①是中国第一位皇帝嬴政的陵墓，位于陕西西安临潼区骊山北麓，是中国最大的帝王陵墓，已出土包括“世界第八大奇迹”的兵马俑坑(陪葬坑)等古迹。
②是“方上”型封土墓的代表</td></tr>
<tr><td>汉茂陵</td><td colspan="4">是汉武帝刘彻的陵墓，位于陕西咸阳兴平市，是西汉帝王陵中规模最大的一座，周围还有霍去病、卫青等 20 余个陪葬墓</td></tr>
<tr><td>唐昭陵</td><td colspan="4">①是唐太宗李世民与文德皇后长孙氏的合葬陵墓，位于陕西咸阳礼泉县九嵕山的主峰上；是关中“唐十八陵”中规模最大、陪葬墓最多的一座。
②是以山为陵的代表</td></tr>
<tr><td>明孝陵</td><td colspan="4">①是明太祖朱元璋与其皇后马氏的合葬陵墓，位于南京紫金山南麓，承唐宋帝陵“依山为陵”旧制，又创方坟为圜丘新制。明孝陵作为中国明清皇陵之首，代表了明初建筑和石刻艺术的最高成就。
②是“宝城宝顶”型陵墓的代表</td></tr>
<tr><td>明十三陵</td><td colspan="4">位于北京市昌平区天寿山麓，从永乐的长陵，直至崇祯的思陵，先后修建了十三座皇帝陵墓</td></tr>
</table>

续表

要点	具体内容		
帝陵	代表	大清皇陵	①清东陵：位于河北遵化昌瑞山下，有顺治孝陵、康熙景陵、乾隆裕陵、咸丰定陵、同治惠陵，及慈安、慈禧的定东陵等。 ②清西陵：位于河北易县永宁山下，有雍正泰陵、嘉庆昌陵、道光慕陵、光绪崇陵等
园林	概述	意义	中国古典园林被举世公认为世界园林之母，与欧洲园林体系、伊斯兰园林体系并称为世界三大园林体系
		艺术特征	①秉承“天人合一”的哲学理念。 ②追求“诗情画意”的美学风格。 ③讲究“须弥芥子”的艺术效果。 ④营造“韵味深长”的含蓄意境
		组成要素	山水地形，动、植物，楼台亭阁、轩馆斋榭等建筑物，雕塑、山石、壁画等小品等
		造园手法	抑景、添景、夹景、对景、框景、漏景、借景等
	代表	按属性分	①皇家园林：山西太原晋祠；清代三山(万寿山、香山、玉泉山)五园(颐和园、静宜园、静明园、畅春园和圆明园)。 ②私家园林：拙政园、网师园、留园、个园、寄畅园等。 ③寺观园林：潭柘寺、白云观等。 ④公共园林：杭州西湖；扬州廋西湖等
		按地域分	①北方园林：北京恭王府花园；河北承德避暑山庄；河南登封嵩阳书院；山东曲阜孔府铁山园；等等。 ②江南园林：江苏苏州沧浪亭、狮子林、拙政园、留园；江苏扬州个园、寄啸山庄；江苏无锡寄畅园；上海豫园；等等。 ③岭南园林：清晖园、余荫山房、梁园、可园；等等。 ④蜀中园林：武侯祠、成都杜甫草堂、江油太白故里、眉州三苏祠；等等
民居	概述	在漫长的历史发展过程中，逐步形成了各地不同的民居建筑形式，这些民居建筑深深地打上了地理环境的烙印，生动地反映了人与自然的关系	
	代表	四合院	①是北方地区院落式住宅的典型。 ②中轴对称，等级分明，秩序井然
		土楼	①分布在福建、广东和江西南部，是客家人的住宅。 ②以祠堂为中心采用中轴对称形式，基本居住模式为沿周边布置并分割成一个个单元的房间
		窑洞	①分布于豫西、晋中、陇东、陕北和新疆吐鲁番一带，由以黄土高原数量最多。 ②从建筑的布局结构形式上一般可划分为靠崖式、下沉(地坑式)式和独立式三种
		毡包	内蒙古和新疆等地的游牧民居住的建筑物
		碉楼	分布在西藏、青藏高原和内蒙古
		帽形屋	多见于云南西双版纳，是基诺族人的传统民居
		船形屋	是海南黎族人的传统民居

续表

<table>
<tr><th>要点</th><th colspan="6">具体内容</th></tr>
<tr><td rowspan="13">关隘</td><td>概述</td><td colspan="5">又称关、塞、关塞、隘塞等，主要功能为军事防御，一般据险而建，易守难攻</td></tr>
<tr><td rowspan="12">代表</td><td>关中四关</td><td colspan="4">东函谷关(东汉后被潼关取代)，西大散关，南武关，北萧关，又称“秦之四塞”</td></tr>
<tr><td>函谷关</td><td colspan="4">位于豫陕边境，战国时秦国所置，后来以“关中”“关西”代指陕西，这里的“关”即指函谷关</td></tr>
<tr><td>昭关</td><td colspan="4">位于安徽省，建于春秋时期</td></tr>
<tr><td>潼关</td><td colspan="4">位于陕西潼关县，东汉末年设立，地当秦、晋、豫三省要冲</td></tr>
<tr><td>虎牢关</td><td colspan="4">位于河南荥阳市，秦国设置</td></tr>
<tr><td>玉门关</td><td colspan="4">位于甘肃敦煌市。西汉置，为当时对西域交通的门户</td></tr>
<tr><td>阳关</td><td colspan="4">位于甘肃敦煌市。西汉置，是丝绸之路南路必经的关隘。因在玉门关之南，故名</td></tr>
<tr><td>剑门关</td><td colspan="4">位于四川剑阁县，旧称剑阁，为蜀汉诸葛亮下令修建</td></tr>
<tr><td>葭萌关</td><td colspan="4">位于四川广元市，关城今已无存</td></tr>
<tr><td>武胜关</td><td colspan="4">位于河南省与湖北省交界的大别山脉的鸡公山下，它与平靖关、九里关合称“义阳三关”</td></tr>
<tr><td>镇南关</td><td colspan="4">现称友谊关，位于广西凭祥市。汉朝就在此设关，初名“雍鸡关”，后改名“界首关”“大南关”。现是中越两国边境线上最重要的隘口</td></tr>
<tr><td>长城关隘</td><td colspan="4">①山海关，位于河北秦皇岛市，是明长城的东北关隘之一，始建于明洪武十四年(1381 年)。悬有明代著名书法家萧显手书的“天下第一关”大匾。
②嘉峪关，位于甘肃嘉峪关市，是明长城最西端的关口，始建于明洪武五年(1372 年)。
③内三关：居庸关、紫荆关、倒马关，均位于河北境内内长城沿线。
④外三关：偏关、宁武关、雁门关，均位于山西境内外长城沿线</td></tr>
<tr><td rowspan="5">桥梁</td><td rowspan="2">概述</td><td>意义</td><td colspan="4">在中国古代建筑中，桥梁是一个重要的组成部分。几千年来，勤劳智慧的中国人走过一座座山，跨过一条条河，修建了数以万计奇巧壮丽的桥梁，这些桥梁横跨在山水之间，便利了交通，装点了河山，成为中国古代文明的标志之一</td></tr>
<tr><td>种类</td><td colspan="4">我国古桥先有梁桥，后有浮桥和索桥，拱桥最晚出现</td></tr>
<tr><td rowspan="3">代表</td><td>赵州桥(安济桥)</td><td>河北赵县</td><td>隋朝</td><td>李春设计建造，桥拱肩敞开，拱肩两端各建两个小拱，即拱肩拱</td><td>我国现存最古老的敞肩式单孔石拱桥，也是世界上现存最大的敞肩桥</td></tr>
<tr><td>洛阳桥(万安桥)</td><td>福建泉州</td><td>北宋</td><td>为了使桥基和桥墩石胶结牢固采用了“种蛎固基法”</td><td>我国古代著名的梁式石桥</td></tr>
<tr><td>广济桥(湘桥)</td><td>广东潮州</td><td>始建于南宋，明代重修</td><td>东西两段为石梁桥，中间一段为木船搭板的桥面，是由梁桥与浮桥相结合的桥梁</td><td>中国古代第一座开合式梁桥</td></tr>
</table>

续表

要点	具体内容					
桥梁	代表	卢沟桥	北京丰台	始建于金，清初重修	桥旁建有石栏，其上刻有精美的石狮485个	北京现存最古老的联拱石桥，《马可·波罗游记》称它为“世界上最好的、独一无二的桥”。“七·七”事变在此发生
		安平桥（五里桥）	福建晋江	始建于南宋，明清两代曾重修	初建时长度约2.5公里	享有“天下无桥长此桥”的赞誉，是我国现存最长的古石桥，也是古代世界最长的连梁式石板平桥
		宝带桥	江苏苏州	始建于唐朝，后多次整修	纤道桥，桥体不设拦板，极富江南水乡特色，共53孔	我国古代桥孔数量最多的连拱石桥
		霁虹桥	云南保山	始建于明成化初年	采用18根铁链承重索，其中16根为底索，左右两根为扶栏，总长106米。两端的桥台上各建有关楼2座，桥亭1座	我国年代最早的铁索桥，也是世界最早的铁索桥

12.2 典型题(含考研真题)详解

一、填空题

1. 史书上记载较早的名桥首推西安的______，然后是河北的赵州桥，第三是北京的卢沟桥。[中国人民大学2016年研]

【答案】灞桥

【解析】灞桥位于西安市城东，是一座颇有影响的古桥。春秋时期，秦穆公称霸西戎，将滋水改为灞水并修桥，故称“灞桥”。灞桥在唐朝时设有驿站，凡送别亲人与好友东去，多在这里分手，有的还折柳相赠，因此，此桥也曾叫作“销魂桥”，流传着“年年柳色，灞陵伤别”的词句。

2. 我国历史上最大的古城是隋______，该城建于隋开皇二年，唐朝建立后，沿袭旧制，改名“长安”。[南开大学2012年研]

【答案】大兴城

【解析】在传统建筑中，城市建筑是最重要的一类。我国历史上最大的古城是隋大兴城，建于开皇二年(582年)，总设计师是宇文恺。全城面积为84.1平方公里，约为现存西安古城(明代建)的七倍半以上，全城由郭城、皇城和宫城三部分组成，城内划分为108个里坊(唐代增为110个)和都会(东市)、利人(西市)两个市场，南北向有11条大街，东西向有

14条大街，规模十分宏伟。唐朝建立后，沿袭旧制，改名“长安”。

3．北京故宫“前朝”三大殿是太和殿、中和殿和______。[南开大学2012年研]

【答案】保和殿

【解析】北京故宫是明成祖朱棣迁都北京时所建造的，占地面积达72万平方米，房屋九千多间。其设计完全按照君权的至高无上和绝对权威来安排各种建筑，总的结构承袭古制，采用“前朝后寝”的布局，“外朝”三大殿是太和殿、中和殿、保和殿，为朝会施政之所，以空旷衬托宫殿的雄伟高大，有皇权威严之感。“内廷”后三宫是乾清宫、交泰殿、坤宁宫，为帝后居所，清雍正以后在此处理日常政务。东西六宫，街巷纵横，院落分明，以密集的格局适应起居需要，显示生活情趣。

4．______是《马可·波罗游记》介绍到西方的第一座石拱桥。[北京大学2012年研]

【答案】卢沟桥

【解析】卢沟桥是经《马可·波罗游记》介绍到西方的第一座中国石拱桥，被称为“世界上最好的、独一无二的桥。”，后来洋人都称它“马可·波罗桥”。

5．秦始皇统一中国前后，修建了三大水利工程：四川的都江堰，陕西的郑国渠，广西的______。[北京大学2012年研]

【答案】灵渠

【解析】秦始皇统一中国前后修建的三大水利工程：一是由蜀郡太守李冰主持兴建的“都江堰”；二是由战国时期韩国水工郑国修建的“郑国渠”；三是由秦将史禄开凿的“灵渠”。

6．长城西自______，东到山海关。[首都师范大学2011年研]

【答案】嘉峪关

【解析】长城位于中国的北部，它东起河北省渤海湾的山海关，西至内陆地区甘肃省的嘉峪关。横贯河北、北京、内蒙古、山西、陕西、宁夏、甘肃等七个省、直辖市、自治区，全长约6700公里，在世界上有“万里长城”之誉。

7．位于河北省的______建于隋代，是世界上现存最早的石拱桥。[中山大学2011年研]

【答案】赵州桥

【解析】河北省赵县的赵州桥，本名“安济桥”，隋代石匠李春建造，是全世界最早的敞肩拱桥。由于赵州桥的建筑巧夺天工，体现了高度科学性和艺术性的结合，历代文人学者对它赞不绝口，认为“奇巧固护，甲于天下”，因此产生了神奇的传说，说赵州桥是鲁班所造。

8．大运河北起北京，南到______。[首都师范大学2011、2010年研]

【答案】杭州

【解析】大运河由隋炀帝于大业元年修建，至大业六年完成，以河南洛阳为中心，北从荥阳过黄河，经临清直达北京；南面则向东开掘，到淮阴后折而向南，由扬州过长江，从江南的镇江经苏州到达杭州终点，全长二千四百余公里。

9. 黄鹤楼、岳阳楼、______被称为中国“江南三大名楼”。[华中师范大学2010年研]

相关试题：历史上的“江南三大名楼”是指黄鹤楼、______和滕王阁。[南开大学2012年研](【答案】岳阳楼)

【答案】滕王阁

【解析】江南三大名楼：黄鹤楼(湖北省武汉市)、岳阳楼(湖南省岳阳市)和滕王阁(江西省南昌市)，分别建于长江、洞庭湖和赣江之岸，极湖光山色之胜，历代文人登临览胜，吟诗作赋，留下许多名篇。

10. 西方游览者发现，中国园林中没有西方庄园中常见的雕塑，或许______就是一种雕塑。[中国传媒大学2010年研]

【答案】园林

【解析】中国以汉民族为主体的文化在几千年长期发展的过程中，孕育出“中国园林”这样一个历史悠久、源远流长的园林体系。

二、判断题

1. 古代的碑分长方形和上圆下方两种，前者叫“碣”，后者叫“碑”。(　　)[南京师范大学2015年研]

【答案】错误

【解析】古代的碑分长方形和上圆下方两种，长方形的刻石叫碑。圆首形的或形在方圆之间，上小下大的刻石，叫碣。秦始皇刻石记功，大开树立碑碣的风气。东汉以来，碑碣渐多，有碑颂、碑记、又有墓碑，用以记事颂德，碑的形制也有了一定的格式。后世碑碣名称往往混用。

2. 苏杭官商大院的特点是庭院与园林相结合，基本格局采用纵深几进的院落式。(　　)[南京师范大学2015年研]

【答案】正确

【解析】苏杭官商大院旧为江南经济文化中心，是官僚、富商麇集之地。住宅反映了这一地区的建筑水平，代表了这一地区的建筑风格。基本特点是庭院与园林相结合，基本格局采用纵深几进的院落式。

3. 历史上我国建都最多和最久的城市是陕西的西安和河南的洛阳。(　　)[华中师范大学2010年研]

【答案】正确

【解析】西安居中国古都之首，是中国历史上建都时间最长、建都朝代最多、影响力最大的都城；洛阳是世界上第一座统筹规划的城市，为中国四大古都之首，自夏朝开始先后有13个王朝在此建都。

4. 塔的用途最初是用来收藏佛经的，后来才用来收藏佛骨舍利的。(　　)[北京大学2010年研]

【答案】错误

【解析】塔起源于印度的“窣堵婆”，汉文译作“浮图”或“浮屠”。它的用途是收藏释迦牟尼的“舍利”（佛骨、佛牙、佛发等），因此又称为“舍利塔”。以后又用来收藏佛经和埋葬长老，出现了“经塔”“墓塔”，逐渐成为一种纪念性建筑。

5. 华表在中国古代建筑中是主体性建筑。（　　）［厦门大学 2010 年研］

【答案】错误

【解析】华表一般立于宫门口、桥头、墓前。它的产生，现在有多种说法。一说与天文学有关，认为古人常用一根直立的杆子测定冬至和夏至，后来又用于在建筑时测定南北方向，久而久之，以石杆代替木杆，加以装饰，成为一种建筑的附属物，是装饰性建筑。

三、单项选择题

1. 来自意大利、曾参与过圆明园设计工作的清代宫廷画家是（　　）。［北京师范大学 2015 年研］

A. 马可·波罗　　B. 利玛窦　　C. 郎世宁　　D. 达·芬奇

【答案】C

【解析】清朝康熙年间，意大利人郎世宁来到中国传教，受到康熙皇帝礼遇，随即被召入紫禁城内的如意馆成为宫廷画师，历经康熙、雍正、乾隆三朝，在中国从事绘画 50 多年，参加了圆明园西洋楼的设计工作，极大地影响了康熙之后的清代宫廷绘画和审美趣味。

2. 先秦时期的碑有三种，其中用来作为棺椁下葬时牵引用的石柱的是（　　）。［中国传媒大学 2014 年研］

A. 丰碑　　B. 庙碑　　C. 宫碑　　D. 墓碑

【答案】A

【解析】碑起源于先秦时期，分为丰碑、宫碑和庙碑三种，最早上面都没有文字。A 项，“丰碑”立在墓穴旁边，上边凿孔，作为棺椁下葬时牵引用的石柱。B 项，“庙碑”立在庙院中，用来拴系等待屠宰的祭祀用的牲畜。C 项，“宫碑”则立在宫院中，用来测定日影以确定时间。

3. 中国传统建筑的主要用料是（　　）。［厦门大学 2014 年研］

A. 泥土　　B. 木料　　C. 砖头　　D. 石头

【答案】B

【解析】中国传统建筑的主要用料是木料。在建筑上普遍采用木构架是中国传统建筑的特点之一，也由此形成了中国建筑的独特风格。木构架的结构方式因地区，建筑种类的不同而有好几种，但以“抬梁式”为最重要。“抬梁式”是指以梁柱为骨架的斗拱结构。这种斗拱结构以宫殿、寺庙及其他高级建筑运用最多。

4. 基本保留了明清时期原貌的古城是（　　）。［中山大学 2013 年研］

A. 西安　　B. 开封　　C. 平遥　　D. 洛阳

【答案】C

【解析】位于山西省的平遥古城基本保留了明清时期的原貌。平遥古城始建于明代初年，呈正方形，外环护城河，辟六门，东、西各二，南、北各一，现城内市井街道仍如明代形制。

5. 唐高宗和武则天合葬于(　　)。[南开大学 2012 年研]

A. 乾陵　　B. 昭陵　　C. 茂陵　　D. 定陵

【答案】A

【解析】在唐代，以山为陵是帝王陵寝最为突出的形式，其中唐高宗和武则天合葬的“乾陵”，在陕西省乾县的梁山，是陕西关中地区唐十八陵之一，修建于684年，地宫凿于梁山主峰之下，南边两峰，东西对峙，峰顶置阙，形成天然门户，气势宏伟异常。

6. (　　)与曲阜孔庙、北京故宫并称为“中国三大古代建筑群”。[厦门大学 2011 年研]

A. 嵩山中岳庙　　B. 运城关帝庙　　C. 邹城孟庙　　D. 成都武侯祠

【答案】A

【解析】河南省嵩山脚下的“中岳庙”，从“中华门”起到“御书楼”止，前后多达十一进，殿堂房屋四百余间，它与曲阜孔庙、北京故宫并称为“中国三大古代建筑群”。

7. 世界上开凿最早、规模最大、里程最长的内陆运河是(　　)时期修建的大运河。[中山大学 2011、2010 年研]

A. 隋炀帝　　B. 秦始皇　　C. 武则天　　D. 唐太宗

【答案】A

【解析】“大运河”由隋炀帝于大业元年开始修建，至大业六年完成。以河南洛阳为中心，北从荥阳过黄河，经临清直达北京；南面则向东开掘，到淮阴后折而向南，由扬州过长江，从江南的镇江经苏州到达杭州终点，全长二千四百余公里，是世界上开凿最早、规模最大、里程最长的内陆运河。

8. 秦始皇统一中国后，在原先秦、越、燕长城的基础上，修建了万里长城。我们今天看到的长城大都是在(　　)的基础上又大规模修葺过。[华中师范大学 2010 年研]

A. 两汉　　B. 唐代　　C. 宋代　　D. 明代

【答案】D

【解析】明成祖朱棣迁都北京以后，因靠近北部边界，更重视长城防务，用大量物力、人力、财力，修筑长城达一万二千七百余里。一些著名将领如戚继光、谭纶等曾负责长城防务，督兵修建长城。今天我们看到的从山海关到居庸关的长城，都是由戚继光监修的，其中包括了天津黄崖关长城、河北滦平金山岭长城、北京密云古北口长城、怀柔慕田峪长城、延庆八达岭长城等。

9. 苏州被称为“园林之城”，以“苏州四大名园”最负盛名，包括沧浪亭、拙政园、狮子林和(　　)。[首都师范大学 2010 年研]

A. 个园　　B. 留园　　C. 何园　　D. 寄畅园

【答案】B

【解析】苏州至清末有记载可查的大小园林有二百多座，因而被称为“园林之城”。其中以“沧浪亭”“狮子林”“拙政园”“留园”最负盛名，合称“苏州四大名园”。A 项，个园位于江苏省扬州市，以叠石艺术著名，笋石、湖石、黄石、宣石叠成的春夏秋冬四季假山，融造园法则与山水画融为一体，被园林泰斗陈从周先生誉为“国内孤例”。C 项，何园坐落于江苏省扬州市，是一处始建于清代中期的中国古典园林建筑，被誉为“晚清第一园”。D 项，寄畅园位于江苏省无锡市，是一处始建于明代的古典园林建筑。

10. 生活在我国云南西双版纳地区的傣族，传统上他们居住的是(　　)民居。[北京外国语大学 2010 年研]

A. 土楼　　B. 干栏式　　C. 窑洞式　　D. 三房一照壁式

【答案】B

【解析】我国地域辽阔，民族众多，因此根据不同的地理气候条件和生活方式，形成各种不同风格和不同形式的住宅，如江南的官商府第、楼房民宅，黄土高原的窑洞，云南地区的干栏式小楼，维吾尔族的庭院和蒙古族的蒙古包等。

四、简答题

简述中国传统建筑的特点。

答：中国传统建筑的特点主要有：

(1)在建筑上普遍采用木构架，形成中国建筑的独特风格

木架结构方式因地区和建筑种类的不同有好几种，但以“抬梁式”即斗拱结构最为重要。这种斗拱结构以宫殿、寺庙和其他高级建筑运用最多。

(2)在平面布局上以“间”为单位构成单体建筑，再以单体建筑组成庭院

在平面布局上以“间”为单位构成单体建筑，再以单体建筑组成庭院，然后以庭院为单元构成组群建筑。不论单体建筑还是组群建筑，在设计上多取方形或长方形，而且常常以南北为纵轴线，以东西为横轴线安排主要建筑和次要建筑，以围墙和回廊构成封闭式的整体。这种布局是古代封闭性的思维模式和小农经济意识在建筑中的反映。

(3)在建筑的审美意识上追求平稳、整齐、对称，讲求秩序，适合礼度

主要建筑讲究宏伟高大，讲究气势，并以次要建筑来衬托主要建筑。许多建筑有意利用地形，造成高低错落的形态，使齐整、对称的平面布局在主体上显示出丰富多彩的变化。至于园林建筑，它所追求的不是整齐、对称，而是曲折变化和诗情画意。

(4)在艺术造型上，中国建筑多采用庞大的出檐屋顶，即“大屋顶”

宫殿、寺庙等大型建筑往往采用高台基。这种高台大顶造型，给人以稳固、庄严、雄伟的感觉。至于组群建筑的造型还要讲究主次分明，有起有落，由正门到最后一座庭院，要像戏曲和音乐一样，显出序幕、高潮和尾声。

第 13 章　古典文学

13.1　复习笔记

【知识框架(庖丁解牛)】

- 古典文学
  - 先秦的文学
    - 诗歌
    - 散文
    - 神话
  - 秦汉文学
    - 诗歌
    - 辞赋
    - 散文
  - 魏晋南北朝文学
    - 诗歌
    - 辞赋
    - 散文
    - 小说
    - 文论与文选
  - 隋唐五代文学
    - 诗词
    - 散文
    - 小说
    - 文论
  - 两宋文学
    - 诗词
    - 散文
    - 小说
    - 戏剧
    - 文论
  - 辽金元文学
    - 诗曲
    - 散文
    - 小说
    - 戏剧
    - 文论
  - 明代文学
    - 诗文
    - 小说
    - 戏剧
    - 文论
  - 清代文学
    - 诗词
    - 古文
    - 小说
    - 戏剧
    - 文论

【考点剖析与拓展(游刃有余)】

考点一、先秦文学

表 13-1　先秦文学

要点	具体内容		
诗歌	《诗经》	我国第一部诗歌总集。古典文学现实主义传统的起点。内容上分为风、雅、颂三部分，艺术技法被总结成赋、比、兴，合称“六义”	
	《楚辞》	我国第一部有作者的诗歌总集。古典文学浪漫主义传统的起点。其中屈原的《离骚》是我国最早的一首长篇抒情诗	
散文	历史散文	《尚书》	我国第一部散文总集
		《春秋》	我国第一部编年体史书
		《左传》	我国第一部叙事详细的编年体史书
		《国语》	我国第一部国别体史书
		《战国策》	又名《国策》，标志着中国古代散文发展的一个新时期
	诸子散文	儒家	《论语》《孟子》《荀子》
		墨家	《墨子》
		道家	《老子》(即《道德经》)，《庄子》(即《南华经》)
		法家	《韩非子》
		兵家	《孙子》
		杂家	《吕氏春秋》(即《吕览》)
神话	《山海经》	女娲补天、夸父逐日、后羿射日、大禹治水等	

考点二、秦汉文学

表 13-2　秦汉文学

要点	具体内容		
诗歌	汉乐府	《孔雀东南飞》	中国文学史上第一部长篇叙事诗
		其他名篇	《陌上桑》《长歌行》《白头吟》《江南》《十五从军征》
	文人诗	东汉班固的《咏史》，是现存最早的文人五言诗	
辞赋	汉赋四大家	司马相如、班固、张衡、扬雄	
	代表作家作品	枚乘	《七发》，是由楚辞与骚体赋过渡到汉代大赋的关键之作
		贾谊	《吊屈原赋》《鹏鸟赋》
		司马相如	《子虚赋》《上林赋》
		扬雄	《羽猎赋》《甘泉赋》《长杨赋》
		王褒	《洞箫赋》
		张衡	《二京赋》
		班固	《两都赋》
		祢衡	《鹦鹉赋》

续表

要点	具体内容		
散文	秦代	《谏逐客书》	作者为秦丞相李斯
	汉代	《史记》	作者为司马迁，中国历史上第一部纪传体通史，被鲁迅誉为“史家之绝唱，无韵之《离骚》”
		其他名篇	司马迁《报任安书》；贾谊《论积贮疏》《过秦论》《治安策》；晁错《论贵粟疏》

考点三、魏晋南北朝文学

表 13－3　魏晋南北朝文学

要点	具体内容		
诗歌	文人诗	“三曹”	①曹操：《观沧海》《短歌行》。 ②曹植：《白马篇》。 ③曹丕：《燕歌行二首》(现存最早的完全成熟的七言诗)
		“七子”	孔融、陈琳、王粲、徐干、阮瑀、应玚、刘桢
		左思	《咏史诗八首》
		陶渊明	东晋诗人，开创田园诗。代表作有《归园田居》《饮酒》《杂诗》等
		谢灵运	南朝宋诗人，开创山水诗。代表作有《登池上楼》《石壁精舍还湖中作》《入彭蠡湖口》等
		鲍照	南朝宋诗人，代表作《拟行路难》《代白头吟》，杜甫誉为“俊逸鲍参军”
		庾信	南北朝文学的集大成者，“宫体诗”的代表人物之一，文学风格被称为“徐庾体”，代表作《拟咏怀二十七首》《昭君辞应诏》，杜甫誉为“清新庾开府”
	南北朝民歌	《西洲曲》	南朝民歌，南朝民歌中最成熟最精致的代表作之一
		《子夜歌》	南朝民歌，擅长用谐音双关语写爱情
		《木兰辞》	北朝民歌，与《孔雀东南飞》并称“乐府双璧”
		《敕勒歌》	北朝民歌，由鲜卑语译成汉语
辞赋	《登楼赋》	作者为“七子之冠冕”王粲，开创抒情小赋，该作被称为“魏晋赋首”	
	其他名篇	曹植《洛神赋》；江淹《恨赋》《别赋》；庾信《枯树赋》《哀江南赋》	
散文	蜀汉诸葛亮《前出师表》《后出师表》《诫子书》		
	北魏郦道元《水经注》：中国游记文学的开创之作		
	北魏杨衒之《洛阳伽蓝记》		
	东晋陶渊明《桃花源记》《归去来辞》《五柳先生传》		
	南朝齐孔稚珪《北山移文》		
小说	《搜神记》	作者为东晋干宝，是我国第一部文言志怪小说	
	《世说新语》	作者为南朝宋刘义庆，是我国第一部文言志人小说	

续表

要点	具体内容	
文论与文选	《典论·论文》	作者为魏太子曹丕，是我国最早的文艺理论批评著作，其中提出“盖文章，经国之大业，不朽之盛事”
	《文赋》	作者为西晋著名文学家、书法家陆机，是文学摆脱经学附庸地位而得到独立发展之后，在大量创作实践的基础上产生的理论结晶
	《文心雕龙》	作者为南朝宋文学理论家刘勰，是我国第一部系统文学理论巨作
	《诗品》	作者为南朝梁文学批评家钟嵘，仿汉代“九品论人，七略裁士”的先例，以上、中、下三品评论两汉至梁间的诗作
	《昭明文选》	由南朝梁文学家萧统主持编纂，是我国最早的一部诗文总集

考点四、隋唐五代文学

表 13－4　隋唐五代文学

要点	具体内容			
诗词	初唐	初唐四杰		①王勃《送杜少府之任蜀州》；卢照邻《长安古意》；杨炯《从军行》；骆宾王《在狱咏蝉》《咏鹅》 ②虽未脱齐梁以来绮丽余习，但已初步扭转文学风气
		陈子昂		①代表作：《登幽州台歌》《蓟丘览古赠卢居士藏用七首》《感遇诗三十八首》。 ②转变初唐时期的诗文风格，使唐诗彻底摆脱了齐梁颓靡诗风的影响和束缚
	盛唐	山水田园诗	王维	①评价：“诗中有画，画中有诗”“诗中有禅”。 ②代表作：《山居秋暝》《鸟鸣涧》《鹿柴》《终南山》《渭川田家》《九月九日忆山东兄弟》《过香积寺》《竹里馆》《辛夷坞》
			孟浩然	①评价：唐代第一个创作山水诗的诗人。 ②代表作：《过故人庄》《宿建德江》《春晓》《夜归鹿门歌》《岁暮归南山》《与诸子登岘山》
		边塞诗	高适	《燕歌行》《别董大》《蓟门行五首》《塞上》《塞下曲》《塞上听吹笛》
			岑参	《白雪歌送武判官归京》《走马川行奉送封大夫出师西征》《逢入京使》
			王昌龄	①评价：被誉为“七绝圣手”。 ②代表作：《出塞其一》（“唐人七绝的压卷之作”）《从军行》《芙蓉楼送辛渐》
			王之涣	《登鹳雀楼》《凉州词二首》
		李白		①评价：伟大的浪漫主义诗人，被后人称为“诗仙”，诗风雄奇飘逸。歌行体和七绝达到后人难及的高度。 ②代表作：《望庐山瀑布》《行路难》《蜀道难》《将进酒》《明堂赋》《早发白帝城》《静夜思》《梦游天姥吟留别》《侠客行》《春思》《子夜秋歌》《金陵城西楼月下吟》《赠汪伦》《送友人》《黄鹤楼送孟浩然之广陵》《登金陵凤凰台》《山中问答》《塞下曲》《夜泊牛渚怀古》《古风》《闻王昌龄左迁龙标遥有此寄》《月下独酌》

续表

要点	具体内容			
诗词	盛唐	杜甫		①评价：伟大的现实主义诗人，被后人称为“诗圣”，诗风沉郁顿挫。律诗绝达到后人难及的高度。 ②代表作：《望岳》《登高》《登岳阳楼》《春望》《闻官军收河南河北》《茅屋为秋风所破歌》、“三吏”(《新安吏》《石壕吏》《潼关吏》)、“三别”(《新婚别》《垂老别》《无家别》)《春夜喜雨》《绝句(两个黄鹂鸣翠柳)》《秋兴八首》《梦李白二首》《月夜忆舍弟》《月夜》《戏为六绝句》《羌村三首》《自京赴奉先县咏怀五百字》《兵车行》《丽人行》《北征》
		其他名作		王湾《次北固山下》；崔颢《黄鹤楼》《行经华阴》；张若虚《春江花月夜》，(“孤篇盖全唐”)；贺知章《咏柳》《回乡偶书》；王翰《凉州词(葡萄美酒)》；张继《枫桥夜泊》；常建《题破山寺后禅院》；刘长卿《逢雪宿芙蓉山主人》；韦应物《滁州西涧》；许浑《咸阳城西楼晚眺》
	中唐	韩孟诗派	概述	主张“不平则鸣”，苦吟以抒愤，“以丑为美”，表现出重主观心理、尚奇险怪异的创作倾向，形成一种奇崛硬险的风格
			韩愈	《山石》《早春呈水部张十八员外二首(初春小雨)》《调张籍》《左迁至蓝关示侄孙湘》等
			孟郊	《寒地百姓吟》《织妇辞》《结爱》《杏殇》《游子吟》等
			李贺	开创“长吉体”，后人称为“鬼才”，代表作《雁门太守行》《李凭箜篌引》《南园十三首其五》等
			贾岛	后人将其与孟郊并称“郊寒岛瘦”，代表作品《题李凝幽居》《送无可上人》等
		元白诗派	概述	发起新乐府运动，提出“文章合为时而著，歌诗合为事而作”的主张，语言方面力求通俗易解，人称“元和体”
			白居易	《秦中吟》《新乐府》《长恨歌》《琵琶行》《钱塘湖春行》《问刘十九》《忆江南》
			元稹	《连昌宫词》《酬乐天得微之诗知通州事因成四首》《菊花》《离思五首》《遣悲怀三首》
		“刘柳”	刘禹锡	《乌衣巷》《西塞山怀古》《酬乐天扬州初逢席上见赠》《赏牡丹》《竹枝词九首》《望洞庭》《插田歌》《杨柳枝词九首》《踏歌词四首》《金陵五题》《秋词二首》
			柳宗元	《江雪》《登柳州城楼寄漳汀封连四州》《渔翁》《溪居》《中夜起望西园值月上》《别舍弟宗一》
	晚唐	“小李杜”	杜牧	《泊秦淮》《赤壁》《寄扬州韩绰判官》《山行》《过华清宫绝句三首》《秋夕》《题乌江亭》
			李商隐	《夜雨寄北》《宿骆氏亭寄怀崔雍崔衮》《登乐游原》《嫦娥》《贾生》《晚晴》《锦瑟》《无题·相见时难别亦难》《无题·昨夜星辰昨夜风》

续表

要点	具体内容		
诗词	晚唐	温庭筠	①在诗方面，与李商隐齐名，并称“温李”，代表作《商山早行》《过陈琳墓》《苏武庙》。 ②在词方面，为花间派鼻祖，词到了温庭筠手里才真正被人们重视起来，代表作《菩萨蛮十四首》
	五代十国	韦庄	前蜀宰相，与温庭筠并称“温韦”，花间派代表，代表作《菩萨蛮五首》
		李煜	南唐后主，“千古词帝”。代表作有《虞美人·春花秋月何时了》《相见欢·林花谢了春红》《相见欢·无言独上西楼》《破阵子·四十年来家国》《浪淘沙·帘外雨潺潺》
散文	古文运动	概述	中唐以韩愈、柳宗元为首，掀起以复古为口号的“古文运动”，其根本性质是恢复儒家传统，改变文体、文风。运动所提出的基本口号是“文以载道”，即文章必须有思想性，必须表达和宣扬儒家的道统，反对空洞无物，反对因袭模仿，反对矫揉造作
		韩愈	①评价：唐宋八大家之一，“文起八代之衰”。 ②代表作：《原道》《原毁》《师说》《与孟东野书》《送李愿归盘谷序》《柳子厚墓志铭》《祭十二郎文》《张中丞传后叙》《毛颖传》《讳辩》《石鼎联句诗序》《进学解》《祭鳄鱼文》《论佛骨表》《毛颖传》等
		柳宗元	②评价：唐宋八大家之一，与韩愈并称为“韩柳”，与刘禹锡并称“刘柳”。 ②代表作：《封建论》《捕蛇者说》《种树郭橐驼传》《童区寄传》《三戒》《梓人传》《永州八记》(《始得西山宴游记》《钴鉧潭记》《钴鉧潭西小丘记》《至小丘西小石潭记》《袁家渴记》《石渠记》《石涧记》《小石城山记》)等
	其他名篇	王勃《滕王阁序》；骆宾王《代李敬业传檄天下文》；李白《春夜宴从弟桃李园序》；刘禹锡《陋室铭》；杜牧《阿房宫赋》	
小说	唐传奇	含义	是指唐代的文言短篇小说，内容多传述奇闻轶事
		特点	在艺术形式上，篇幅加长，“叙述宛转，文辞华艳，与六朝之粗陈梗概者较，演进之迹甚明”(鲁迅《中国小说史略》)；部分作品还塑造了鲜明动人的人物形象
		意义	标志着中国古代短篇小说趋于成熟
		代表作	沈既济的《枕中记》；李公佐的《南柯太守传》；李朝威的《柳毅传》；蒋防的《霍小玉传》；元稹的《莺莺传》等
文论	《与东方左史虬修竹篇并序》	作者为陈子昂，倡导“风骨”“兴寄”，该作标志着唐代诗风的革新和转变	
	《二十四诗品》	作者为司空图，将诗的风格细分为二十四种，标志着中国古典美学和诗学在理论上已经步入成熟	

考点五、两宋文学

表 13－5　两宋文学

要点	具体内容			
诗词	诗	梅尧臣		①评价：为诗主张写实，反对西昆体，所作力求平淡、含蓄，被誉为宋诗的“开山祖师”。 ②代表作：《鲁山山行》《东溪》
诗词	诗	苏舜钦		①评价：与梅尧臣合称“苏梅”，在诗文革新方面发挥积极影响。 ②代表作：《淮中晚泊犊头》《夏意》
诗词	诗	欧阳修		①评价：重视韩愈诗歌的特点，并提出了“诗穷而后工”的诗歌理论。 ②代表作：《戏答元珍》《画眉鸟》
诗词	诗	王安石		①评价：其诗“学杜得其瘦硬”，擅长于说理与修辞，自成一家，世称“王荆公体”。 ②代表作：《泊船瓜洲》《登飞来峰》《书湖阴先生壁》《葛溪驿》《明妃曲二首》《梅花》
诗词	诗	苏轼		①评价：诗题材广阔，清新豪健，善用夸张比喻，独具风格，与黄庭坚并称“苏黄”。 ②代表作：《饮湖上初晴后雨》《题西林壁》《惠崇春江晚景》《六月二十日夜渡海》《和子由渑池怀旧》《有美堂暴雨》《赠刘景文》
诗词	诗	江西诗派		①概述：是宋代最有影响的诗歌流派，黄庭坚、陈师道、陈与义被尊为该派的“三宗”，推崇黄庭坚点铁成金、夺胎换骨之说，追求瘦硬奇拗的诗风；讲究字字有出处。 ②代表作：黄庭坚《寄黄几复》《登快阁》；陈师道《春怀示邻里》；陈与义《登岳阳楼》
诗词	诗	中兴四大诗人		①南宋前期尤袤、杨万里、范成大、陆游四位诗人。 ②他们能摆脱江西诗派的牢笼，写出思想、艺术各有特色的作品，影响很大代表了宋代诗歌第二个最繁荣的时期。 ③代表作：尤袤《青山寺》；杨万里《晓出净慈寺送林子方》《小池》《宿新市徐公店》；范成大《横塘》《四时田园杂兴》；陆游《游山西村》《书愤》《临安春雨初霁》《沈园二首》《示儿》《剑门道中遇微雨》《病起书怀》《关山月》《秋夜将晓出篱门迎凉有感（其二）》《十一月四日风雨大作》《冬夜读书示子聿》
诗词	诗	其他名篇		王禹偁《村行》《畬田词》；范仲淹《江上渔者》；林逋《山园小梅》；晏殊《无题》；朱熹《观书有感》《春日》《偶成》；曾几《三衢道中》；志南《绝句》；叶绍翁《游园不值》；赵师秀《约客》；卢梅坡《雪梅其一》；林升《题临安邸》；文天祥《正气歌》《过零丁洋》
诗词	词	婉约词	晏殊	①吸收了南唐“花间派”和冯延巳的典雅流丽词风，开创北宋婉约词风。 ②有《珠玉词》存世，代表作有《浣溪沙·一曲新词酒一杯》《蝶恋花·槛菊愁烟兰泣露》
诗词	词	婉约词	欧阳修	有《六一词》存世，代表作有《蝶恋花·庭院深深深几许》《踏莎行·候馆梅残》《采桑子·群芳过后西湖好》
诗词	词	婉约词	柳永	①第一位对宋词进行全面革新的词人，也是两宋词坛上创用词调最多的词人，对宋词的发展产生了深远影响。 ②有《乐章集》存世，代表作有《雨霖铃·寒蝉凄切》《望海潮·东南形胜》《蝶恋花·伫倚危楼风细细》《八声甘州·对潇潇暮雨洒江天》

续表

要点	具体内容			
诗词	词	婉约词	秦观	有《淮海词》存世，代表作有《鹊桥仙·纤云弄巧》《踏莎行·雾失楼台》
			周邦彦	①在音律、句法和章法上建立起严整的艺术规范，在婉约词人中长期被尊为“正宗”。词论称他为“词家之冠”。 ②有《片玉集》存世，代表作有《兰陵王·柳》《蝶恋花·早行》《六丑·蔷薇谢后作》《苏幕遮·燎沉香》《少年游·并刀如水》
			晏几道	①与其父晏殊合称“二晏”，工于小令。 ②有《小山词》存世，代表作有《临江仙·梦后楼台高锁》《鹧鸪天·彩袖殷勤捧玉钟》
			李清照	①有“千古第一才女”之称，南渡前多写悠闲生活，南渡后多悲叹身世；提出词“别是一家”之说，反对以作诗文之法作词。 ②后人编有《漱玉词》，代表作有《声声慢·寻寻觅觅》《武陵春·风住尘香花已尽》《一剪梅·红藕香残玉簟秋》《醉花阴·薄雾浓云愁永昼》《如梦令·常记溪亭日暮》
			姜夔	有《白石词》存世，代表作有《扬州慢·淮左名都》《暗香·旧时月色》《疏影·苔枝缀玉》
			吴文英	有《梦窗词集》存世，代表作有《花犯·郭希道送水仙索赋》《莺啼序·残寒正欺病酒》《风入松·听风听雨过清明》
		豪放词	苏轼	①继柳永之后，对词体进行了全面的改革，最终突破了词为“艳科”的传统格局，提高了词的文学地位；扩大词的表现功能，开拓词境，将传统的表现女性化的柔情之词为扩展为表现男性化的豪情之词。 ②有《东坡乐府》存世，代表作有《水调歌头·明月几时有》《念奴娇·赤壁怀古》《江城子·十年生死两茫茫》《江城子·密州出猎》《定风波·莫听穿林打叶声》《水龙吟·似花还似非花》
			辛弃疾	①有“词中之龙”之称，与苏轼合称“苏辛”；对词的表现内容和题材进行了极大地拓展，比苏词还要广泛得多；其词主要以雄壮豪放为主，但写起婉媚风格的词也十分得心应手。 ②有《稼轩长短句》存世，代表作有《青玉案·元夕》《破阵子·醉里挑灯看剑》《西江月·夜行黄沙道中》《水龙吟·登建康赏心亭》《丑奴儿·书博山道中壁》《南乡子·登京口北固亭有怀》《永遇乐·京口北固亭怀古》《贺新郎·甚矣吾衰矣》
		其他名篇	范仲淹	①写《渔家傲·塞下秋来风景异》，发豪放词之先声。 ②其他代表作《苏幕遮·怀旧》
			王安石	《桂枝香·金陵怀古》《南乡子·自古帝王州》《浪淘沙令·伊吕两衰翁》
			贺铸	①兼有豪放、婉约二派之长，长于锤炼语言并善融化前人成句。 ②代表作《青玉案·凌波不过横塘路》《眼儿媚·萧萧江上荻花秋》
			岳飞	《满江红·怒发冲冠》《小重山·昨夜寒蛩不住鸣》
			陆游	《卜算子·咏梅》《钗头凤·红酥手》《诉衷情·当年万里觅封侯》

续表

要点	具体内容		
散文	北宋初期	范仲淹	①反对宋初文坛的柔靡文风，提出了宗经复古、文质相救、厚其风化的文学思想。 ②代表作为《岳阳楼记》
	唐宋八大家之宋六家	欧阳修	①领导北宋诗文革新运动，继承并发展了韩愈的古文理论，开创了一代文风。 ②代表作有《朋党论》《伶官传序》《醉翁亭记》《秋声赋》《卖油翁》
		苏轼	①与欧阳修并称“欧苏”，北宋中期文坛领袖，提倡艺术风格的多样化和生动性，反对千篇一律的统一文风。 ②代表作有《留侯论》《韩非论》《贾谊论》《晁错论》《前后赤壁赋》《石钟山记》
		王安石	①其散文简洁峻切，短小精悍，论点鲜明，逻辑严密，有很强的说服力。 ②代表作有《伤仲永》《读孟尝君传》《游褒禅山记》《祭欧阳文忠公文》
		苏洵	①与其子苏轼、苏辙并称“三苏”，其散文论点鲜明，论据有力，语言锋利，纵横恣肆，具有说服力。 ②代表作有《六国论》《管仲论》《辨奸论》等
		苏辙	①擅长政论和史论。 ②代表作有《新论》《黄州快哉亭记》《巢谷传》《上枢密韩太尉书》
		曾巩	①其文“古雅、平正、冲和”。 ②代表作《战国策目录序》《南齐书目录序》《墨池记》《醒心亭记》《游山记》《寄欧阳舍人书》《上福州执政书》
	其他名篇		周敦颐《爱莲说》；王禹偁《待漏院记》《黄冈竹楼记》；苏舜钦《沧浪亭记》；司马光《训俭示康》；沈括《雁荡山》；岳飞《五岳祠盟记》；陆游《入蜀记》；朱熹《百丈山记》；文天祥《指南录后序》等
小说	宋话本		①现存约三四十篇，散见于《京本通俗小说》《清平山堂话本》、“三言”等书，如《简帖和尚》《错斩崔宁》《碾玉观音》《宣和遗事》等。 ②具有两个鲜明的特色：一是市民文学的色彩；二是白话文学的特点
戏剧			①宋代的民间戏曲如傀儡戏、影戏、歌舞戏等还处在戏曲的萌芽阶段。 ②流存极少，一般认为收入《永乐大典》的“戏文三种”中的《张协状元》是宋人作品
文论			北宋欧阳修《六一诗话》，是我国文学理论史上以“诗话”为名的第一部著作
			南宋严羽《沧浪诗话》，是宋代最负盛名、对后世影响最大的一部诗话
			南宋王灼《碧鸡漫志》，论述自歌曲产生至唐宋词兴历代声歌的递变
			南宋张炎《词源》论述词的源流与体性，标志着词学体系的初步确立

考点六、辽金元文学

表 13-6 辽金元文学

要点	具体内容		
诗曲	辽	“女中才子”	萧观音，辽国废后，代表作《怀古》《伏虎林应制》《回心院》
	金	国朝文派	蔡珪、党怀英和王庭筠等作家群，标志着金代文学的真正开始
		元好问	北方文学的主要代表，金元之际在文学上承前启后的桥梁，被尊为“北方文雄”“一代文宗”。他擅作诗、文、词、曲。其中以诗作成就最高，其“丧乱诗”尤为有名。有《元遗山先生全集》《中州集》等作品传世

续表

<table>
<tr><th>要点</th><th colspan="4">具体内容</th></tr>
<tr><td rowspan="6">诗曲</td><td rowspan="6">元</td><td>元诗四家</td><td colspan="2">虞集、杨载、范梈、揭傒斯，被认为是元朝最具代表性的诗人</td></tr>
<tr><td>铁崖体</td><td colspan="2">杨维桢，号铁崖，追求构思的超乎寻常和意境的奇特非凡。古乐府创作成就最高。代表作有《贫妇谣》《城门曲》《鸿门会》《五湖游》等</td></tr>
<tr><td>有元一代词人之冠</td><td colspan="2">萨都剌，回族人，写词不多，但颇有影响，代表作有《念奴娇·登石头城》《满江红·金陵怀古》</td></tr>
<tr><td>“曲状元”</td><td>马致远，元散曲中的第一大家，代表作《天净沙·秋思》</td><td rowspan="3">“曲”指散曲，包括套数与小令</td></tr>
<tr><td>元曲豪放派大家</td><td>张养浩，代表作《山坡羊·潼关怀古》</td></tr>
<tr><td>元曲清丽派大家</td><td>乔吉，代表作《朝天子·小娃琵琶》；张可久，代表作《折桂令·九日》</td></tr>
<tr><td>散文</td><td colspan="4">元代古文两大家：姚燧、虞集，多为碑志和应制之作</td></tr>
<tr><td>小说</td><td colspan="4">《三国志平话》，历史平话，真假参半，虚实并行，是说书人备用的话本</td></tr>
<tr><td rowspan="7">戏剧</td><td>金</td><td>董解元</td><td colspan="2">创作《西厢记诸宫调》，世称《董西厢》，为王实甫杂剧《西厢记》的雏形</td></tr>
<tr><td rowspan="6">元</td><td>元曲四大家</td><td>关汉卿、郑光祖、马致远和白朴</td><td rowspan="3">“曲”指杂剧</td></tr>
<tr><td>元曲四大悲剧</td><td>关汉卿的《窦娥冤》、白朴的《梧桐雨》、马致远的《汉宫秋》、纪君祥的《赵氏孤儿》</td></tr>
<tr><td>元曲四大爱情剧</td><td>关汉卿的《拜月庭》、王实甫的《西厢记》、白朴的《墙头马上》、郑光祖的《倩女离魂》（全名《迷青琐倩女离魂》）</td></tr>
<tr><td rowspan="3">南戏</td><td colspan="2">高则诚《琵琶记》，被誉为“传奇之祖”</td></tr>
<tr><td colspan="2">施惠《拜月亭记》（又名《拜月亭》《幽闺记》），与《荆钗记》《白兔记》《杀狗记》合称“四大南戏”，加上《琵琶记》，为“五大传奇”</td></tr>
<tr></tr>
<tr><td rowspan="2">文论</td><td colspan="2">《录鬼簿》</td><td colspan="2">作者为钟嗣成，记述金、元散曲作家、戏曲作家生平事迹和作品目录</td></tr>
<tr><td colspan="2">《中原音韵》</td><td colspan="2">作者为周德清，是我国出现最早的一部北曲曲韵和北曲音乐论著</td></tr>
</table>

考点七、明代文学

表 13－7 明代文学

<table>
<tr><th>要点</th><th colspan="2">具体内容</th></tr>
<tr><td rowspan="3">诗文</td><td>台阁体</td><td>①以馆阁文臣杨士奇、杨荣、杨溥等（号称“三杨”）为代表的一种文学创作风格。
②题材常是“颂圣德，歌太平”，艺术上追求平正典雅</td></tr>
<tr><td>拟古思潮</td><td>出于对台阁体诗文的不满，先后出现一股拟古思潮：
①李东阳为首的茶陵诗派，提出“轶宋窥唐”的主张。
②以李梦阳、何景明为首的前七子，提出“文必秦汉，诗必盛唐”的口号。
③以李攀龙、王世贞为首的后七子，继承前七子的主张</td></tr>
<tr><td>反拟古思潮</td><td>①唐宋派（王慎中、唐顺之、茅坤、归有光等）主张“文道合一”的传统，反对前后七子的拟古主义。
②李贽提出“童心说”，强调绝假纯真、抒发直感。
③公安派（袁宏道、袁中道、袁宗道）提倡“独抒性灵，不拘格套”。
④竟陵派（钟惺、谭元春）在提倡“性灵”的同时，认为“公安”作品俚俗、浮浅，因而倡导一种“幽深孤峭”风格加以匡救</td></tr>
</table>

续表

要点	具体内容			
小说	长篇小说	历史演义	罗贯中《三国演义》	“明代四大奇书”
		英雄传奇	施耐庵《水浒传》	
		世情小说	兰陵笑笑生《金瓶梅》	
		神魔小说	吴承恩《西游记》	
			许仲琳(一说为陆西星)《封神演义》	
	短篇小说	“三言”	冯梦龙《喻世明言》《警世通言》《醒世恒言》	
		“二拍”	凌濛初《初刻拍案惊奇》《二刻拍案惊奇》	
戏剧	传奇(南戏)创作	临川派	以汤显祖为代表，尚意趣。汤显祖反对拟古和死守格律，主张写情，作品有《紫钗记》《牡丹亭还魂记》《南柯记》《邯郸记》，合称“玉茗堂四梦”或“临川四梦”	
		吴江派	以沈璟为代表，主曲律。对曲律的过分强调，束缚内容和情节的展开，因而其影响不及“临川派”	
文论	《曲律》	作者王骥德，在创作、批评、声律和演唱等问题上都提出了比较精警的观念，在中国戏曲理论史上可谓是承上启下的重要著作		
	《闲情偶寄》	作者李渔，就明代传奇的得失，总结出一套系统的编剧和表演的理论		

考点八、清代文学

表 13-8 清代文学

要点	具体内容		
诗词	诗	王士祯	创“神韵说”
		袁枚	创“性灵说”
		沈德潜	创“格调说”
		翁方纲	创“肌理说”
		龚自珍	带有启蒙主义思想、富有瑰奇璀璨色彩的诗词散文，开创新的风气
	词	陈维崧	阳羡派词代表，主张效法苏轼、辛弃疾的豪放词风
		朱彝尊	浙西词派代表，主张效法姜夔、张炎的清雅的词风
		纳兰性德	①与阳羡派代表陈维崧、浙西派代表朱彝尊鼎足而立，并称“清词三大家”。 ②“纳兰容若以自然之眼观物，以自然之舌言情。此由初入中原未染汉人风气，故能真切如此。北宋以来，一人而已。”(王国维)
		张惠言	常州词派代表，主张提高词的地位，倡导意内言外、比兴寄托和“深美宏约”之致
古文	散文	桐城派	①清代规模最大、影响最大的散文流派，提倡文章要义理、考据、辞章三者不可偏废，是唐宋古文运动的继续、发展、终结。方苞、刘大櫆、姚鼐并称为“桐城三祖”。 ②方苞《狱中杂记》《左忠毅公逸事》；刘大櫆《骡说》《游三游洞记》；姚鼐《登泰山记》《复鲁絜非书》
		性灵派	代表人物为袁枚，代表作有《祭妹文》《黄生借书说》
	骈文	汪中	《哀盐船文》被誉为骈文中的绝作

续表

<table>
<tr><th>要点</th><th colspan="3">具体内容</th></tr>
<tr><td rowspan="7">小说</td><td>世情小说</td><td colspan="2">曹雪芹《红楼梦》，中国古典小说的最高峰</td></tr>
<tr><td>志怪小说</td><td colspan="2">蒲松龄《聊斋志异》、纪昀《阅微草堂笔记》</td></tr>
<tr><td>讽刺小说</td><td colspan="2">吴敬梓《儒林外史》</td></tr>
<tr><td>公案侠义小说</td><td colspan="2">石玉昆《三侠五义》</td></tr>
<tr><td>才子佳人小说</td><td colspan="2">荑荻散人(有争议)《玉娇梨》《平山冷燕》</td></tr>
<tr><td>才学小说</td><td colspan="2">李汝珍《镜花缘》</td></tr>
<tr><td>谴责小说</td><td colspan="2">李宝嘉《官场现形记》；吴趼人《二十年目睹之怪现状》；刘鹗《老残游记》；曾朴《孽海花》</td></tr>
<tr><td rowspan="2">戏剧</td><td rowspan="2">“南洪北孔”</td><td>洪昇</td><td>《长生殿》</td></tr>
<tr><td>孔尚任</td><td>《桃花扇》</td></tr>
<tr><td rowspan="4">文论</td><td>《原诗》</td><td colspan="2">作者为叶燮，是继《文心雕龙》之后，我国文艺理论史上最具逻辑性和系统性的一部理论专著</td></tr>
<tr><td>《艺概》</td><td colspan="2">作者为刘熙载，论述文、诗、赋、词、书法及八股文等的体制流变、性质特征、表现技巧和评论重要作家作品</td></tr>
<tr><td>《随园诗话》</td><td colspan="2">作者为袁枚，阐述的性灵说诗论，是从创作的主观条件出发，强调创作主体必须具备真情、个性、诗才三方面要素</td></tr>
<tr><td>《人间词话》</td><td colspan="2">作者为王国维，破除门户之见，熔中国古典诗学与西方美学于一炉</td></tr>
</table>

13.2　典型题(含考研真题)详解

一、填空题

1. 宋代著名词人张先有“张三影”之称，请写出他其中的一“影”词句：______。[暨南大学 2022 年研]

【答案】“云破月来花弄影”/“娇柔懒起，帘幕卷花影”/“柔柳摇摇，堕轻絮无影”

【解析】北宋词人张先，与柳永齐名，擅长小令，亦作慢词，于两宋婉约词史上影响巨大，他是使词由小令转向慢词的过渡过程中的一个不能忽视的功臣。张先词在艺术上的一个重要特征是，善于以工巧之笔表现一种朦胧的美。他以善于用“影”字著名，如“云破月来花弄影”“娇柔懒起，帘幕卷花影”“柔柳摇摇，堕轻絮无影”。

2.《文心雕龙》的作者是______。[四川大学 2021 年研]

【答案】刘勰

【解析】《文心雕龙》是南朝文学理论家刘勰创作的文学理论著作，共十卷，五十篇，分上下两编，包括总论、文体论、创作论、批评论四个部分。它是中国现存最早的一部文章学论著，既总结了先秦以来文学创作的经验，又在文学的各个方面提出了自己精辟的见解，形成了完整的理论体系。鲁迅先生认为它可以和亚里士多德的《诗学》相媲美。

3. 汤显祖的“玉茗堂四梦”是指以下四部传奇作品：《紫钗记》《还魂记》(即《牡丹亭》)、《南柯记》和______。[兰州大学 2015 年研]

【答案】《邯郸记》

【解析】汤显祖，明代剧作家，江西临川人，所居书斋名玉茗堂，因其创作的《牡丹亭》《紫钗记》《邯郸记》《南柯记》四剧中都有描写梦境的情节，后人将此四部作品合称“玉茗堂四梦”，又称“临川四梦”。四剧中，前两个是儿女风情戏，后两个是社会风情剧，以《邯郸记》和《牡丹亭》成就最高。

4．南洪北孔是指______。［北京外国语大学2012年研］

【答案】洪昇、孔尚任

【解析】洪昇和孔尚任是清初杰出的戏剧家，世称“南洪北孔”。洪昇的代表作是《长生殿》，孔尚任的代表作是《桃花扇》。

5．《官场现形记》《二十年目睹之怪现状》《______》《孽海花》被称为晚清四大谴责小说。［北京大学2012年研］

【答案】老残游记

【解析】鲁迅认为晚清四大谴责小说是中国清末四部谴责小说的合称，即李宝嘉的《官场现形记》、吴趼人的《二十年目睹之怪现状》、曾朴的《孽海花》、刘鹗的《老残游记》。

6．《诗经》包括《风》《雅》《颂》三部分，其中《雅》又分______。［首都师范大学2011年研］

【答案】《大雅》《小雅》

【解析】《诗经》的体例是按照音乐性质的不同来划分的，分为风、雅、颂三类。其中，雅是周王朝直辖地区的音乐，即正声雅乐。《雅》诗是宫廷宴享或朝会时的乐歌，按音乐的不同又分为《大雅》31篇，《小雅》74篇，共105篇。

7．《爱莲说》的作者北宋时期的大思想家______。［南开大学2011年研］

【答案】周敦颐

【解析】《爱莲说》是北宋理学家周敦颐创作的一篇散文。这篇文章通过对莲的形象和品质的描写，歌颂了莲花坚贞的品格，从而也表现了作者洁身自爱的高洁人格和洒脱的胸襟。“出淤泥而不染，濯清涟而不妖”，成为人们道德品格的追求。

8．中国文学中常说的“韩柳文、李杜诗、苏辛词”中的“辛”指的是______。［华中师范大学2010年研］

【答案】辛弃疾

【解析】辛弃疾，既有经邦济世之才，又有廓清天下之志，个人经历颇富传奇色彩，词作充满爱国豪情和英雄气概，嬉笑怒骂，皆成妙笔，是中国历史上最杰出的爱国词人，是豪放派的代表，与苏轼合称“苏辛”。

9．《三国演义》中的三个突出人物被称为“三奇”“三绝”，其中“古今来名将中第一奇人”是______。［中国传媒大学2010年研］

【答案】关羽

【解析】《三国演义》“三绝”：奸绝指曹操；智绝指诸葛亮；义绝指关羽。“三奇”是说诸葛亮是“古今来贤相中第一奇人”；关羽是“古今来名将中第一奇人”；曹操是“古今来奸雄中第一奇人”。

二、判断题

1. 明代推崇唐宋古文的“唐宋派”的主要代表人物是唐顺之、茅坤和归有光等。(　　)［南京师范大学 2015 年研］

【答案】正确

【解析】明中叶以后，文坛上“文必秦汉，诗必盛唐”的主张虽然对革新文风起了一定的积极作用，但也带来了盲目崇古的消极影响。为了扭转这种趋势，推崇唐宋古文的“唐宋派”便应运而生。唐宋派的主要作家有唐顺之、茅坤和归有光等，其中以归有光的成就最高。归有光的《项脊轩志》等散文，物中写情，凄楚动人。

2. 宋代柳永是豪放派词人。(　　)［中山大学 2011 年研］

【答案】错误

【解析】柳永，字耆卿，又名柳三变，是北宋著名的婉约词人，其词集为《乐章集》，风格清婉，缠绵深情，多写市井风情。他精通词律，多写慢词长调。代表作有《雨霖铃》《八声甘州》等。

3. 《易经》是古代经学典籍“五经”中的一部。(　　)［中山大学 2011 年研］

【答案】错误

【解析】“五经”包括《周易》《尚书》《诗经》《仪礼》《春秋》，后来用《礼记》代替《仪礼》，把《左传》并入《春秋》，仍为“五经”。《易经》和《周易》并不是同一本书。

4. 王勃的《滕王阁序》是唐代骈体文的典范作品。(　　)［首都师范大学 2011 年研］

【答案】正确

【解析】魏晋南北朝时期，骈体文发展成为一种正宗的文学体裁。骈文是古代中国一种特有的文言文文体，其句多四六对仗，故又称四六文或四六、骈俪、骈体等。华而不实，历来评价不是很高。王勃《滕王阁序》的骈体就是经过东晋到初唐的发展后已经完全成熟之作。

5. 《诗经》是我国最早的一部诗歌总集。(　　)［中山大学 2010 年研］

相关试题：填空题，______是我国最早的一部诗歌总集。［中国海洋大学 2019 年研］(【答案】《诗经》)

【答案】正确

【解析】《诗经》是我国最早的一部诗歌总集，它收集了我国公元前 11 世纪到公元前 6 世纪的诗歌作品，代表了从西周初年到春秋中叶大约五百年间的诗歌创作，共有 305 篇。

6. 晚唐诗人温庭筠是“婉约派”的代表。(　　)［中山大学 2010 年研］

【答案】错误

【解析】依据风格不同，后人把宋词分为“婉约词”和“豪放词”。晚唐诗人温庭筠主要作词，与李商隐并称为“温李”。温庭筠词风艳丽，与韦庄等人的作品被编入《花间集》，因而被称为“花间派”。

三、单项选择题

1．苏轼所说的“味摩诘之诗，诗中有画；观摩诘之画，画中有诗”赞誉的是唐代诗人（　　）。［北京语言大学2015年研］

A．李白　　B．杜甫　　C．白居易　　D．王维

【答案】D

【解析】王维，号摩诘居士，著名的画家、诗人，善于在诗中表现画的意境，在画中表现诗的情趣。如“大漠孤烟直，长河落日圆”刻画了边境的苍茫，“明月松间照，清泉石上流”刻画了园林的幽静，诗画已经融为一体。到了宋代，由于禅宗思想的影响和理学的兴起，人们对艺术的认识大幅度深化。苏轼便以“味摩诘之诗，诗中有画；观摩诘之画，画中有诗”赞誉王维的艺术成就。此后这成为一种评画标准。“诗中有画”是指诗的意境鲜明如画，“画中有诗”是说画中有一种诗的意境美，诗画都描绘一种境界，抒发一种感情。久而久之，“诗情画意”成为传统美学艺术标尺之一。

2．“五十步笑百步”出自（　　）。［南开大学2012年研］

A．《论语》　　B．《孟子》　　C．《庄子》　　D．《韩非子》

【答案】B

【解析】“五十步笑百步”一词出自《孟子·梁惠王上》中的《寡人之于国也》：“填然鼓上，兵刃既接，弃甲曳兵而走，或百步而后止，或五十步而后止。以五十步笑百步，则何如？”这是孟子跟梁惠王谈话时打的一个比方，以败退了五十步的士兵讥笑败退了一百步的，用以说明梁惠王对百姓的政策还没有做到最好。以后“五十步笑百步”用来比喻自己跟别人有同样的缺点和错误，只是程度上轻一些，却讥笑别人。

3．被法国《通用百科全书》誉为“18世纪中国社会的一面镜子”的是（　　）。［南开大学2012年研］

A．《儒林外史》　　B．《聊斋志异》　　C．《日知录》　　D．《红楼梦》

【答案】D

【解析】《红楼梦》，又名《石头记》《金玉缘》，是中国古代四大名著之一，共120回，前80回为曹雪芹作，后40回为高鹗续写。曹雪芹“十年增删，五易其稿”，创作了中国最伟大的古典长篇小说《红楼梦》，全书以贾宝玉、林黛玉和薛宝钗的爱情婚姻为主线，通过一个封建大家庭的盛衰变迁，描述了家庭内外在政治、道德、文化、教育、财产诸方面错综复杂的矛盾冲突，展示了一个个青年女子的悲惨结局和封建制度行将灭亡的历史命运，显示了作者对社会生活巨大的概括力和精确的表现力，从而使这部小说成为世界性的文学名著。法国《通用百科全书》称其为“18世纪中国社会的一面镜子”“世界文坛上的一座丰碑”。

4．屈原是在哪一条江投水自杀的？（　　）［中山大学2011年研］

A．珠江　　B．汉江　　C．汨罗江　　D．乌江

相关试题：屈原沉江的汨罗江流入（　　）。［填空题，首都师范大学2011年研］（【答案】洞庭湖）

【答案】C

【解析】春秋战国时期，楚国著名的政治家、诗人屈原被流放时，曾在汨罗江畔的玉笥山上住过。公元前 278 年，楚国都城郢被秦军攻破，屈原感到救国无望，投汨罗江而死。

5.《报任少卿书》的作者是(　　)。[首都师范大学 2011 年研]

A. 屈原　　B. 司马迁　　C. 陶渊明　　D. 班固

【答案】B

【解析】《报任安书》(即《报任少卿书》)是司马迁写给其友人任安(字少卿)的一封回信。作者在信中以激愤的心情，陈述了自己的不幸遭遇，抒发了为著作《史记》而不得不含垢忍辱苟且偷生的痛苦心情。

6.《西厢记》的作者是元朝的(　　)。[首都师范大学 2011 年研]

A. 关汉卿　　B. 马致远　　C. 白朴　　D. 王实甫

【答案】D

【解析】王实甫是元代前期一位杰出的戏剧家，与关汉卿齐名，其作品全面地继承了唐诗宋词精美的语言艺术，又吸收了元代民间生动活泼的口头语言，创造了文采璀璨的元曲词汇，成为中国戏曲史上"文采派"的杰出代表。他所创作的杂剧，至今仍存十四种，其《西厢记》被誉为"天下夺魁"。

7. "红娘"出自哪部古典戏剧?(　　)[中山大学 2011 年研]

A.《西厢记》　　B.《琵琶记》　　C.《长生殿》　　D.《桃花扇》

【答案】A

【解析】王实甫是元代前期一位杰出的戏剧家，他所创作的杂剧，至今仍存十四种，其《西厢记》被誉为"天下夺魁"。"红娘"即为剧中人物。

8. 中国戏剧发展到元朝时，已经是一门成熟的艺术形式了。自此，在中国的戏剧舞台上，相继出现了《拜月亭》《牡丹亭》《长生殿》《桃花扇》等优秀剧目，它们的作者分别是(　　)。[北京大学 2010 年研]

A. 关汉卿、汤显祖、洪昇、孔尚任　　B. 关汉卿、马致远、高则诚、沈璟

C. 白朴、马致远、郑光祖、关汉卿　　D. 白朴、汤显祖、王实甫、孔尚任

【答案】A

【解析】关汉卿现存的剧本还有 18 个，代表作有《窦娥冤》《救风尘》《拜月亭》《望江亭》《单刀会》《调风月》等。汤显祖在创作上主张写情，其中以《牡丹亭》的影响最大。洪昇的《长生殿》，通过描写唐明皇和杨贵妃的爱情故事，反映了唐代广泛的社会政治生活，歌颂了一批忠臣义士的爱国精神。孔尚任的《桃花扇》，通过李香君和侯方域的爱情故事，反映了南明小王朝覆灭的历史，塑造了李香君刚强正直、深明大义、忧国忧民、不屈不挠的形象，表达了作者的爱国情怀。

9.《搜神记》为(　　)出现的志怪小说，主要记录了神话故事和民间传说。[北京外国语大学 2010 年研]

A. 春秋时期　　B. 汉代　　C. 晋代　　D. 唐代

【答案】C

【解析】中国的古典小说发源于先秦的神话传说，后来又吸收了史传文学和寓言散文的一些东西，至汉代出现了将历史故事与民间传说结合在一起的作品。魏晋以后出现了"六朝小说"，一类"志人"，主要记载士族阶层的逸闻轶事，代表作为刘义庆的《世说新语》；一类"志怪"，主要记述神话故事和民间传说，多神仙鬼怪，代表作为干宝的《搜神记》。

10. 以下记录三国时期历史的著作是(　　)。[北京大学2010年研]

A.《三国志》　B.《三国演义》　C.《汉书》　D.《后汉书》

【答案】A

【解析】《三国志》是西晋陈寿编写的一部主要记载魏、蜀、吴三国鼎立时期的纪传体国别史，详细记载了从魏文帝黄初元年(220年)到晋武帝太康元年(280年)六十年的历史，受到后人推崇。

11.《弟子规》原名《训蒙文》，原作者(　　)是清朝康熙年间的秀才。[华中师范大学2010年研]

A. 龚自珍　B. 纪晓岚　C. 黄遵宪　D. 李毓秀

【答案】D

【解析】《弟子规》原名《训蒙文》，原作者李毓秀是清朝康熙年间的秀才。该作品具体列述弟子在家、出外、待人、接物与学习上应该恪守的守则规范。

四、简答题

1. 简述柳永对词史的贡献。[暨南大学2018年研]

答：词至宋代，发展到极盛时期，成为中国诗歌史上的又一高峰。柳永是北宋著名词人，婉约词派代表诗人。柳永是第一位对宋词进行全面革新的词人，也是两宋词坛上创用词调最多的词人。他对词史的贡献主要集中在以下几点：

(1)变体——大量创作慢词，改变了以小令为绝对主体的传统体式

柳永摒弃文人对慢词的偏见，大量地填写和创制慢词。柳永首创"以赋为词"，成功地将辞赋的铺叙手法用来作词，开拓了词学创作的新途径——"屯田蹊径"，又创造了一套适合慢词长调的表现手法——"柳氏家法"。

(2)开创俚俗词派，改变了以"雅"为绝对主体的传统风格

柳永继承、发扬了民间词的俚俗本色，将词的语言、结构与风味引向市井街巷的广阔天地，开创了宋代的俚俗词派。柳词语言表达直白，如话家常，呈现出口语化、通俗化和大众化的美学之风。

(3)变意——创作主体介入，改变了以人物类型表现为绝对主体的传统方式

柳永之前的词，表达的情感主要是男欢女爱、离情别绪。到了柳永，这种表达方式发生了质的改变。由人物的类型表现到自我表现。所谓自我，就是创作主体，这是诗人自我价值意识的强化的体现。

柳永大量创制新调，符合了人们的审美需求；柳永词俚俗浅近，易于被接受，开创了俚俗词派；柳永词在创作主体介入上的创新使词真正成为直抒胸臆的利器。柳永的"三变"对两宋词坛的贡献是独特的，其创新精神对后世的影响是深远的。

2. 简述我国古代小说的发展历程。

答：我国古代小说的发展历程可归纳如下：

(1)中国的古典小说发源于先秦的神话传说，后来又吸收了史传文学和寓言散文的一些东西，至汉代出现了将历史故事与民间传说结合在一起的作品。

(2)魏晋以后出现了“六朝小说”，一类“志人”，主要记载士族阶层的逸闻轶事，其代表作为刘义庆的《世说新语》；一类“志怪”，主要记述神话故事和民间传说，多神仙鬼怪，其代表作为干宝的《搜神记》。

(3)唐代继承六朝小说的传统，发展了小说的文学特色，作品人物、故事情节都趋于丰富多彩，形成“唐人传奇”，内容多描写爱情故事和豪侠故事，也有六朝志怪的痕迹。以牛僧孺的《玄怪录》、李复言的《续玄怪录》、薛用弱的《集异记》和裴铏的《传奇》等为代表。《李娃传》《莺莺传》《霍小玉传》《柳毅传》《离魂记》《枕中记》《南柯太守传》等，都成为后世戏曲创作依据的蓝本，并且影响了后来的小说创作。

(4)宋元以来市民阶层的兴起，产生了与市民艺术趣味密切相关的白话小说——“话本”。内容主要有“小说”和“讲史”两类。话本是说话人所用的底本，有讲史、小说、公案、灵怪等不同家数，已初具小说规模，在以后的流传过程中又不断加入新的创作，逐渐成熟。

(5)明清两代是中国古典小说兴盛繁荣的时代，特别是白话小说创作广泛流行，并且达到了很高的艺术水平。

第14章 各类艺术

14.1 复习笔记

【知识框架(庖丁解牛)】

- 各类艺术
  - 书法艺术
    - 五大书体
    - 历代名家
    - 书法欣赏“五美”
  - 绘画艺术
    - 中国画简史
    - 中西绘画比较
  - 雕塑艺术
    - 中国古代雕塑艺术概述
    - 发展简史
  - 戏曲艺术
    - 历史地位
    - 戏曲艺术的发展
    - 戏曲艺术的总体特征
    - 五大戏曲剧种
    - 四大行当
    - 四功
    - 五法
    - 脸谱
  - 民族音乐艺术
    - 五声
    - 代表性乐器
    - 中国古典十大名曲
    - 古代重要音乐文献
  - 楹联艺术
    - 起源
    - 六要素
    - 禁忌
    - 古今著名楹联

【考点剖析与拓展(游刃有余)】

考点一、书法艺术

表14－1 书法艺术

要点	具体内容		
五大书体	篆书	大篆	①传说是西周太史籀所创。 ②以现存北京故宫博物院的石鼓文为代表，它是中国现存最早的石刻文字
		小篆	是秦朝李斯在简化大篆和古文的基础上创造出来的，是中国最早的标准文字。现存于泰山岱庙的《泰山刻记》是中国至今发现的最早小篆石刻
	隶书		①相传创始人是秦朝的程邈。 ②隶书又有秦隶（古隶）和汉隶（今隶）之分
	楷书		①创始人是东汉末年的钟繇。 ②唐朝时期楷书臻于成熟
	行书		①创始人是东汉末年的刘德升。 ②东晋王羲之的《兰亭集序》被誉为"天下第一行书"；唐代颜真卿的《祭侄文稿》被誉为"天下第二行书"；宋代苏轼的《寒食帖》被誉为"天下第三行书"
	草书	章草	据说创始人是东汉元帝时的史游，为隶书的简省
		今草（小草）	相传创始人是东汉末年的张芝
		狂草（大草）	以唐代张旭、怀素为代表
历代名家	书圣		王羲之，代表作品有《兰亭序》（天下第一行书）
	初唐四大家	欧阳询	《九成宫醴泉铭》《皇甫诞碑》
		虞世南	《孔子庙堂碑》
		褚遂良	《大唐三藏圣教序碑》
		薛稷	《升仙太子碑》
	张颠素狂	"张颠"	即唐代张旭，以狂草著称，传世书迹有《肚痛帖》《古诗四帖》等
		"素狂"	即唐代怀素，与张旭齐名，传世书迹有《自叙帖》《苦笋帖》《圣母帖》《论书帖》《小草千字文》等
	颜筋柳骨	颜真卿	《多宝塔碑》《颜氏家庙碑》等
		柳公权	《玄秘塔碑》《神策将军碑》等
	宋四家		苏轼、黄庭坚、米芾、蔡襄
	瘦金体		创造者为宋徽宗赵佶
	楷书四大家		①唐代：颜真卿、柳公权、欧阳询。 ②元代：赵孟頫（代表作《仇锷墓碑铭》《兰亭十三跋》《度人经》《洛神赋》《妙严寺记》等）
	晚明四大家		董其昌、米万钟、张瑞图、邢侗
书法欣赏"五美"	线条美		圆厚的立体感，笔力的力量感，起伏的节奏感
	结体美		和谐自然之美，流转变化之美
	章法美		阴阳调和，气血贯通，计白当黑，虚实相生
	墨法美		通过墨色的浓淡变化、枯润对比、涨墨晕染等表现出来
	神韵美		是形象、思想和情感相融合，形式（美）和内容（美）相统一的美，是书法外化与物化的最高艺术境界

考点二、绘画艺术

表 14－2　绘画艺术

<table>
<tr><th>要点</th><th colspan="3">具体内容</th></tr>
<tr><td rowspan="13">中国画简史</td><td>概念</td><td colspan="2">简称“国画”，是汉族的传统绘画形式，是用毛笔蘸水、墨、彩作画于绢或纸上</td></tr>
<tr><td rowspan="3">分类</td><td>按照题材分</td><td>人物画、山水画、花鸟画</td></tr>
<tr><td>按照技法分</td><td>工笔画、写意画、勾勒画、设色画、水墨画等</td></tr>
<tr><td>按照形式分</td><td>①中堂画：客厅中间墙壁悬挂的大幅画。
②条幅画：可横可直，可单可组。
③小品画：体积较小的画。
④斗方画：将小品装裱成一方尺左右的字画，成为斗方。可压镜，可平裱。
⑤扇面画：在折扇或圆扇的扇面上题字绘画。
⑥屏风画：有单幅或折幅，坐立于地作屏风之用。
⑦册页画：将字画装订成册。
⑧卷轴画：将字画装裱成条幅，下加圆木作轴，把字画卷在轴外，以便收藏。
⑨长卷画：将画裱成长轴一卷，成为长卷，多是横看，其画面连续不断。
⑩壁画：绘在建筑物的墙壁或天花板上的图案，壁画是最古老的绘画形式之一</td></tr>
<tr><td>特点</td><td colspan="2">①讲究“气韵生动”，不拘泥于物体外表的肖似，而多强调抒发作者的主观情趣。中国画讲求“以形写神”，追求一种“妙在似与不似之间”的感觉。
②讲究笔墨神韵，笔法要求：平、圆、留、重、变。墨法要求墨分五色，焦、浓、重、淡、清。
③讲究“骨法用笔”，不讲究焦点透视，不强调环境对于物体的光色变化的影响。
④讲究空白的布置和物体的“气势”</td></tr>
<tr><td>原始社会时期</td><td colspan="2">仰韶遗址出土的陶缸彩绘《鹳鱼石斧图》是中国发现最早的绘画作品之一，体现中国新石器时代美术创作上的最高成就</td></tr>
<tr><td>夏商周</td><td colspan="2">长沙楚墓出土的帛画《龙凤仕女图》以及战国时期的《御龙图》</td></tr>
<tr><td>秦汉</td><td colspan="2">卜千秋墓内壁画</td></tr>
<tr><td>魏晋南北朝</td><td colspan="2">①佛画之祖：曹不兴。
②六朝三杰：顾恺之、张僧繇、陆探微</td></tr>
<tr><td>隋唐</td><td colspan="2">展子虔、阎立本、吴道子、张萱、周昉、李思训、李昭道、王维、韩干、韩滉等</td></tr>
<tr><td>五代</td><td colspan="2">①山水画：荆关董巨四大家(荆浩、关仝、董源、巨然)——中国山水画发展史的里程碑。
②花鸟画：
a. 黄筌、黄居宷和黄居宝父子，创“勾勒法”，被称为“黄体”。
b. 徐熙，创“没骨法”，被称为“徐体”</td></tr>
<tr><td>宋</td><td colspan="2">①北宋：赵佶擅长画花鸟画；李公麟擅长人物画；张择端擅长风俗画。
②南宋四家：李唐、刘松年、马远(“马一角”)、夏圭(“夏半边”)</td></tr>
</table>

续表

要点	具体内容	
中国画简史	元	元代四大家：倪瓒、黄公望、王蒙、吴镇
	明	①吴派四大家：文徵明、沈周、仇英、唐寅。 ②华亭派：董其昌。 ③苏松派：陈继儒
	清	①四王：王时敏、王鉴、王原祈、王石谷。 ②四僧：八大山人、石涛、弘仁、髡残。 ③扬州八怪：金农、郑燮、黄慎、李鱓、汪士慎等。 ④海上画派：虚谷、任伯年、吴昌硕和蒲华等。 ⑤岭南画派：居巢、高剑父等
	近现代	①京津画派：齐白石、李可染、李苦禅、蒋兆和、陈师曾等。 ②海上画派：潘天寿、林风眠、徐悲鸿、黄宾虹、丰子恺、张大千等。 ③岭南画派：高剑父、何香凝、关山月、吴冠中等。 ④长安画派：石鲁、黄胄、刘文西等。 ⑤新金陵画派：傅抱石、刘海粟等
中西绘画比较	散点透视与焦点透视	①中国绘画：是散点透视。用不同的视点观察物象，然后将不同空间、不同时间内的物象共绘一画。 ②西方绘画：是焦点透视，即立足一点，描写物像，讲究“写形象真”
	写意与写实	①中国画：追求以貌取神，以抽象之美表达其意。 ②西方绘画：强调写实，以具象美表达构象
	“点线结构”与“块面结合”	①中国绘画：是用尖锥毛笔通过“平、留、圆、重、变”等笔法筑成“点线结构”。通过点线“模拟”外界事物，在表达“面”的时候，逸笔草草，求得形似。 ②西方绘画：是用扁平的“刷子”结构成一种“块面组合”形式，这种“块面结合”的技法善于表现物象的“质量感”和“体积感”
	墨分五色与色彩世界	①中国绘画：特别是水墨画，特别讲究用墨、用水。通过用水使墨有浓淡之分，要求有凸凹之形，以线条来表现物象的质感，所谓“墨分五色”。 ②西方绘画：是画家用“感觉到的色彩”来表现物体之间形成的色彩关系。往往选择特定的色调或强烈的对比色彩去构成油画的主题和意境
	光影与透视	①中国绘画：由于“点线结构”的局限性，无法表现“块面”的“光影”和“透视”效果。 ②西方绘画：善于将物理学知识应用于绘画艺术，能十分“象真”地表达物象，用光表现物体的立体感、轮廓、深度和空间，追求“环境”和“透视”效果
	构图	①中国绘画：在构图布局上要求空灵和单纯，讲究意境和情调，画面要气韵生动；在造型上多以偏侧、仰视和俯视下笔，使画中物象显出主次、虚实的分别，多留白。 ②西方绘画：在画面上全部绘图着色，用不同色彩表达、烘托主题。一幅西方油画，在完成后，无法再添笔加彩
	诗、书、画、印与签名	①中国绘画：讲究诗书画印结合。书画同源，以书入画，印画同辉，几种艺术在同一画面上交相辉映，共同构成中国绘画的艺术语言。 ②西方绘画：完成后，画家仅在画面一角签名和注明日期。这种签名和日期不构成画面的有机部分

续表

要点	具体内容	
中西绘画比较	绘画形式与题材	①中国绘画：形式丰富多样，有中堂、挂轴、册页、长卷、通屏、扇面、镜心、横披等。题材有人物山水、花鸟虫鱼等，可反映宗教、民俗、宫廷、园林等社会生活。 ②西方绘画：形式多为镜框式，形式较少。西方古典油画题材多为宗教、神话、风景和现实生活等
	笔墨美学	①中国绘画：由于中国绘画的"点线结构"，中国绘画特别注重笔墨技法的研究，注意笔墨功夫，讲究运笔用墨。 ②西方油画：运用"块面结合"的技法，因此，没有笔墨项目的美学研究
	留有余地与完美无缺	①中国绘画：中国传统绘画，以书法为骨干，以诗景为灵魂，画面留有很多空白处，让人产生美感、产生遐想。 ②西方油画：以建筑空间为间架，以雕塑人体为对象，以写实主义手法在画布上全部涂上颜色，没有空白，布满颜色让人感到完美无缺

考点三、雕塑艺术

表 14－3 雕塑艺术

要点	具体内容	
中国古代雕塑艺术概述	主要内容	陵墓雕塑(包括地上的纪念性石刻与墓室随葬俑)、宗教雕塑、民俗性及其他内容的雕塑
	艺术价值	雕塑反映每一历史时期的精神面貌、价值观念及审美情趣
发展简史	新石器时代	①以陶塑居多，形态粗简、夸张，多以捏塑、贴塑和锥刺等手法制成。 ②代表：辽宁朝阳市牛河梁遗址出土的红山女神
	商周时期	①青铜礼器较多。商代作品富于神秘色彩，西周以后风格趋于写实，春秋、战国时期，转向于繁缛华美，追求装饰性。 ②代表：四川广汉县三星堆遗址的青铜人物立像；湖北随县曾侯乙墓出土的 6 个钟铜人
	秦汉时期	①以巨大的体量和相当的数量组合造成震撼人心的艺术感染力。 ②代表：陕西临潼秦始皇兵马俑；甘肃武威出土的铜奔马；霍去病墓的马踏匈奴石刻
	三国两晋南北朝	①随着佛教的兴盛而出现的大规模的营造石窟寺的活动。中国几个最大的石窟群如敦煌石窟、云冈石窟、龙门石窟、麦积山石窟等，均开凿于此一时期。 ②代表：云冈石窟第 20 窟的大佛坐像
	隋唐时期	①雍容、端庄、健硕、华丽是这一时期雕塑的整体风格。 ②代表：龙门石窟奉先寺石刻造像；昭陵的六骏；三彩俑
	两宋	①题材世俗化，风格更趋写实，造型严谨，注重表现人物心理。 ②代表：山西太原晋祠圣母殿的侍女像；山东长清灵岩寺彩塑罗汉像
	元	①表现出富丽繁缛的特点。 ②代表：居庸关云台雕刻；杭州飞来峰密宗石刻
	明清	①追求精巧而流于琐细 ②代表：保和殿后云龙阶石

考点四、戏曲艺术

表 14－4 戏曲艺术

要点			具体内容
历史地位			中国的戏曲与希腊悲剧和喜剧、印度梵剧并称为世界三大古老的戏剧文化
戏曲艺术的发展			①中国戏曲主要是由民间歌舞、说唱和滑稽戏三种不同艺术形式综合而成。 ②经历了秦汉俳优、汉代百戏、唐代参军戏、宋代南戏、元代杂剧、明代传奇、清代京剧这样一个由简单到复杂、由低级向高级的发展过程
戏曲艺术的总体特征	综合性		融汇诗歌、音乐、舞蹈、绘图、说唱、杂技、武术等艺术门类
	程式性		从剧本形式、角色当行、音乐唱腔、化妆服装等各个方面，都有一定的程式；戏曲表演中的关门、推窗、上马、登舟、上楼，等等，皆有固定的格式
	虚拟性		对舞台时间和空间加以灵活处理，即“二三步行遍天下，六七人百万雄兵”“顷刻间千秋事业，方丈地万里江山”，“眨眼间数年光阴，寸炷香千秋万代”
五大戏曲剧种			京剧（国剧）、越剧、黄梅戏、评剧、豫剧
四大行当	生		扮演男性角色的一种行当，生行又分老生、小生、武生、娃娃生
	旦		扮演女性人物的行当。分为正旦、花旦、武旦、彩旦、老旦等
	净		一般演性格、品质或相貌上有特异之处的男性人物，分为正净、副净、武净
	丑		俗称“小花脸”或“三花脸”，又分文丑、武丑
四功	唱		指演唱，要求字正腔圆，把节奏、旋律、感情、语气很自然地融为一体
	念		指念白，即人物的内心独白和对话，要求发音正确、抑扬顿挫、念出人物个性、情感
	做		指表演，包括各种舞蹈性很强的表演动作和姿势以及面部表情
	打		指武打，包括毯子功（翻、跌、腾、扑）、把子功（刀枪等兵器的耍弄）
五法			手（手势）、眼（眼神）、身（身段）、发（甩发）、步（台步）
脸谱	颜色	红脸	表示忠勇、侠义，如关羽
		粉红脸	表示年迈气衰，德高望重的忠勇老将，如廉颇
		紫脸	表示刚毅、威武，如常遇春
		黄脸	用于武将，表示骁勇、残暴，如典韦；用于文士，表示内有心计，如姬僚
		蓝脸	表示桀骜不驯，如窦尔墩
		白脸	表示阴险、奸诈，如曹操、赵高、严嵩
		黑脸	表示正直、严肃，如包拯
		绿脸	表示勇猛、暴躁，如程咬金
	图案	三块瓦脸	在整脸的基础上进一步夸张眉、眼、鼻的画片，用线条勾出两块眉，一块鼻窝，如《荆轲传》中荆轲（三块瓦脸）
		十字门脸	将三色缩小为一个色条，从月亮门一直勾到鼻头以下，主色条和眼窝构成一个“十”字，如《战长沙》中魏延（紫十字门花脸）
		碎花脸	保留三块瓦脸主色，其他部位用辅色添勾花纹，色彩丰富，构图多样和线条细碎，如《金沙滩》中杨七郎（黑碎花脸）

续表

要点	具体内容		
脸谱	图案	六分脸	将脑门的主色缩为一个色条，夸大眉形，白眉形占十分之四，主色占十分之六，如《将相和》中廉颇(粉红色六分脸)
		元宝脸	脑门和脸膛的色彩不一，其形如元宝，如《闹天宫》中巨灵神(黑色花元宝脸)

考点五、民族音乐艺术

表14－5　民族音乐艺术

要点	具体内容	
五声	中国古代五个音阶的总称，即宫、商、角、徵、羽，相当于现代音乐的1、2、3、5、6	
代表性乐器	为吹、拉、弹、打四大类，分别由八种材料(金、石、土、木、匏、革、丝、竹)制成，史称“八音”	
中国古典十大名曲	琴曲《广陵散》《高山流水》《梅花三弄》《渔樵问答》《胡笳十八拍》《平沙落雁》《汉宫秋月》；琵琶曲《十面埋伏》《阳春白雪》《夕阳箫鼓》	
古代重要音乐文献	《乐记》	《礼记》中的一篇，是先秦儒家学派论“乐”的言论，是我国最早的音乐美学论著
	《管子·地员篇》	是齐桓公时的丞相管仲在其著作中提出的乐律学理论，是中国最早的律学理论。其中提出“三分损益法”，即以一根一定长度的发音管为准，把它减掉三分之一长，就形成了下一个律管，再把这个新律管加上其自身的三分之一长，便又产生出一个新的律管来。这样延续的一损一益，便产生出十二律。该法是世界上最早制定的“十二律”的理论，比古希腊毕达哥拉斯的“律制”要早一个世纪左右
	《声无哀乐论》	是魏晋时期嵇康的一篇音乐美学著作，指出音乐是客观存在的音响，哀乐是人们的精神被触动后产生的感情，两者并无因果关系，是对儒家赋予音乐的教化功能的反拨，从而将音乐的审美倾向转向崇尚个性，崇尚自然，尊重艺术自身规律的轨道
	《乐律全书》	是明代皇族朱载堉编纂的音乐理论的巨著，朱载堉发现的“十二平均律”比西方早至少半个世纪
	《琴况》	是明万历年间徐上瀛所著，在总结了古琴表演艺术的基础上，提出了“和、静、清、远、古、澹、恬、逸、雅、丽、亮、采、洁、润、圆、坚、宏、细、溜、健、轻、重、迟、速”这“二十四况”作为古琴表演艺术的美学原则

考点六、楹联艺术

表14－6　楹联艺术

要点	具体内容	
起源	相传起于五代后蜀主孟昶，他在桃符上题写“新年纳余庆，嘉节号长春”一联(见《蜀梼杌》)	
六要素	字数相等	上下联字数相等，少的有一字联，多的有上百字的长联
	内容相关	上下联意思要互相对应，起到相反相成或相辅相成的效果

续表

要点	具体内容	
六要素	词性相当	上下联相对的词语的性质应相同，如名词对名词、动词对动词、形容词对形容词，以及连词对连词、介词对介词
	结构相称	上下联语句的语法结构应相同，即主谓结构对主谓结构、动宾结构对动宾结构、偏正结构对偏正结构、并列结构对并列结构
	节奏相应	上下联在节奏的停顿上应当尽可能同步
	平仄相谐	上下联的各音步要平仄相对；一句中的各音步要平仄交替使用；上联末字用仄声，下联末字用平声
禁忌	合掌	一副对联中，一句中或上下联中同时出现意思重复的字、词。 如：长空展翅；广宇翔云(上下联意思一样)
	同位或异位重字	一副对联中出现不规则重字(有规则重字是巧联，无规则重字是病联)。 如：百鸟鸣春歌盛世；一龙降世兆丰年(“世”字重)
	失对	上下联同位处的结构、词性等不对应，包括联内节奏失对、数词失对、叠词失对、词性失对等。 如：融通四海财源广，宾至如归喜事多(“融通”并列结构，“宾至”是主谓结构，两者结构失对；“四海”是名词，“如归”是动词，词性失对)
	失替	在同一联(上联或下联)的词语中，平仄应该给交替、有规律地出现才对。上联的第 2 第 4 第 6 个字应是仄、平、仄，或是平、仄、平；下联的第 2 第 4 第 6 个字应该是平、仄、平，或是仄、平、仄。如果不管上下联第 2 第 4 第 6 个字出现连续两平或两仄，就称为失替。 如：韬略终须建新国；奋起还要读良书(“起”对“略”为仄对仄)
	乱脚	违背上联以仄声收尾，下联平声收尾这一规律。 如：九州迎圣火；百载圆一梦。
	孤平、孤仄	①孤平是指平脚句(即下联)中，除末字是平韵外，其他都是仄韵。 ②孤仄是指仄脚句(即上联)中，除末字是仄韵外，其他都是平韵．
	三平尾、三仄尾	①三平尾是指平脚句(即下联)中，末字(平韵脚)前面两字也是平声。 如： 爆竹声声辞旧岁；梅花朵朵迎新春。(下联“迎新春”三字都是平声) ②三仄尾是指仄脚句(即上联)中，末字(仄韵脚)前面两字也是仄声。 如： 青松挺秀四季盛，瑞鹤生祥百岁春。(上联“四季盛”三字都是仄声)
	上重下轻	上联写得气势强盛(重)，而下联写得气势软弱(轻)，给人一种虎头蛇尾的感觉。 如：听铁马声声关山入梦；看银钩笔笔书画萦心(下联明显气势不足)
	乱用典	运用典故不准确、不得体
古今著名楹联	岳飞墓对联	青山有幸埋忠骨；白铁无辜铸佞臣
	蒲松龄自勉联	有志者，事竟成，破釜沉舟，百二秦关终属楚；苦心人天不负，卧薪尝胆，三千越甲可吞吴
	潭柘寺弥勒佛旁对联	大肚能容，容天下难容之事；开口便笑，笑世间可笑之人

续表

<table>
<tr><th>要点</th><th colspan="2">具体内容</th></tr>
<tr><td rowspan="3">古今著名楹联</td><td>明代张谊《宦游纪闻》</td><td>琴瑟琵琶八大王，一般头面；魑魅魍魉四小鬼，各样肚肠</td></tr>
<tr><td>东林书院门联</td><td>风声雨声读书声声声入耳；家事国事天下事事事关心</td></tr>
<tr><td>清代窦序所撰岳阳楼联</td><td>上联：一楼何奇？杜少陵五言绝唱，范希文两字关情，滕子京百废俱兴，吕纯阳三过必醉，诗耶？吏耶？儒耶？仙耶？前不见古人，使我怅然涕下。
下联：诸君试看，洞庭湖南极潇湘，杨子江北通巫峡，巴陵山西来爽气，岳州城东道岩疆，渚者？流者？峙者？镇者？此中有真意，问谁领会得来</td></tr>
</table>

14.2 典型题(含考研真题)详解

一、填空题

1. 《富春山居图》的上卷和下卷分别是______和______。[湖南大学 2021 年研]

【答案】剩山图；无用师卷

【解析】《富春山居图》是元代画家黄公望于 1350 年为师弟郑樗(人称“无用师”)所绘的纸本水墨画，该画命运坎坷，几经易手，后差点被焚，断为一大一小两段。后人把较短的前段(上卷)命名为“剩山图”，现收藏于浙江省博物馆；把较长的后段(下卷)命名为“无用师卷”，现藏台北故宫博物院。

2. 我国古代楷书四大家中出生于元代的是______。[南开大学 2012 年研]

【答案】赵孟頫

【解析】楷书四大家是对书法史上以楷书著称的四位书法家的合称，他们是欧阳询、颜真卿、柳公权和赵孟頫，其中欧、颜、柳三人都是唐代人，只有赵孟頫是元代人。赵孟頫字子昂，号松雪道人，他篆隶行草无所不学，集晋唐书法大成，代表作有《仇锷墓碑铭》《兰亭十三跋》《度人经》《洛神赋》《妙严寺记》等。

3. 京剧中，生旦净丑中的净又称为______。[北京大学 2012 年研]

【答案】花脸

【解析】净，又称“花脸”“花面”。主要扮演在性格、品质或相貌等方面具有突出特点的男性人物。面部化妆勾画脸谱，演唱时运用宽音和假音，表演动作幅度大，以突出其性格、气度和声势。“净”又可分为正净、副净和武净三类。

4. “画龙点睛”提到的六朝著名画家为______。[南开大学 2012 年研]

相关试题：“画龙点睛”说的是画家______。[北京大学 2012 年研]

【答案】张僧繇

【解析】张僧繇是梁代著名画家，他在技法上善于革新，创造了一种只用彩色而不用墨骨的“没骨法”，以色彩深浅增强立体效果。传说他在金陵安乐寺壁上画了四条龙，不点眼睛，说点了就会飞走，听到的人不相信，偏叫他点上，刚点了两条，就雷电大发，震破墙壁，两条龙乘云上天，只剩下没有点眼睛的两条，典故见于唐张彦远的《历代名画记》。后用“画龙点睛”比喻作文或说话时在关键地方加上精辟的语句，使内容更加生动传神。

5. 中国民族乐器按演奏方式分为吹、拉、弹和______。[北京大学2012年研]

相关试题：中国古代乐器分为吹、拉、弹、______四类。[南开大学2012年研]

【答案】打

【解析】传统民族乐器按照演奏方法可分四类：①吹管乐器：笛、箫、笙、唢呐、管子、葫芦丝等；②拉弦乐器：二胡、板胡、高胡、京胡、坠胡、马头琴等；③弹拨乐器：琵琶、柳琴、扬琴、月琴、阮、三弦、古琴、古筝等；④打击乐器：鼓、板、梆子、木鱼、钹、云锣、大锣等。

6. 汉代通行的汉字字体是______。[首都师范大学2011年研]

【答案】隶书

【解析】汉代是书法艺术成熟的时期。在这个阶段，隶书定型，草书、行书、楷书也应运而生，终于形成隶书盛行、诸体皆备的辉煌局面。到东汉，隶书成为官定标准字体。这一书体的变革，文字史上称为“隶变”。这种隶变后通行的隶书，即为“汉隶”。

7. 王羲之被尊称为中国______。[首都师范大学2011年研]

【答案】书圣

【解析】王羲之的书法艺术成就非凡，被尊为“书圣”，因他曾任“右军将军”，后世称之为“王右军”，与钟繇并称为“钟王”，与他的儿子王献之并称为“二王”。

8. 京剧的四大基本功包括______、念、做、打。[中山大学2011年研]

【答案】唱

【解析】京剧表演是以唱、念、做、打为中心的综合艺术，常用虚拟的动作传情达意，并在长期的实践中形成了一套独具特色的表演程式。京剧四大功夫，即京剧的表演形式——唱、念、做、打，也是戏曲表演的基本功。

9. 对联从古典诗歌发展而来，它的特点也跟古典诗歌一样，讲究工整、对仗、______。[厦门大学2011年研]

【答案】平仄

【解析】对联从古典诗歌发展而来，其艺术特点也就跟古典诗歌一样：讲求工整、对仗、平仄。它所显示的是一种整齐对称的形式美和抑扬顿挫的韵律美，写景状物还要有意境美，抒怀吟志还要有哲理美。

10. 京剧四大名旦有梅兰芳、程砚秋、______、荀慧生。[中国传媒大学2010年研]

相关试题：

(1)梅兰芳、尚小云、程砚秋、荀慧生以表演旦角闻名，被称为京剧“______”。[首都师范大学2010年研]（【答案】四大名旦）

(2)中国京剧中的“四大名旦”指的是梅兰芳、尚小云、程砚秋、______。[华中师范大

学2010年研]（【答案】荀慧生）

【答案】尚小云

【解析】中国戏曲在表演风格上分成京、海两大流派。通过南北交流，竞相发展，形成了五花八门的京剧流派，出现了梅兰芳、尚小云、程砚秋、荀慧生“四大名旦”，李世芳、张君秋、毛世来、宋德珠“四小名旦”。

二、判断题

1. “吴带当风”中的“吴”是指唐代画家吴道子。（ ）[中山大学2011年研]

【答案】正确

【解析】唐代画家吴道子善画佛像，笔势圆转，所画衣带如被风吹拂。后人称其高超画技与飘逸的风格为“吴带当风”，吴道子也被人们尊称为“画圣”。

2. 中国画注重“神似”，以写意为主；西洋画注重“形似”，以写生为主。（ ）[厦门大学2011年研]

【答案】正确

【解析】中国画是中国传统文化的国粹之一，它在艺术特征上与西洋画有根本不同，西洋画注重“形似”，以写生为主；中国画注重“神似”，神情或神态相似，以写意为主。

3. 唐代大书法家张旭以草书出名，因其为人及书法如狂如癫，世称“张癫”。（ ）[中山大学2010年研]

【答案】正确

【解析】唐代大书法家张旭以草书出名，因其为人及书法如狂如癫，世称“张癫”。韩愈说他“喜怒窘穷，忧悲愉佚，怨恨思慕，酣醉无聊不平，有动于心，必于草书焉发之”。

4. 京剧中的花旦一般是天真活泼的少女，戏服也是极尽妖娆曼丽，最多使用“水袖”。（ ）[中国传媒大学2010年研]

【答案】错误

【解析】花旦是中国传统戏曲角色行当，为青年或中年女性的形象，性格活泼或泼辣放荡，常常带点喜剧色彩。除某些性格内向的闺门旦，着长衫(戏里称褶子、帔)，花旦多是着短衣，或裙子、袄，或裤子、袄。青衣多使用“水袖”。

5. 汉唐以后，渐有“书画同源”之说，因为二者的理论和技法都是相通的。（ ）[首都师范大学2010年研]

【答案】正确

【解析】汉唐以后，书画流行，二者结合，难以分家，它们的理论和技法都是相通的，被称为“书画同源”。唐代张彦远《历代名画记·叙画之源流》中说，“是时也，书画同体而未分，象制肇始而犹略。无以传其意，故有书；无以见其形，故有画。”此为最早的“书画同源”说。中国历史上的画家，往往同时又是书法家。“书画同源”是中国书画家的独得之秘，它的内涵幽远深邃，使中国的书法和绘画屹立于世界艺术之林。

6.《清明上河图》描绘的是北宋清明时节淮河两岸汴梁城郊的景象。（ ）[中国传媒

大学2010年研]

【答案】错误

【解析】《清明上河图》以精致的工笔记录了北宋末期、徽宗时代首都汴京郊区和城内汴河两岸的建筑和民生。对于北宋京城汴梁以及汴河两岸的繁华景象和自然风光，作品以长卷形式，采用散点透视的构图法，将繁杂的景物纳入统一而富于变化的画面中。

7. 南宋马远的《寒江独钓图》，画面是静谧的夜晚，淡淡的月色，空空荡荡的江面上有一叶小舟，小舟上一人把竿，身体略略前倾，凝神专注水面。（　　）[中国传媒大学2010年研]

【答案】正确

【解析】《寒江独钓图》中，南宋马远描画了一叶扁舟，上有一位老翁俯身垂钓，船旁以淡墨寥寥数笔勾出水纹，四周都是空白。画家画得很少，但画面并不空。反而令人觉得江水浩渺，寒气逼人，而且还觉得空白之处有一种语言难以表述的意趣，是空疏寂静，还是萧条淡泊，真令人思之不尽。这种诗一般耐人寻味的境界，是画家的心灵与自然结合的产物，在艺术上则是利用虚实结合而产生的结果。

8. 芦笙、葫芦丝、象脚鼓等是傣族典型的民族乐器。（　　）[南开大学2010年研]

【答案】正确

【解析】傣族是中国少数民族之一，主要分布在云南省西双版纳、德宏、耿马、孟连等地区的河谷坝区。傣族的民间歌舞主要用象脚鼓、芦笙、葫芦丝等傣族民族乐器伴奏。

9. 编钟是商周时期的重要乐器，用大小不同的铜钟来显示音质。（　　）[中山大学2010年研]

【答案】正确

【解析】编钟，商周（包括春秋战国）时期的重要乐器，在八音系统中属金，打击乐器，其特点是组合性、系列化，规模比较大，用大小不同的铜钟来显示音质。据文献记载，钟的数目为16枚。

10. 中国的楹联起源于古代的桃符，是一种独特的艺术。（　　）[首都师范大学2010年研]

【答案】正确

【解析】“楹联”又称“对联”，春节贴于门上叫“春联”，是我国的一种独特艺术。我国的楹联起源于古代的桃符。据《山海经》记载，东海度朔山上有大桃木，树上有神荼、郁垒二神人，能治领百鬼，并且能用苇索把恶鬼捆起来喂虎。因此黄帝作礼，在除夕或元日于门上立大桃人，画神荼、郁垒二神像，以避鬼驱邪。

三、单项选择题

1. 唐代著名舞者公孙大娘擅长使用的舞蹈道具是（　　）。[中国海洋大学2015年研]

A. 绸带　　B. 剑器　　C. 羽扇　　D. 水袖

【答案】B

【解析】公孙大娘是开元盛世时的唐宫第一舞人，善舞剑器，舞姿惊动天下。以舞《剑器》而闻名于世。她在继承传统剑舞的基础上，创造了多种《剑器》舞，如《西河剑器》《剑器浑脱》等。

2. 宋元时期的“诸宫调”是从唐代的哪种音乐形式发展而来的？(　　)[中国传媒大学2015年研]

A. 燕乐　　B. 曲子　　C. 变文　　D. 乐府

【答案】C

【解析】宋元时期的诸宫调是由唐代的变文发展而来的。“变文”是一种说唱艺术，起源于佛教的讲经宣传。佛教为了扩大影响，采取民间说唱形式宣扬佛教故事，从而形成了一种新的音乐文化，并由寺院走向民间。变文内容有故事情节，演唱时讲究音律节拍，很受人们欢迎，后来发展为宋元时期的“诸宫调”。A项，“燕乐”就是宫廷宴饮之乐，唐代著名的《破阵乐》和《霓裳羽衣曲》都曾是燕乐中的乐舞。B项，“曲子”是配词演唱的歌曲，所配的歌词称为“曲子词”，后经文人加工，成为宋代诗歌的主要创作形式。D项，“乐府”本是秦代以来掌管音乐事务的机构，汉代开始采集民间歌曲。后来人们把汉代乐府搜集来的歌词及魏晋六朝到隋唐时期可以入乐的诗歌和模仿乐府主题的作品统称为“乐府诗”。

3. 民族管弦乐曲《春江花月夜》的原名是(　　)。[华东师范大学2014、2015年研]

A.《阳关三叠》　　B.《潇湘水云》　　C.《夕阳箫鼓》　　D.《高山流水》

【答案】C

【解析】C项，《夕阳箫鼓》是中国古代琵琶曲的代表作品之一，也是中国十大古曲之一，后被改编成管弦乐曲，名为《春江花月夜》。A项，《阳关三叠》，又名《阳关曲》《渭城曲》，是中国古琴曲中的精品，根据唐代著名诗人王维的名篇《送元二使安西》谱写而成。B项，《潇湘水云》是一首中国古琴曲，作者为南宋古琴演奏家、作曲家、教育家及浙派古琴的创始人郭沔。D项，《高山流水》，中国古琴曲，属于中国十大古曲之一。传说先秦的琴师俞伯牙一次在荒山野地弹琴，钟子期竟能领会这是描绘“峨峨兮若泰山”和“洋洋兮若江河”。钟子期死后，伯牙痛失知音，摔琴绝弦，终生不弹，故有高山流水之曲。

4. 以下哪首曲子是著名的琵琶独奏曲？(　　)[中山大学2013年研]

A.《十面埋伏》　　B.《彩云追月》　　C.《渔舟唱晚》　　D.《二泉映月》

【答案】A

【解析】A项，《十面埋伏》是著名的琵琶独奏曲，整首乐曲激烈，震撼人心，展现出项羽被大军包围时走投无路的场景。B项，《彩云追月》原是著名的粤音曲谱，后以管弦乐重新编曲。C项，《渔舟唱晚》是一首颇具古典风格的河南筝曲。D项，《二泉映月》是二胡名曲。

5. 与梅兰芳同属于京剧“四大名旦”的是(　　)。[南开大学2012年研]

A. 周信芳　　B. 盖叫天　　C. 马连良　　D. 荀慧生

【答案】D

【解析】京剧是流行最广、影响最大、表演艺术最成熟的一个剧种，代表了中国戏曲发展的水平。在表演风格上分成京、海两大流派，其中著名的梅兰芳、尚小云、程砚秋、荀慧生于 1927 年北平《顺天时报》评选中被誉为“四大名旦”，都是各具风格特色的旦角表演艺术家。其中荀慧生擅长扮演天真、活泼、温柔一类妇女角色，以《红娘》《金玉奴》《红楼二尤》《钗头凤》《荀灌娘》等剧为代表。

6. 新春佳节时题写楹联约形成于(　　)。[南开大学 2012 年研]

A. 晋　　B. 唐　　C. 五代　　D. 宋

【答案】C

【解析】“楹联”又称“对联”，春节贴于门上称作“春联”，是我国的一种独特艺术。它的渊源可以追溯到《诗经》《楚辞》中的对偶句式，汉魏六朝诗赋、唐代格律诗都注重对偶和句式的工整，因此整齐对仗的上下联句在晋唐时代已经形成，但题写在门口的桃符上，成为新春佳节时的一种装饰艺术，是五代时的事。相传五代后蜀主孟昶，在卧室门外桃符板上题词：“新年纳余庆，嘉节号长春。”这是中国最早的对联，也是第一副春联。

7. “吾师醉后倚绳床，须臾扫尽数千张；飘风骤雨惊飒飒，落花飞雪何茫茫”，这首诗是对书法家(　　)的夸赞。[厦门大学 2011 年研]

A. 欧阳询　　B. 张旭　　C. 怀素　　D. 颜真卿

【答案】C

【解析】该句出自李白的《草书歌行》一诗，诗中李白赞怀素“吾师醉后倚绳床，须臾扫尽数千张。飘风骤雨惊飒飒，落花飞雪何茫茫”，此诗刻画了怀素酒后运笔挥洒的形态，如骤雨旋风，纵横恣肆，给人以龙腾虎跃，奔蛇走马的艺术享受。

8. 唐朝时期书法艺术达到极高境界，其中楷书四大家是(　　)。[首都师范大学 2011 年研]

A. 张旭，颜真卿，欧阳询，柳公权　　B. 颜真卿，欧阳询，柳公权，褚遂良

C. 孙过庭，欧阳询，柳公权，褚遂良　　D. 怀素，张旭，孙过庭，柳公权

【答案】B

【解析】唐朝楷书四大家是欧阳询、褚遂良、颜真卿、柳公权。A 项，张旭善草书，杜甫《饮中八仙歌》说他“张旭三杯草圣传，脱帽露顶王公前，挥毫落纸如云烟。”C 项，孙过庭楷行兼善，尤擅草书。D 项，怀素是著名的草书书法家。

9. 《天仙配》是哪种地方戏曲的经典剧目？(　　)[首都师范大学 2011 年研]

A. 河北梆子　　B. 豫剧　　C. 越剧　　D. 黄梅戏

【答案】D

【解析】黄梅戏经典剧目《天仙配》，又名《七仙女下凡》《董永卖身》，由剧作家陆洪非根据老艺人胡玉庭之口述改编而成，是黄梅戏早期积累的“三十六大本”之一、黄梅戏的保留剧目之一，是首部以电影方式出现的黄梅戏，讲述七仙女不顾天规，私自下凡与董永结为伉俪，憧憬美好生活，最终被玉帝生生拆散了的爱情故事。

10. 《清明上河图》是(　　)所作。[中山大学 2011 年研]

A. 阎立本　　B. 韩干　　C. 张择端　　D. 吴道子

相关试题:《______》是宋代画家张择端创作的。[首都师范大学 2010 年研](【答案】清明上河图)

【答案】C

【解析】《清明上河图》为北宋画家张择端仅见的存世精品，中国十大传世名画之一，张择端绘制此图时，以长卷形式，采用散点透视的构图法，生动记录了中国十二世纪北宋都城东京(又称汴京，今河南开封)的城市面貌和当时社会各阶层人民的生活状况，是北宋时期都城汴京当年繁荣的见证，也是北宋城市经济情况的写照。这在中国乃至世界绘画史上都是独一无二的。

11. 唐代对绘画有四种评价标准，到了宋代(　　)成为对画作的最高评价。[北京大学 2010 年研]

A. 逸品　　B. 神品　　C. 妙品　　D. 能品

【答案】A

【解析】宋代时，黄休复在《益州名画录》中把“逸品”列为首位，“逸格”指不注意绘画的规矩，笔墨精炼，意趣出常。B 项，“神格”指形神兼备，立意妙合自然。C 项，“妙格”指绘画得心应手，笔墨精妙。D 项，“能格”指有功力，能生动表现对象物的作品。

四、简答题

1. 戏曲表演艺术的特点有哪些?[湖南师范大学 2018 年研]

答:戏曲表演艺术的特点主要有:

(1)虚拟的时空环境

中国的戏曲，它没有固定的环境，时间和空间自由灵活，完全用虚拟的手法来表现。“虚拟”，就是以虚代实，就是想象和写意。台上摆着一张桌子和两把椅子，在演员出场以前，观众不知道是什么时间和什么地点。只有演员出场以后，由剧中人通过“唱”或“念”做交代，观众才动用自已的想象，进入剧中的时空境界。

(2)严格的表演程式

中国的艺术都是虚实结合，虚中有实。戏曲的虚拟依据于一定的生活真实，而虚拟的表演又要根据规范，这个规范，就是表演程式。它是以生活为原型，经过艺术加工，逐渐形成的一种形式结构。它跟生活有距离，但有的近，有的远，有的虚，有的实。如开门关门的表演，虽然做一个开关的动作就可以，但必须是在什么地方关，就在什么地方开。

(3)夸张的艺术形象

戏曲的夸张主要在形象，比如脸谱就是一种极度的夸张，忠义、宽厚的人用红脸，正直、严肃的人用黑脸，稳重、正义的人用紫脸，内有心计的人用黄脸，桀骜不驯的人用蓝脸，勇猛、暴躁的人用绿脸，奸诈、多疑的人用白脸，滑稽可笑的人用丑角脸等，但这种夸张又不能有随意性，它已经具有某种规定性，各个人物要按照一定的谱式勾画。而表演方面的夸张更为明显。舞台上的笑，不是生活中的哈哈大笑;舞台上的哭，也不是生活中的号啕大哭。同样，《白蛇传》中的小青杀许仙也不用真的去杀，生活中的丫鬟也用不着像舞台上那么蹦蹦跳跳。

2. 简述中国古代戏曲的审美特性。[北京外国语大学 2012 年研]

答：中国古代戏曲是指元明清时期戏曲的成熟形态，主要是指杂剧、戏文与传奇。戏曲作为中国古代一种文学艺术样式，具有与诗歌、散文、小说等文学样式迥然不同的审美特性。

(1)戏曲具有小说般容纳广阔生活、结构复杂事件的艺术能力。杂剧一般为四至八折，戏文、传奇一般为三十至五十出，可以容纳十几个以至几十个人物形象。戏曲的艺术容量之大，足以反映广阔而复杂的社会生活。

(2)戏曲在结构复杂、人物众多的情形下，不做平铺直叙，而是灵活地调动时间和空间，使事件的进展曲折变换，又脉络贯通，一气呵成。

(3)戏曲形象达到了情景交融的艺术境界。对托物比兴、情景交融进行扩展和开拓。景物描写与人物性格刻画融为一体，人物的身份、教养、性格、心境不同，对景物的领会、感受和描述也就不同。

(4)与中华民族敦实内向的民族性格和幽邃深细的民族心理有关，古典戏曲文学继承了中国诗歌传统的意在言外、含蓄蕴藉的艺术风格。

3. 简述中国传统艺术的特点。

答：中国的传统艺术有如下四个明显特点：

(1)“礼乐一体”的原则

“礼乐一体”包含了两层意思，一是有礼必有乐，乐附于礼。二是乐在诸多艺术中独具至尊地位。历代儒家学者都把“乐”看作是道德感化和政治教化的手段。儒家所推崇的周公“制礼作乐”，即是把礼乐一并作为维持西周奴隶主统治的两大支柱，因而一旦到春秋战国时期发生了社会变化，孔子就认为是“礼崩乐坏”。由于儒家的不断提倡和发挥，礼乐并列为封建统治者的工具，乐也在社会生活和艺术领域占有崇高地位。封建帝王的各种礼仪活动，都有乐曲相配，因此朝廷总是拥有庞大的乐队，并且由“太常寺”负责管理。

(2)融合互通的精神

中国艺术的诸门类不是各自为域，互不相关的，而是彼此相通，融合为一的。汉唐以后，流行书画，二者结合，难以分家，向来被称为“书画同源”，其理论和技法都是相通的。中国历史上的画家，往往同时又是书法家。

(3)注重神韵的技法

中国艺术注重表现事物的意趣和人的内在感情，要求在艺术创作中突出神似。我国古代的艺术家和艺术评论家们都非常重视“神似”这个问题。“神似”就是要求艺术创作要表现对象的典型特征，揭示它们的内在精神。如顾恺之说的“以形写神”以及传说他画人很注意一双传神的眼睛；南齐书法家王僧虔说的“神采为上，形质次之”等，其含义都是强调艺术创作不能追求形似，而要追求神似。注重神韵、大笔写意是中国艺术的本质特点。

(4)用于教化的目的

传统艺术很重视艺术的目的性和社会功能。从孔子开始，儒家学者就非常重视《诗经》的思想教育作用。孔子曰：“诗可以兴，可以观，可以群，可以怨。迩之事父，远之事君。”就是说《诗经》的思想教育作用是可以感发人的意志，可以观察兴亡得失，可以提高人的道德修养，还可以表现人们的哀怨情绪以批评不良政治。近可以侍奉父母，远可以为国君效力。

第15章 精美器物

15.1 复习笔记

【知识框架(庖丁解牛)】

- 精美器物
  - 玉器
    - 玉器在中国的起源
    - 玉文化的形成
    - 玉的分类
  - 青铜器
    - 青铜
    - 青铜器的含义
    - 青铜时代
    - 分类
    - 纹样
    - 铸造方法
    - 著名青铜器
  - 瓷器
    - 瓷器的条件
    - 瓷器的发展历史
  - 文房四宝
    - 湖笔
    - 徽墨
    - 宣纸
    - 端砚

【考点剖析与拓展(游刃有余)】

考点一、玉器

表15-1 玉器

要点	具体内容	
玉器在中国的起源	①距今约七千年南方河姆渡文化的先民们，在选石制器过程中，有意识地把拣到的美石制成装饰品，打扮自己，美化生活，揭开了中国玉文化的序幕。 ②距今四五千年的新石器时代中晚期，辽河流域，黄河上下，长江南北，中国玉文化的曙光到处闪耀，以太湖流域良渚文化、辽河流域红山文化的出土玉器，最为引人注目	
玉文化的形成	玉的礼仪化	西周时期，玉被赋予德的理想和内涵，玉向礼仪性玉器方向发展，这开辟了玉器“政治道德化”“宗教神秘化”的新时代

续表

要点	具体内容		
玉文化的形成	古代玉器的精神内涵		①以玉为礼器，《周礼·春官·大宗伯》：“以玉作六器，以礼天地四方。以苍璧礼天，以黄琮礼地，以青圭礼东方，以赤璋礼南方，以白琥礼西方，以玄璜礼北方”。 ②以玉比君子，玉有“仁、智、义、礼、乐、忠、信、天、地、德、道”十一“德”的观念被儒家推向社会并被接受。 ③以玉显身份，古玉器是社会等级制的物化，现今出土的玉器基本上都来自有身份和地位的大中型墓葬中；从秦始皇开始，封建王朝就确立了以玉为玺的制度，一直沿袭到清朝；唐代明确规定了官员用玉的制度。 ④以玉除邪祟，古人相信玉有超自然的力量，认为佩饰或使用玉制品可增加精神上和心理上的抵抗力，防御邪气的侵袭，扫除鬼祟的祸患，保障人和物的安全和吉祥
玉的分类	按用途		分为玉兵器、玉工具、礼器玉、丧葬玉、佩饰玉、玉器皿和玉摆件等
	按质地	硬玉	俗称翡翠，由一种钠和铝的硅酸盐矿物组成
		软玉	按颜色不同来又分为白玉、青玉、碧玉、墨玉、黄玉、糖玉、粉玉、虎皮玉
	按产地		和田玉(新疆)、岫岩玉(辽宁)、蓝田玉(陕西)、南阳玉(河南)、黄龙玉(云南)、阿富汗玉(阿富汗)

考点二、青铜器

表 15－2　青铜器

要点	具体内容	
青铜	红铜与其他化学元素(锡、铅等)的合金，其铜锈呈青绿色，因而得名	
青铜器的含义	以青铜为基本原料加工而制成的器皿、用器等	
青铜时代	是指大量使用青铜工具及青铜礼器的时期。这一时期大约从夏商周直至秦汉结束。 ①夏代：开始有青铜容器和兵器。 ②商中期，青铜器品种已很丰富，并出现了铭文和精细的花纹。 ③商晚期至西周早期，是青铜器发展的鼎盛时期，器型多种多样，浑厚凝重，铭文逐渐加长，花纹繁缛富丽。 ④西周中晚期：青铜器胎体开始变薄，纹饰逐渐简化。 ⑤春秋晚期至战国：由于铁器的推广使用，铜制工具越来越少。 ⑥秦汉时期：随着陶器和漆器进入日常生活，铜制容器品种减少，装饰简单，多为素面，胎体也更为轻薄	
分类	按用途划分为食器、酒器、水器、乐器、兵器、车马器、农具与工具、货币、玺印、度量衡器、铜镜、杂器等 12 大类	
	酒器	①盛酒器：罍、尊、壶、卣、盉、彝、觥。 ②温酒器：爵、斝。 ③饮酒器：角、觚、觯。 ④取酒器：勺

续表

要点		具体内容
分类	食器	①蒸煮食物：鼎、甗、鬲。 ②盛食物：簠、簋、盨、敦、豆、瓿
	水器	盘、匜、鉴、盂
	乐器	钟、鼓、铙、钲
	兵器	戈、矛、钺、戟、剑
	车马器	马冠、当卢、节约、镳、衔、轭、軎、辖、毂、輨、辕首饰、衡饰、轴饰、踵饰、辔饰等
纹样		夔纹、龙纹、饕餮纹、蟠螭纹、云雷纹、乳钉纹、连珠纹、窃曲纹、垂鳞纹、波曲纹、凤鸟纹、瓦纹等
铸造方法	范铸法	先以泥制模，雕塑各种图案、铭文，阴干后再经烧制，使其成为母模，然后再以母模制泥范，同样阴干烧制成陶范，熔化合金，将合金浇注入陶范范腔里成器，脱范后再经清理、打磨加工后即为青铜成品
	失蜡法	用蜂蜡做成铸件的模型，再用别的耐火材料填充泥芯和敷成外范。加热烘烤后，蜡模全部熔化流失，使整个铸件模型变成空壳。再往内浇灌溶液，便铸成器物
著名青铜器		最早的青铜器是甘肃马家窑文化遗址出土的青铜刀(距今约5000多年)
		最大的青铜器是河南安阳市出土的后母戊鼎(重832.84千克)
		铭文最多的青铜器是陕西岐山县出土的毛公鼎(铭文32行499字)
		湖北江陵望山楚墓群出土的春秋时期越王勾践剑被誉为“天下第一剑”
		湖北随州出土的曾侯乙编钟是中国迄今发现数量最多、保存最好、音律最全、气势最宏伟的一套编钟，代表了中国先秦礼乐文明与青铜器铸造技术的最高成就
		陕西临潼秦始皇封土西侧出土的秦铜车马是中国考古史上出土的体型最大、结构最复杂、系驾关系最完整古代车马，被誉为“青铜之冠”

考点三、瓷器

表15-3 瓷器

要点		具体内容
瓷器的条件		①瓷器的胎料必须是瓷土的。瓷土的成分主要是高岭土和化妆土，并含有长石、石英石和莫来石成分；含铁量低。 ②瓷器的胎体必须经过1280℃~1400℃的高温焙烧，才具备瓷器的物理性能。 ③瓷器表面所施的釉，必须是在高温之下和瓷器一道烧成的玻璃质釉
瓷器的发展历史	原始青瓷	从陶器发展而来，最早见于郑州二里岗商代遗址。原始青瓷从商代出现后，经过西周、春秋战国到东汉，历经了一千多年漫长的变化发展，逐步由陶器向瓷器过渡
	青瓷	东汉时，在中国浙江地区已经生产出真正的瓷器了。窑址发掘出的瓷片经化验证明：透光性较好，吸水率低，表面施釉较厚，釉层透明，有光泽，胎釉结合紧密，是在1260℃~1300℃的高温下烧成的，已经具备了瓷器的各项基本条件。因此说，中国真正的瓷器应该生产于东汉，这是中国瓷器生产的一个里程碑

续表

<table>
<tr><th>要点</th><th colspan="5">具体内容</th></tr>
<tr><td rowspan="14">瓷器的发展历史</td><td>白瓷</td><td colspan="4">北朝晚期(北齐)邢窑白瓷的发明与制作，打破了自商代以来，青瓷一统天下的局面。邢窑本以烧制青瓷为主，后来工匠们不断精选铁含量较低的原料创造出原始白瓷，之后又逐步发明了化妆白瓷，为隋以后白瓷的大发展奠定了基础</td></tr>
<tr><td>南青北白格局</td><td colspan="4">隋唐时期，瓷器继续发展，形成了“南青北白”两大瓷窑系统。
①“南青”，是指南方浙江绍兴、宁波等地的越窑青瓷。从商周战国秦汉六朝几代，这里一直以烧制青瓷为主，具深厚的制瓷基础和技术力量，至唐代技艺更加娴熟，世人称赞其瓷“类玉似冰”，又称“秘色瓷”，被称为“诸窑之冠”。
②“北白”，是指北方河北邢台的邢窑白瓷，始烧于北朝晚期，盛于唐中期，衰于晚唐五代，终于元代。隋唐时期烧制出具有高透影性能的细白瓷，世人称赞其瓷“类银似雪”，在中国陶瓷史上是一个重要的里程碑</td></tr>
<tr><td rowspan="12">宋瓷</td><td colspan="2">概述</td><td colspan="2">①宋代是中国制瓷业的辉煌时期，在胎质，釉料和制作技术等方面，又有了新的提高，烧瓷技术达到完全成熟的程度。在工艺技术上，有了明确的分工。
②宋代瓷器以各色单彩釉为特长，釉面能现冰裂纹，并能烧制窑变色及两面彩、釉里青、釉里红等</td></tr>
<tr><td rowspan="6">宋代六大窑系</td><td>耀州窑</td><td colspan="2">位于陕西铜川，唐代开始烧制瓷器，至宋代达到很高水平，以青瓷为主，有刻花、印花、剔花、划花等。其青瓷胎质薄灰，釉色青绿，俗称“姜黄色”</td></tr>
<tr><td>磁州窑</td><td colspan="2">位于河北邯郸，创烧于北宋中期，并达到鼎盛，南宋、辽金元、明清仍继续烧制，生产白釉黑彩瓷器，黑白对比，强烈鲜明；图案十分醒目，刻、划、剔、填彩兼用，开创了我国瓷器绘画装饰的新途径</td></tr>
<tr><td>景德镇窑</td><td colspan="2">位于江西景德镇，烧青白瓷，又称“影青瓷”，介于白和青之间</td></tr>
<tr><td>龙泉窑</td><td colspan="2">位于浙江龙泉，以青瓷为主，龙泉青瓷在北宋后期开始走向兴盛，到南宋和元代早期达到了高峰，最有代表性的是梅子青</td></tr>
<tr><td>定窑</td><td>位于河北保定，宋代五大名窑中唯一烧造白瓷的窑场，世称“粉定”或“白定”；也兼烧黑釉、酱釉等，世称“黑定”“紫定”“绿定”</td><td rowspan="5">宋代五大名窑</td></tr>
<tr><td>钧窑</td><td>位于河南禹州，享有“黄金有价钧无价”的美誉，烧造的彩色瓷器较多，以胭脂红、葱翠青和墨色为佳品，历来称钧瓷“入窑一色，出窑万彩”，典型特征为“蚯蚓走泥纹”，即开片和非开片间被釉填平的地方形成蚯蚓在湿地爬过的痕迹</td></tr>
<tr><td colspan="2">官窑</td><td>官办窑场，可能位于汴京或临安，专门烧制宫廷用瓷；胎色铁黑、釉色粉青，“紫口铁足”</td></tr>
<tr><td colspan="2">哥窑</td><td>窑址不明，釉色以灰青为主；将“开片”之美发挥到极致，产生了“金丝铁线”这一典型特征</td></tr>
<tr><td colspan="2">汝窑</td><td>位于河南宝丰，为宋代五大名窑之冠，胎为灰白色，称为“香灰胎”；釉为天青色，世称“雨过天青”；纹为“蟹爪纹”</td></tr>
<tr><td colspan="2">越窑</td><td colspan="2">位于浙江宁波、绍兴等地，是盛产青瓷的古窑，始于东汉，唐、五代达到巅峰，宋代逐渐衰落；胎色呈灰或浇灰色，釉色前期以黄为主，后期以青为主</td></tr>
<tr><td colspan="2">建窑</td><td colspan="2">位于福建建阳，创烧于晚唐五代，历宋、元、明、清四代；使用含铁高的原料做胎，因而胎色深黑坚硬，俗称“铁胎”“乌泥窑”“黑建”“乌泥建”等，兔毫斑、鹧鸪斑、曜变等釉色的名品皆出在这里。由于宋代斗茶风尚盛行，而主烧适宜为斗茶的黑釉茶盏，亦称建盏，以水吉镇窑制品为最</td></tr>
</table>

续表

要点		具体内容
瓷器的发展历史	元瓷	元代瓷器承前启后，南方的龙泉窑和景德镇窑进一步发展，景德镇窑相继烧制出青花瓷、釉里红和颜色釉
	明瓷	①明代以前陶瓷釉色以青为主，明代精致白釉烧制成功，为瓷器的装饰创造了物质条件。 ②青花瓷在元代已趋成熟，但存世量极少，经过明代永乐、宣德年间的改进和创新，青花瓷达到了一个新的高峰，史称“永宣瓷”，青花瓷被推广开来并成为中国瓷器的主流。 ③宋，元时期，瓷器以单色釉为主，到了明代，斗彩、五彩，以及各色彩釉逐渐发展和流行起来。成化年间创烧出在釉下青花轮廓线内添加釉上彩的“斗彩”；嘉靖、万历年间在成化斗彩瓷基础上，烧制成不用青花勾边而直接用多种彩色描绘的五彩，翠浓红艳，极为华丽。 ④明代除青花、斗彩和五彩之外，其单色釉也有突出成就，最具代表性的是永乐至宣德年间的红釉、蓝釉，成化的孔雀绿和弘治的黄釉。 ⑤明代窑变色从一种发展为窑变红、窑变绿、窑变紫三种彩。 ⑥明代景德镇发展成为全国的瓷业中心，确立了它作为“中国瓷都”的地位。所产瓷器有“白如玉、薄如纸、明如镜、声如罄”的美誉。其中青花瓷、青花玲珑瓷、粉彩瓷和高温颜色釉瓷，称为景德镇的四大传统名瓷
	清瓷	中国瓷器制造在清代康熙、雍正、乾隆三朝达到了登峰造极的境界。清代康熙时的素三彩、五彩，雍正、乾隆时的粉彩、珐琅彩都是闻名中外的精品。福建德化白瓷，莹白如玉，生产的佛像闻名遐迩；广州烧制的织金彩瓷外销世界。雍、乾时期的督陶官唐英，在景德镇镇陶时所烧制的瓷器世称“唐窑”，其制作水平和质量都达到前所未有的高度。康雍乾三朝以后，随着日本瓷器的竞争和欧洲瓷器的发展，特别是鸦片战争以后，中国制瓷业渐趋衰落

考点四、文房四宝

表 15-4　文房四宝的主要产地及特色

种类	主要产地	特色
湖笔	产于浙江湖州善琏镇，古属湖州府，故称湖笔	分羊毫、狼毫、紫毫、兼毫等四大类，具有尖、齐、圆、健四大特点，被赞为“毛硕之冠”
徽墨	产于歙县、休宁、婺源等县，三县历史上都属于徽州	有色泽黑润、经久不褪、舐笔不胶、入纸不晕、香味浓郁、宜书宜画等特点，素有“落纸如漆，万载存真”之誉
宣纸	产于安徽宣城泾县，因历史上属宣州府，故名。始产于唐代	具有纸质柔韧，洁白平滑，细腻匀整，不起皱，不掉毛，不怕舒卷，抗老化、久不变色、不蛀不腐、卷折无损等特点。便于收藏，因此有“纸寿千年”之说法
端砚	产于广东肇庆，因隋在肇庆设端州府，所以称端砚	端砚贵有石眼，它是天然生长在砚石上的石核形状的眼，人们利用石眼花纹雕刻的砚台尤为名贵，有“端石一斤，价值千金”之说。端砚为四大名砚之首，与歙砚、洮砚、澄泥砚并称为我国四大名砚

15.2　典型题(含考研真题)详解

一、填空题

1. 中国的瓷都是江西的景德镇，陶都是江苏的______。[中国海洋大学2015年研]

【答案】宜兴

【解析】宜兴市位于江苏南部、太湖西岸，素有“陶的古都，洞的世界，茶的绿洲，竹的海洋”之称，是中国著名的陶都。宜兴是“紫砂壶”原产地。宋代诗人苏东坡曾在宜兴留下“买田阳羡吾将老，从来只为溪山好”的诗句。宜兴诞生了 4 位状元、10 位宰相、26 位两院院士，被誉为“院士教授之乡”。

2．皇帝用的印章称为______。[北京大学 2012 年研]

【答案】玉玺

【解析】秦始皇称帝以后，皇帝的印章专用名称为“玺”，称为“玉玺”。秦始皇统一中国后，正式确立了号令天下的凭证是“玉玺”。“六方玉玺”成为最高统治者权力的象征。除皇帝外，任何人不得使用玉料篆刻印章。

3．河南安阳出土的______鼎代表了商朝青铜器制造的最高成就。[北京大学 2012 年研]

【答案】司母戊(后母戊)

【解析】司母戊鼎(又称后母戊鼎)是商代后期由王室所铸，1939 年 3 月 19 日在河南省安阳市郊出土，因鼎身内部铸有“司母戊”(一说“后母戊”)三字而得名，是商朝青铜器代表作，现藏于中国国家历史博物馆。

4．中国青铜器时代的代表作品之一是一个圆形、两耳、深腹、三足的______。[中国传媒大学 2010 年研]

【答案】毛公鼎

【解析】清代道光年间在陕西省岐山县出土的“毛公鼎”。其形状为半球腹，三足两耳。铭文多达 499 字，内容为周王为了周室中兴，命其重臣毛公忠心辅佐周王，并赐给他大量物品，毛公为感谢周王，特意铸鼎记录此事。

5．唐朝用釉子涂染在青铜器上的陶器的名称是______。[北京大学 2010 年研]

【答案】唐三彩

【解析】唐三彩是盛行于唐代的一种低温釉陶器，制作时在陶坯上涂上彩釉，在烘制过程中发生化学变化、色釉浓淡变化，互相浸润、斑驳淋漓、色彩自然协调、花纹流畅，是一种具有中国独特风格的传统工艺品。

6．彩陶是中国新石器时期位于黄河流域的______代表器物。[南开大学 2010 年研]

【答案】仰韶文化

【解析】全国现已发现的仰韶文化遗址数以千计，而以陕西省西安市的半坡遗址最为著名。遗址出土的陶器很多，上面多半绘着彩色花纹，称为“彩陶”，故仰韶文化又称为“彩陶文化”。

二、判断题

1．唐代李贺的《老夫采玉歌》，写的就是开采蓝田玉；历史故事“完璧归赵”中的“和氏璧”，据说是楚国人卞和发现的南阳玉。(　　)[南京师范大学 2015 年研]

【答案】正确

【解析】从唐代诗人李贺在《老夫采玉歌》中的描写既可以看出当时开采蓝田玉的盛况，也可以看出贫苦平民为这种繁荣付出的血泪和辛酸。完璧归赵出自《史记·廉颇蔺相如列传》，本指蔺相如将完美无瑕的和氏璧，完好地从秦国带回赵国首都，后比喻把物品完好地归还物品主人。其中的“和氏璧”，据称就是楚国人卞和发现的南阳玉。

2. 澄泥砚是四大名砚中唯一不用石材而用胶泥制作的砚台。(　　)［南京师范大学2015年研］

【答案】正确

【解析】中国四大名砚包括端砚、歙砚、洮砚和澄泥砚。其中，澄泥砚是唯一不用石材而用胶泥制作的砚台。端砚是用今广东省肇庆市羚羊峡烂柯山端溪至北岭一带出产的石材制作而成的，原料石质细腻温润，花纹秀丽多姿。歙砚是用今江西省婺源县龙尾山出产的石料制作而成的，石质优良，色泽青莹，纹理细密，坚润如玉，磨墨无声。洮砚，又称“洮河绿石砚”，所用石材在大河深水之底，非人力所能及，因此得之即为无价之宝。

3. 唐三彩代表了唐代高超的制瓷工艺，被誉为唐代艺术的瑰宝。(　　)［南开大学2010年研］

【答案】正确

【解析】唐三彩虽然属于低温烧制的陶器，但它伴随盛唐气象而出现，色泽鲜明亮丽，造型生动逼真，显示了盛唐文化的韵律，成为中国古代陶瓷的精品。唐三彩是唐代陶器中的精华，在初唐、盛唐时期达到高峰。

三、单项选择题

1. 以下属于古代青铜食器的是(　　)。［北京大学2016年研］

A. 鼎、壶、鬲、簋　　B. 爵、壶、鬲、簋

C. 鼎、鬲、簋、桓　　D. 爵、壶、鬲、卣

【答案】C

【解析】商周时期的各种青铜器依据用途和等级限定有不同的造型和名称。其中，鼎、鬲、簋、桓等属于食器，爵、壶、卣等则属于酒器。

2. 下列文物中，制造年代最早的是(　　)。［四川大学2013年研］

A. 长信宫灯　　B. 秦始皇兵马俑

C. 曾侯乙编钟　　D. 越王勾践剑

【答案】D

【解析】D项，越王勾践剑于1965年出土于湖北荆州江陵楚墓群中，是制造于春秋晚期的青铜器。AB两项，秦始皇兵马俑和长信宫灯分别是制造于秦代和西汉的文物，制造年代均晚于勾践剑。C项，曾侯乙编钟是迄今发现个数最多、保存最好、音律最全、气势最宏伟的全套编钟，制造时间为战国早期。

四、简答题

简述中国古代玉器发展历程。

答：中国古代玉器发展历程可归纳如下：

(1)中国的玉器发端很早，大约在原始社会的末期就已经成熟，成熟的标志是形成了主要的礼器，如圭、璧、琮、璜、璇玑、玉衡等。这些玉器具有明显的社会功能和精细的制作工艺。

(2)到了夏、商、周三代，用玉制度愈加完备，适用范围愈加广泛，用玉制作的礼器普遍见于各种礼仪场合。随着西周等级制度和礼乐制度的形成，玉器的社会功能持续加强，体现了当时的政治需要。

(3)从战国到两汉时期，中国社会进入转型期，由旧日的礼崩乐坏和群雄争霸的混乱局面，发展到秦汉中央集权的确立，商周以来的传统礼制已失去原有的社会基础。这种社会制度的变化，反映到礼仪制度上来，就是大型礼器向世俗化逐步发展。由玉制作的礼器开始淡出人们的视线，而各种玉制佩饰出现在人们的身上，如玉璧、玉环、佩剑、带钩等。

(4)秦始皇统一中国后，正式确立了号令天下的凭证是“玉玺”。“传国玉玺”为最高统治者权力的象征。除帝王外，任何人不得使用玉料篆刻印章。玉器在总体上失去了礼仪功能，转向保护精气和防止尸身不腐的实用功能。

(5)东汉以后，玉器的世俗用途更加明显。随着漆器、金银器和瓷器制作工艺的产生，玉器失去原有的独尊地位，雕刻工艺也向着现实主义和浪漫主义的方向发展。这时的玉器已基本上成为艺术、财富和把玩的代名词。玉器从此摘下了高贵、圣洁、无所不能的神秘面纱，走出神权、王权的殿堂，回到普通的世俗世界，还原为世人共同鉴赏的艺术作品。

第16章　风俗习惯

16.1　复习笔记

【知识框架(庖丁解牛)】

- 风俗习惯
  - 茶、酒与烹调
    - 茶
    - 酒
    - 烹调
  - 衣冠服饰
    - 总体特征
    - 作用
    - 中国古代服饰的演变
  - 婚俗与葬俗
    - 婚俗
    - 葬俗
  - 动物文化
    - 概述
    - 中国文化中的常见动物及内涵
  - 植物文化
    - 概述
    - 中国文化中的常见植物及内涵
  - 数字文化
    - 概述
    - 中国文化中的常见数字概念及内涵
  - 民族节日
    - 概述
    - 主要的民族节日

【考点剖析与拓展(游刃有余)】

考点一、茶、酒与烹调

表16-1　茶、酒与烹调

要点	具体内容	
茶	世界三大饮料	茶叶、咖啡、可可
	茶的故乡	中国西南地区是茶树的原产地
	茶的研究	唐代茶圣陆羽的《茶经》是中国也是世界上第一部茶叶科学专著；此外还有北宋蔡襄《茶录》、明代朱权《茶谱》、清代刘源长《茶史》等

续表

要点	具体内容		
茶	茶的功效	茶叶内含维生素、氨基酸、茶多酚及各种矿物质元素，能消津消渴、化食去腻、降火明目、宁心除烦、清暑解毒、利尿止痢、抗癌降脂等作用；此外，还有利于“伏睡魔”“倍清谈”“助诗兴”、资益禅道、陶冶性情，以及交友待客等功用	
	中国六大茶类	绿茶	不发酵茶；名品有：太湖碧螺春、西湖龙井、信阳毛尖、黄山毛峰、六安瓜片、都均毛尖、庐山云雾茶、南京雨花茶、四川蒙顶茶、太平猴魁、顾渚紫笋、恩施玉露
		红茶	发酵茶；名品有：祁门红茶、滇红、金骏眉
		青茶	又称乌龙茶；半发酵茶；名品有：武夷岩茶(大红袍)，安溪铁观音
		白茶	轻微发酵茶；名品有：寿眉、白毫银针、白牡丹
		黄茶	轻微发酵茶；名品有：君山银针、霍山黄芽、蒙顶黄芽
		黑茶	后发酵茶；名品有：安化黑茶、云南普洱熟茶
酒	酒的故乡	我国是世界上酿酒最早的国家，也是酒文化的发源地	
	造酒始祖	传说中，造酒始祖是仪狄和杜康。杜康被尊为“酒圣”	
	酒与文学	我国古代文学与酒文化有着密切的关系，从《诗经》到《红楼梦》，3000年文学著作中，几乎离不开酒。源远流长的酒文化对于古代作家的精神世界、创作心态及作品的风貌都有着深远而强烈的影响。 名句列举： 曹操：“对酒当歌，人生几何”“何以解忧，唯有杜康。” 陶渊明：“在昔无酒饮，今但湛空觞。春醪生浮蚁，何时更能尝。”“悠悠迷所留，酒中有深味。” 王维：“劝君更尽一杯酒，西出阳关无故人。” 李白：“人生得意须尽欢，莫使金樽空对月。”“举杯邀明月，对影成三人。” 杜甫：“白日放歌须纵酒，青春作伴好还乡。”“李白一斗诗百篇，长安市上酒家眠。天子呼来不上船，自称臣是酒中仙。” 白居易：“百事尽除去，唯余酒与诗。” 杜牧：“借问酒家何处有？牧童遥指杏花村。” 苏轼：“明月几时有？把酒问青天。” 欧阳修：“醉翁之意不在酒，在乎山水之间也。” 柳永：“今宵酒醒何处？杨柳岸晓风残月。” 辛弃疾：“醉里挑灯看剑，梦回吹角连营。” 李清照：“昨夜雨疏风骤，浓睡不消残酒。” 杨慎：“一壶浊酒喜相逢，古今多少事，都付笑谈中。”	
	酒的分类	①按酿造方法和酒类特点分类：发酵酒、蒸馏酒、配制酒。 ②按酒类的酒度分类：低度酒(酒中含酒精组分在20%以下)、中度酒(酒中含酒精组分在20%～40%)、高度酒(酒中含酒精组分在40%以上)。 ③按原料分类：白酒、黄酒、果酒。 ④按用曲种类分类：大曲酒、小曲酒、麸曲酒、混曲酒、其他糖化剂。 ⑤按香型分类：茅香型(又称酱香型)，如茅台、郎酒；泸香型(又称浓香型)，如五粮液、洋河大曲；汾香型(又称清香型)，如汾酒；米香型，如桂林三花酒；其他香型，如药香型(董酒)、凤香型(西凤酒)、芝麻香型	

续表

要点	具体内容		
烹调	常见烹调方法	按传热方式分	①油传热：煎、炒、烹、炸、熘、爆、煸。 ②水传热：氽、涮、煮、炖、煨、焐。 ③先油传热后水传热：烩、焖，烧、熬、扒。 ④汽传热：蒸。 ⑤盐传热：焗
		其他烹调方法	①飞水：将食物投入沸水中过一过水致半熟而迅速捞起，为继后的烹调提供良好前沿基础的加工方法。 ②拔丝：食物上浆油炸后，放入煮溶的糖浆中拌匀，使食物夹起时能拉出细丝的烹调方法。 ③挂霜：食物经油炸后，放入煮溶的糖浆中拌匀打散或直接洒入糖粉的烹调方法。 ④走油：又称“拖油”“跑油”，是将加工好的原料放入滚油之中迅速拖过，为继后的烹调提供前沿基础的加工方法。 ⑤勾芡：在烹制的最后阶段向锅内加入湿淀粉，使菜肴汤汁稠粘的一种调质方法
	“八大菜系”	山东菜(鲁菜)、四川菜(川菜)、江苏菜(淮扬菜)、广东菜(粤菜)、浙江菜(浙菜)、福建菜(闽菜)、湖南菜(湘菜)、安徽菜(徽菜)、山东菜(鲁菜)	

考点二、衣冠服饰

表 16－2　衣冠服饰

要点	具体内容	
总体特征	色彩鲜明、工艺精美、重视细节装饰、具有典型的民族性特征	
作用	遮羞护体、御寒防暑、装饰美化、标示身份	
中国古代服饰的演变	商周	①商代服饰没有明确的等级差别，上衣下裳为基本形式。 ②周代宗法制形成后，根据天子、诸侯、大夫的等级差别，其服饰也有了尊卑之分。 ③战国后期流行的“胡服”，是中国服饰史上第一次有意义的革新
	汉代	汉代以冠制作为区别尊卑的标志之一，用腰间的绶带来区别官阶的高低
	魏晋南北朝	中外文化交流融合，南北服饰、中外服饰互相影响形成两个流向： ①胡服更为广泛。 ②北朝的帝王公卿醉心于穿戴汉族统治者的冠冕朝服。自此历代帝王公卿的服饰有“法服”(礼服)和“常服”之分
	隋唐	①服饰演变表现出大胆开放、积极吸收外来影响的特点。 ②官服制度有了更加明确具体的规定
	宋代	依唐制而少变化，官服的变化在于幞头和鱼袋
	元代	蒙古族统治王朝，其服饰承袭汉族制度而又保留本族特色，皇帝、百官的冠冕服，均参古今服饰制度增损

续表

要点	具体内容	
中国古代服饰的演变	明朝	重新规定服饰制度，冠冕只准皇帝、太子、亲王、郡王穿着，并且只在祭天地、享太庙、册立、登基时穿用；百官依品级穿着不同颜色并绣有其他花纹的宽大袍服，头戴乌纱帽，品级还用袍服上的“补子”加以辨别
	清代	以高压政策推行满族服饰，以马褂、凉帽、旗袍、大拉翅为代表

考点三、婚俗与葬俗

表 16－3　婚俗与葬俗

要点	具体内容			
婚俗	婚姻制度的发展	血缘群婚		由血缘关系构成的一种群婚现象。它的特点是在同血缘的氏族内，相同辈分的男女互为夫妻
		同姓不婚		禁止一切血缘亲属间的性关系，而到血缘以外的氏族集团寻找婚配对象，这就出现了氏族之间的“对偶婚”
		一夫一妻制		①大约从周代开始，一夫一妻才是合法的婚姻。男子可以有妾有婢，但法定的妻子只能有一个。妻子(正室)所生子女为嫡系，妾(侧室、偏房)所生子女为庶出，在家庭关系中处于比较低的地位。 ②在中国大陆，妾的合法性止于民国政府建立，但真正严格地禁止是在 1949 年中华人民共和国建立以后
	婚姻之礼	父母之命，媒妁之言		①古代社会，父母之命，媒妁之言是相并重的婚姻条件之一，而且被法律所规范。《唐律》规定：“为婚之法，必有行媒。” ②媒人，又称“冰人”“媒婆”“红娘”“月老”，是“通二姓之好，定家室之道”的中介人，不经媒人从中牵线，就会于礼不合，虽然有两情相悦的，也会假以媒人之口登门说媒
		六礼	纳采	男家请人向女家说明缔结婚姻的请求
			问名	双方相互探问男女的姓名、年龄、生辰、籍贯、三代(曾祖父母、祖父母、父母)名号、官职等，以便对方有一个初步的了解。这一仪注，也就是通常所说的“请八字”
			纳吉	男方问名、合八字后，将卜婚的吉兆通知女方，并送礼表示要订婚的礼仪
			纳征	又称纳成、纳币，即男方向女方送聘礼
			请期	男家占卜择定合婚的吉日良辰，让媒人告知女家，征求女家的同意
			亲迎	到成婚日，由新郎亲自到女家迎接新娘，或由男家派迎亲队伍迎娶，新郎在家等候。新娘到男家后双方拜堂(又称拜天地)完成婚礼，婚后还有回门礼(又称归宁)，即新郎新娘拜谒妻子的父母及亲属

续表

要点	具体内容			
婚俗	婚姻之礼	婚姻关系的解除	“七出”	按照周代的礼制，解除婚姻的制度称为“七出”，即女子有七项情形之一的，丈夫或公婆即可休弃之，包括：不顺父母去、无子去、淫去、妒去、恶疾去、多言去、盗窃去。其中，不顺父母(公婆)是“逆德”，无子是绝嗣不孝，淫是乱族，妒是乱家，有恶疾不能共祭祖先，口多言会离间亲属，盗窃则是反义
			“三不去”	女子若有“三不去”的理由，夫家既不能离异休弃。“三不去”为：有所娶而无所归(指女子出嫁时有娘家可依，但被休时已无本家亲人可依靠)；与更三年丧(指女子入夫家后与丈夫一起为公婆守过三年孝)；前贫贱后富贵(指娶妻时贫贱，但以后变得富裕)
葬俗	一般程序	小殓		为尸体净身整容，穿上寿衣
		报丧		正式通知远近各处的亲友死亡时间、情况和葬礼安排
		奔丧		亲友携带礼品、礼金、挽联、花圈等从外地来参加葬礼
		停灵		又称暂厝，将尸体在灵堂停放若干天，等待前来奔丧的亲友。灵堂可为家中房间、临时搭制的灵棚或殡仪馆的专用房间。灵堂内设悼念条幅、死者遗像、供奉死者的食品(供品)、香、蜡烛、纸钱等。另外，在暂时不能正式安葬死者的情况下，将棺材寄放在寺庙等地，等待未来下葬，也可称作停灵
		守灵		停灵期间，已在场的亲友，特别是死者的晚辈在灵堂轮流守护死者，接受奔丧者的吊唁。在整个葬礼期间，死者亲近的晚辈(称为孝子或孝女)穿不缝边的白色粗麻布衣服或褂子，腰系草绳或麻绳，脚穿草鞋，称为孝服
		大殓		将死者移入铺有褥子的棺材，盖上被子，钉上钉子封棺。富裕的人家可能用内棺和放置随葬品的外棺两层
		出殡、下葬		把棺材送到墓地埋葬。出殡开始的标志是孝子将一个瓦盆摔碎，称为“摔盆儿”。由孝子执“引魂幡”带队，有乐队吹打，沿途散发纸钱到墓地。下葬仪式有风水师协助
		做七		下葬后，死者亲友于“头七”起即设立灵座，供木主，每日哭拜，早晚供祭，每隔七日做一次佛事，设斋祭奠，依次至“七七”四十九日除灵止。第四十九天的仪式称为“断七”，为正式葬礼部分的结束
		守孝		按儒家的传统，孝子应该守护在父母墓的周围三年，这期间避免娱乐、饮酒食肉、夫妻同房等
	安葬方式	土葬		又称埋葬，古时讲究入土为安，《周礼》规定“众生必死，死必归土”
		火葬		以火焚尸，将骨灰贮于盒内的殡葬方式
		水葬		将遗体投入河中或将火化后的骨灰撒入江河湖海
		天葬		将遗体肢解后喂鹫鹰，藏族、蒙古族较为流行
		悬棺葬		把棺木高悬于崖壁的木桩上或洞穴里
		沙葬		将死者用麻袋装好，投入流沙中，使其慢慢陷进沙子里，新疆沙漠地区最为盛行

考点四、动物文化

表16－4 动物文化

要点		具体内容
概述		动物不但作为人们赖以生存的物质基础，同时也是人们精神生活中的重要对象。中国文化在形成过程中，动物作为一个重要影响因子，一直都在起着明显作用。动物一般因为以下几个方面被赋予特殊的文化内涵： ①原始图腾崇拜。如龙，就是上古先民虚构的形象，作为一种图腾被崇拜，并在长期的历史进程中被赋予各种不同的文化内涵，如呼风唤雨、治水、辟邪、象征皇权、象征中华民族等。 ②力量崇拜。如虎，作为陆地上最凶猛的野兽之一，让人畏惧，自热而然地被视作强大、威严、勇气的化身。 ③名称与吉祥事物谐音。如蝙蝠，“蝠”与“福”谐音，被赋予“福气”“福运”的内涵。 ④具有某种特殊的习性，如龟的寿命比较长，被古人认为是长寿的象征。 ④具有某种类似人的品质或特点，如羊羔跪乳，乌鸦反哺，被人们视作“孝”。 ⑤与历史、宗教、文学或传说有关联。如鹤，因道教创始人张道陵修道于鹤鸣山，被认为有“仙气”
中国文化中的常见动物及内涵	龙	为鳞虫之长，其形象最基本的特点为“九似”，宋代画家董羽认为龙“角似鹿、头似牛、眼似虾、嘴似驴、腹似蛇、鳞似鱼、足似凤、须似人、耳似象”，多被认可；民间认为龙能司掌云雨，能治水，民间尊称为“龙王爷”，立龙王庙，祈求风调雨顺，洪水不兴；封建时代，龙是皇权的象征，宫廷器物多以龙为装饰；民间又有“龙生九子，各不相同”之说，分别为囚牛、睚眦、嘲风、蒲牢、狻猊、霸下、狴犴、负屃、螭吻，这是最有代表性的版本
	凤	为百鸟之首，又称凤凰，雄的叫“凤”，雌的叫“凰”；关于凤凰的最早的典籍记录是《尚书》，书中叙述大禹治水后，举行庆祝盛典，由夔龙主持音乐演奏，群鸟群兽在仪式上载歌载舞，最后，凤凰也来了——“萧韶九成，凤皇来仪”；自秦汉以后，龙逐渐成为帝王的象征，帝后妃嫔们开始以凤自比，凤凰的形象逐渐雌雄不分，整体被“雌”化
	麒麟	《毛诗正义》中说：“麟，麋身，马足，牛尾，黄毛，圆蹄，角端有肉。”传说中麒麟性情温良，不履生虫，不折生草，头上有角，角上生肉，是有德行的仁兽，是祥瑞的象征；又有“盛世出麒麟”的说法，历代为帝王们所喜爱；民间笃信麒麟是消灾解难，驱邪除祟，镇宅避煞的吉兽，还有“麒麟送子”之说
	貔貅	又称“辟邪”“天禄”，传说是龙王的九子之一，能招财进宝、开运、辟邪，还能镇宅、化太岁、促姻缘
	狮	是力量的化身，能辟邪，象征尊严、威仪；古代宫殿、府第、寺院以及富贵人家的住宅，都设置石狮守门，一般左侧为雄狮，右前爪玩弄绣球（也有雕成张着嘴的），右侧为雌狮，左前爪抚摸幼狮（也有雕成闭着嘴的）
	象	与“祥”谐音，寓吉祥，并据此设计出了很多吉祥物，如象驮宝瓶，意为“太平有象”，象鼻卷如意为“吉祥如意”
	虎	象征威武勇猛，为世人敬畏；军事上，调兵的凭证被称为“虎符”；民间喜欢挂虎画，一般有上山虎和下山虎之说，上山虎应挂在室内侧墙上，取步步登高之意；下山虎应挂在迎门墙上，借其凶猛的气势，镇住入侵的邪灵
	鹿	是长寿的仙兽，常与仙鹤、寿星、灵芝仙草等一起出现在民俗画中；与“禄”谐音，寓功名利禄；司马迁在《史记》说：“秦失其鹿，天下共逐之。”以“鹿”喻帝位

续表

要点		具体内容
中国文化中的常见动物及内涵	龟	为长寿象征，有“龟龄鹤寿”之说
	鹤	俗称仙鹤，有“一品鸟”之称，因为明清时期，一品文官的补服绣有丹顶鹤；道教创始人张道陵学道的地方为鹤鸣山，仙鹤与道教结下不解之缘；与松树一起有“松鹤延年”之寓意，与鹿和梧桐一起有“鹤鹿同春”之寓意
	蝙蝠	与“福”谐音，寓福气
	蟾	与“钱”谐音，常见蟾口中衔铜钱，寓意招财进宝，俗称“金蟾”
	鱼	与“余”谐音，寓富裕，常与莲构成“年年有余”的图案；民间有“鲤鱼跳龙门”之说，比喻科举高中

考点五、植物文化

表 16－5　植物文化

要点		具体内容
概述		人们在与自然界长期的共处过程中，为植物赋予了人的精神品质和寓意，这就是植物文化。植物一般因为以下几个方面被赋予特殊的文化内涵： ①名称本身吉祥。如百合，因为名字而被赋予“百年好合”的内涵。 ②名称与吉祥事物谐音。如橘与“吉”谐音，被赋予“吉利”的内涵。 ③具有某种与众不同的习性，如梅花在寒冬开放，被赋予“报春使者”的内涵。 ④具有某种类似人的品质或特点，如竹，宁折不弯，如同人的正直品性，中空，如同人的虚心品性，有节，如同人的节操，如此等等，因而被视作“君子”的化身。 ⑤与历史、宗教、文学或传说有关联。如菊花因东晋著名隐逸诗人陶渊明的喜爱，被赋予“花中隐士”之名
中国文化中的常见植物及内涵	松	松耐寒耐旱，冬夏常青，可傲霜雪，在书画中常有“岁寒三友”(松、竹、梅)之美誉；象征长寿，祝寿词有“福如东海长流水，寿比南山不老松”等语
	柏	柏与“百”谐音，有多而全之意，故常见柏与“如意”合成“百事如意”，柏与桔子合成“百事大吉”(桔、吉音近)；耐寒、常青，故孔子云：“岁寒，然后知松柏之后凋也。”
	桂	桂树在八月(农历)开花，故将八月称为“桂月”；历来将科举高中称为“月中折桂”；旧称子孙仕途昌达、尊荣显贵为“兰桂齐芳”；桂与“贵”谐音，有荣华富贵之意，常见桂与莲籽合图为“连生贵子”，与寿桃合图为“贵寿无极”等
	椿	被视长寿之木，《庄子·逍遥游》云：“上古有大椿者，以八千岁为春，八千岁为秋”；因椿树长寿，习惯常喻父亲，如唐代牟融《送徐浩》诗云：“知君此去情偏切，堂上椿萱雪满头。”(萱指母)
	槐	俗谚云：“门前一棵槐，不是招宝，就是进财。”被视为吉祥树；又被认为是“灵星之精”，有公断诉讼之能，《春秋元命苞》云：“树槐听讼其下。”
	梧桐	梧桐宜制琴，《后汉书》载有：“蔡邕泰山行，见焚桐，闻爆声曰：‘此良木也’，取而为琴。”这就是著名的焦尾琴；梧桐能知岁时，有“梧桐一叶落，天下尽知秋”之说。梧桐有灵性，传说能引来凤凰，《诗经·大雅·卷阿》云：“凤凰鸣矣，于彼高冈。梧桐生矣，于彼朝阳。”在民俗中梧桐常与喜鹊合构成图，谐音“同喜”，寓意吉祥
	枣	枣与“早”谐音，在民俗中有枣与栗子(或荔枝)合组图案，谐音“早立子”；在婚礼中，将枣与桂圆合组礼品，谐音“早生贵子”，新婚“撒帐”用枣、栗子、花生等以图吉利

续表

要点		具体内容
中国文化中的常见植物及内涵	栗	古时用栗木作神主(死人灵牌)，称宗庙神主为“栗主”；栗子与“立子”谐音，是求子的吉祥物
	桃	常以桃花喻美女娇容，与女人有关的事常带“桃”字，如桃花运等；《太平御览》引《典术》云：“桃者，五木之精也，故厌伏邪气者也。桃之精生在鬼门，制百鬼，故今作桃人梗著门，以厌邪气。”古人多用桃木制作各种避邪用品，如桃符、桃剑等；神话中西王母瑶池植有蟠桃，三千年一开花，三千年一结果，吃了可增寿，故桃实又有寿桃之称
	石榴	石榴多籽，是“多子多福”的象征
	梅	在冬春之交开花，有“报春花”之称；古代常将竹喻夫，梅喻妻，婚联有“竹梅双喜”之词，少年男女一起长大称为“青梅竹马”；古书云，“梅具四德，初生为元，开花如亨，结子为利，成熟为贞”；梅花五瓣，象征五福：快乐、幸福、长寿、顺利、和平；又合我国的阴阳“五行”金木水火土。寿联常有“梅开五福，竹报三多”(竹叶三片)，寓意吉祥；古人又认为梅有“四贵”：贵稀不贵密，贵老不贵嫩，贵瘦不贵肥，贵含不贵开
	柳	与“留”谐音，在送行时“折柳”表示留别
	橘	屈原在《橘颂》中歌咏了橘的形质品格；《晏子春秋·内篇杂下》记载：“橘生淮南则为橘，生于淮北则为枳，叶徒相似，其实味不同，所以然者何？水土异也。”比喻环境变了，事物的性质也变了；在民俗中，橘与“吉”谐音
	竹	旧时文人墨客将竹视为贤人君子。白居易在其《养竹记》中说：“竹似贤，何哉？竹本固，固以树德，君子见其本，则思善见不拔者。竹心空，空以体道，君子见其心，则思应用虚受者。竹节贞，贞以立志，君子见其节，则思砥砺名行，夷险一致者。夫如是，故号君子。”又有“宁可食无肉，不能居无竹”之语；在书画中，常将松、竹、梅称为“岁寒三友”；“五清图”是松、竹、梅、月、水，“五瑞图”是松、竹、萱、兰、寿石；竹与“祝”谐音，有美好祝福的意蕴
	莲花	佛祖释迦牟尼的家乡盛产莲花，因此佛教常以莲花自喻，莲花图案也成为佛教的标志；周敦颐的《爱莲说》有“出于淤泥而不染，濯清涟而不妖”一语，影响深远；莲有一蒂二花者，称为并蒂莲，象征男女好合，夫妻恩爱，喜联常有“比翼鸟永栖常青树，并蒂花久开勤俭家”等；莲与“廉”“连”谐音，民俗有“一品清廉”“连生贵子”等谐音取意
	芙蓉	五代时蜀后主孟昶于宫苑城头遍植木芙蓉，花开如锦，故后人称成都为锦城、蓉城；芙蓉耐寒，遇霜花盛，故又名“拒霜”，如王安石《拒霜花》诗中云：“群芳落尽独自芳。”芙蓉谐音“富荣”，在图画中常与牡丹组合为“荣华富贵”
	牡丹	有“花王”“富贵花”“国色天香”之称；在造园中，常与寿石组合为“长命富贵”，与长春花组合为“富贵长春”的景观；宋代洛阳牡丹已被推为天下之冠，故有“洛阳花”之称
	月季	因四季常开而民俗视为祥瑞，有“四季平安”的寓意；与玫瑰、蔷薇被誉为“园中三杰”
	兰花	被称为花中君子，寓意典雅、高洁；与水仙、菊花、菖蒲被誉为“花草四雅”；与竹、菊、梅被称为“四君子”
	合欢	合欢有羽状对偶复叶，夜合晨舒，象征夫妻恩爱和谐，婚姻美满

考点六、数字文化

表 16－6　数字文化

要点	具体内容		
概述	数字文化是指某些数字除了本身的计算意义外，兼有某种非数字的性质，它在哲学、宗教、神话、巫术、诗歌、习俗等方面作为结构素反复出现，具有特殊或神圣的蕴涵。数字与中国的历史、地理、风土人情、传统习俗、生活方式、文学艺术、行为规范、思维方式、价值观念等文化元素缠结在一起，共同汇成了丰富多彩的中国文化		
中国文化中的常见数字概念及内涵	一	一元	宇宙最初的状态。刘勰《文心雕龙·原道》：“人文之元，肇自太极。”
	二	二仪	阴、阳
		二老	对父母双亲的尊称
	三	三才	天、地、人
		三光	日、月、星
		三教	儒，释、道
		三纲	君臣、父子、夫妇
		三花	道教内丹学指人的精、气、神
		三清	道教最高的神，即玉清元始天尊、上清灵宝天尊、太清道德天尊
		三宝	佛教中指佛、法、僧
		三藏	佛教中指经、律、论
	四	四时	春、夏、秋、冬
		四象	青龙、白虎、朱雀、玄武
		四夷	东夷、西戎、南蛮、北狄
		文人四友	琴、棋、书、画
		四大天王	俗称“四大金刚”，佛教中的护法天神，东方持国天王，持琵琶；南方增长天王，持剑；西方广目天王，持蛇；北方多闻天王，持伞
	五	五方	东、西、南、北、中
		五岳	东岳泰山、西岳华山、中岳嵩山、北岳恒山、南岳衡山
		五行	金、木、水、火、土。五行相生为：木生火，火生土，土生金，金生水，水生木。五行相克为：水克火，火克金，金克木，木克土，土克水
		五伦	君臣、父子、兄弟、夫妇、朋友
		五常	仁、义、礼、智、信
		五色	青、赤、黄、白、黑
		五虫	蠃、鳞、毛、羽、昆
		五味	酸、苦、甘、辛、咸
		五谷	稻、黍、稷、麦、菽(即大豆)
		五福	长寿、富贵、康宁、好德、善终
		五官	耳、目、口、鼻、舌
		五脏	脾、肺、肝、心、肾

续表

要点	具体内容		
中国文化中的常见数字概念及内涵	六	六合	东、南、西、北、上、下
		六亲	父、母、妻、子、兄、弟
		六畜	马、牛、羊、猪、狗、鸡
		六腑	中医指胃、胆、大肠、小肠、膀胱、三焦
		六根	佛教中指眼、耳、鼻、舌、身、意
		六欲	佛教中指色欲、形貌欲、威信姿态欲、言语音声欲、细滑欲、人想欲；《吕氏春秋》中指由生、死、耳、目、口、鼻所生的欲望
	七	开门七件事	柴、米、油、盐、酱、醋、茶
		七彩	红、橙、黄、绿、青、蓝、紫
		七情	中医指喜、怒、忧、思、悲、恐、惊；佛教中指喜、怒、忧、惧、爱、憎、欲
		七苦	佛教中指人生七种痛苦，即生、老、病、死、怨憎会、爱别离、求不得
		七曜	日、月和金、木、水、火、土五大行星
		北斗七星	天枢、天璇、天玑、天权、玉衡、开阳、摇光七颗星
	八	八卦	中国古代的一套象征性符号，分别为：乾（☰），象征天；坤（☷），象征地；震（☳），象征雷；艮（☶），象征山；离（☲），象征火；坎（☵），象征水；兑（☱），象征泽；巽（☴），象征风
		八德	封建社会表彰的八种德行，即孝、悌、忠、信、礼、义、廉、耻
		八字	用天干和地支表示一个人出生的年、月、日、时的八个字，算命者认为从生辰八个字可推算一个人的命运。旧时还用于婚配
		八股	又称“制艺”“时文”，是中国明清科举考试所用的文体，有固定格式，由破题、承题、起讲、入手、起股、中股、后股、束股八部分组成
		八仙	道教神话传说中的八位神仙，即汉钟离、李铁拐、张果老、何仙姑、蓝采和、吕洞宾、韩湘子、曹国舅
	九	九州	据《尚书·禹贡》记载，九州分别是：冀州、兖州、青州、徐州、扬州、荆州、豫州、梁州、雍州。后代指中国
		九鼎	相传大禹分天下为九州，令九州贡献青铜，铸造九鼎，将全国九州的名山大川、奇异之物镌刻于九鼎之身，并将九鼎集中于夏王朝都城。后象征国家政权
		九五之尊	在中国古代，九为阳数的极数，即单数最大的数，后多用九这一数字来附会帝王，帝王称“九五之尊”
		九宫	中国古代天文学家将天宫以井字划分乾宫、坎宫、艮宫、震宫、中宫、巽宫、离宫、坤宫、兑宫九个等份，以观天象
		九流	秦至汉初的九大学术流派，即儒、道、法、墨、名、阴阳、纵横、杂、农
		九卿	据《汉书·百官公卿表》记载，周代有天官冢宰、地官司徒、春官宗伯、夏官司马、秋官司寇、冬官司空，与少师、少傅、少保合称九卿。汉代以太常（秦与汉初为奉常）、光禄勋（秦与汉初为郎中令）、卫尉、太仆、廷尉、大鸿胪（秦典客，汉景帝改大行令，武帝改定）、宗正、大司农（秦治粟内史，汉景帝改大农令，武帝改定）、少府为九卿

续表

要点	具体内容		
中国文化中的常见数字概念及内涵	九	九族	从自己往上推到父、祖、曾祖、高祖四代，往下推到子、孙、曾孙、玄孙四代，连同自己一代，共为九族；一说是父族四、母族三、妻族二，共为九族
		九锡	古代天子赐给诸侯、大臣的九种器物，是一种最高礼遇。据《礼记》记载，分别为：车马、衣服、乐县、朱户、纳陛、虎贲、斧钺、弓矢、秬鬯
	十	十天干	甲、乙、丙、丁、戊、己、庚、辛、壬、癸
	十二	十二地支	子、丑、寅、卯、辰、巳、午、未、申、酉、戌、亥
		十二时辰	子(23点~1点)、丑(1点~3点)、寅(3点~5点)、卯(5点~7点)、辰(7点~9点)、巳(9点~11点)、午(11点~13点)、未(13点~15点)、申(15点~17点)、酉(17点~19点)、戌(19点~21点)、亥(21点~23点)
		十二生肖	与十二地支匹配的十二种动物，分别是子鼠、丑牛、寅虎、卯兔、辰龙、巳蛇、午马、未羊、申猴、酉鸡、戌狗、亥猪
	二十四	二十四节气	立春、雨水、惊蛰、春分、清明、谷雨、立夏、小满、芒种、夏至、小暑、大暑、立秋、处暑、白露、秋分、寒露、霜降、立冬、小雪、大雪、冬至、小寒、大寒
	二十八	二十八宿	古代人们根据日月星辰的运行轨迹和位置，把黄道附近的星象划分为二十八组，分别为：东方苍龙七宿是角、亢、氐、房、心、尾、箕；南方朱雀七宿是井、鬼、柳、星、张、翼、轸；西方白虎七宿是奎、娄、胃、昴、毕、觜、参；北方玄武七宿是斗、牛、女、虚、危、室、壁

考点七、民族节日

表16－7　民族节日

要点	具体内容	
概述	中华民族的古老传统节日，涵盖了原始信仰、祭祀文化、天文历法、易理术数等人文与自然文化内容，蕴含着深邃丰厚的文化内涵	
主要的民族节日	春节	又称过大年、新年、新春、岁旦、年禧；主要活动：穿新衣，拜年，放爆竹，吃年糕、饺子、春卷等，拜神祭祖等
	元宵节	又称上元节、灯节；主要活动：放烟火，玩花灯，猜灯谜，吃元宵(汤团)等
	上巳节	又称三月三、春浴日、女儿节；主要活动：水边饮宴、郊游、修禊(一种祭祀活动)等
	清明节	又称寒食节、踏青节；主要活动：踏青、扫墓、插柳、放风筝、荡秋千等
	端午节	又称端阳节；主要活动：吃粽子、赛龙舟、饮雄黄酒、插菖蒲等
	乞巧节	又称七夕、中国情人节；主要活动：拜织女、吃巧果、储七夕水、乞求巧艺与姻缘等
	中元节	又称七月半、祭祖节、盂兰盆节；主要活动：祭祖、祀亡魂、放河灯、焚纸锭、祭祀土地祈丰收、放焰口等
	中秋节	又称团圆节、仲秋节、八月节、祭月节、月光诞、秋夕；主要活动：祭月、赏月、吃月饼、吃团圆饭、舞火龙等

续表

要点		具体内容
主要的民族节日	重阳节	又称老人节、重九节、登高节；主要活动：登高、插茱萸、赏菊花、饮菊花酒、吃重阳糕等
	腊八节	又称法宝节、佛成道节；主要活动：吃腊八粥、拜神祭祖等
	祭灶节	又称小年、谢节、灶王节；主要活动：祭祀灶神、换灶神画像等
	除夕	又称大年夜；主要活动：清扫庭舍、贴春联、挂灯笼、燃爆竹、祭祖、吃团圆饭、守岁等

16.2　典型题(含考研真题)详解

一、填空题

1. 我国古书对“婚姻”二字的解释是：“婚”同“昏”，是______的意思；“姻”同“因”，是______的意思。可见，“婚姻”二字的产生，是父权制度完全确立以后的事。[青岛大学2015 年研]

【答案】昏时迎娶；因男而嫁

【解析】“婚姻”这个词，通俗地说是男性和女性结合为夫妻。但历史状况和实际生活远比这一解释要复杂得多。我国古书对“婚姻”二字的解释是：“婚”同“昏”，是昏时迎娶的意思；“姻”同“因”，是因男而嫁的意思。《诗经·陈风·东门之杨》云：“东门之杨，其叶牂牂；昏以为期，明星煌煌。”可见，“婚姻”二字的产生，应是父权制度已经完全确立以后的事。

2. “陆羽茶经元亮酒，韦家食谱步兵厨”中元亮和步兵指______。[北京大学 2012 年研]

【答案】陶潜(或陶渊明)、阮籍

【解析】东晋陶渊明，字元亮，又名潜，性嗜酒，尝为平泽令。阮籍，字嗣宗，“竹林七贤”之一，博览群籍，尤好老庄，擅长弹琴，曾任步兵校尉，又称“阮步兵”。

3. 我国最早的一部茶叶专著是唐代出现的陆羽的《______》。[中山大学 2011 年研]

相关试题：

(1)中国最早的一部茶叶专著是唐代陆羽的《______》。[首都师范大学 2010 年研]

(2)唐代陆羽所著《茶经》是世界茶文化史上的早期专著。[判断题，南开大学 2010 年研](**【答案】**正确)

【答案】茶经

【解析】《茶经》是中国乃至世界现存最早、最完整、最全面介绍茶的专著，被誉为“茶叶百科全书”，由中国茶道的奠基人陆羽所著。它总结了唐代以前种茶饮茶的经验，也记述了作者的切身体验，其出现标志着饮茶文化的进步与转变。此书是一部关于茶叶生产的历史、源流、现状、生产技术、饮茶技艺以及茶道原理的综合性论著，是一部划时代的茶学专著。

4. 大致说来，从周代起，规定嫁娶时须行“______”。[厦门大学 2011 年研]

【答案】六礼

【解析】从周代起，规定嫁娶时须行“六礼”，①“纳采”，男方聘媒人到女方说亲，并向女方送礼。礼物是大雁，象征男女和顺；②“问名”，男方派人送信给女方，求问对方的名字及出生年月，女方复信具告；③“纳吉”，将男女双方的生辰八字通过巫师卜卦，卜得吉利即可相配；④“纳征”，经占卜可以成亲，由男方给女方正式下聘礼；⑤“请期”，请巫师选一吉日，经双方议定嫁娶的日子；⑥“亲迎”，成亲那天，新郎奉父母之命亲自到女家迎娶。

5. 相传寒食节最早是为了纪念春秋时晋国的大臣______而形成的，唐代时与清明节合二为一。[南开大学2011年研]

【答案】介之推

【解析】晋文公的谋臣介之推在清明前一日(一说前二日)同他母亲被烧死在绵山，太原一带人民为纪念他而禁火一个月(后改为三日)，只吃寒食，并纷纷前往绵山介之推墓祭祀，遂形成寒食节。

6. 被称为“茶圣”的是______。[北京大学2010年研]

相关试题：唐代的陆羽写出《茶经》一书，被奉为“茶圣”。[判断题，中国传媒大学2010年研](【答案】正确)

【答案】陆羽

【解析】陆羽《茶经》之旨在于“品”，即注重茶的意趣而不注重它的功用。这也是中国茶文化的灵魂所在。由于这一贡献，陆羽被尊为“茶圣”“茶仙”。

7. 中国饮食文化历史悠久，内容丰富，人们非常注意记录、总结饮食经验、种类和制作方法，清代文学家袁枚的《______》就记载了明代到清初流行的食品326种，并在烹调技艺上提出了很多见解。[北京外国语大学2010年研]

【答案】随园食单

【解析】明清两代是封建社会的晚期，在烹调方面积累了以前的经验，各种总结烹调技术和仪器加工的专著纷纷出现，其中以清代文学家袁枚的《随园食单》最有代表性，它不但记载了从明代到清初流行的食品326种，而且对烹调技艺提出了许多高明见解。

8. 在中国，举行饮菊花酒、登高眺远、插戴茱萸的习俗活动的传统节日是______。[华中师范大学2010年研]

【答案】重阳节

【解析】《易经》中把“九”定为阳数，“九九”两阳数相重，故曰“重阳”，古时民间在重阳节有登高祈福、秋游赏菊、佩插茱萸、拜神祭祖及饮宴求寿等习俗。传承至今，又添加了敬老等内涵，于重阳之日宴请高堂，感恩敬老。登高赏秋与感恩敬老是当今重阳节日活动的两大重要主题。

9. 我国的民族节日，特别是汉族的传统节日，其生产与演变，跟远古______、祖先崇拜和原始禁忌有密切关系。[厦门大学2010年研]

【答案】农业生产

【解析】由于我国地域辽阔，民族众多，历史上形成的传统节日多达数百个。许多重大节日，至今仍影响着人们的习俗。我国的民族节日，特别是汉民族的传统节日，大多与宗教无关。它的产生与演变，跟远古农业生产、祖先崇拜和原始禁忌有密切关系。

10. 在中国，西南地区的彝、拉祜、纳西等民族都过______节，但他们对火与光的理解不相同。[首都师范大学 2010 年研]

【答案】火把

【解析】西南地区的彝族、傈僳族、拉祜族、纳西族等都过“火把节”，但他们关于火把节的来历、举行火把节的方式并不相同。这说明，他们对火与光的理解存在着民族差异。彝族认为火可以除害(蝗虫)，白族认为火可以除霸(奴隶主和国主)，纳西族认为火可以救己，拉祜族则认为火可以驱恶。

二、判断题

1. 中国古代历法有夏历、殷历和周历，现在农历采用的是周历。(　　)[首都师范大学 2011 年研]

【答案】错误

【解析】夏历，以建寅为岁首，意思是寅月即正月，是一年的开始月，所以现在的农历又称为夏历。周历，以建子之月(即夏历的十一月)为岁首。殷历，以建丑之月(即夏历的十二月)为岁首。

2. 在中国古代，生了女孩称为“弄璋之喜”。(　　)[中山大学 2011 年研]

【答案】错误

【解析】生男孩称“弄璋之喜”，生女孩称“弄瓦之喜”。瓦是古代纺织时用的陶制纱锭，古人拿这种陶制纱锭给小女孩玩，就是希望她长大后能胜任女红。璋是玉质，也是礼器；瓦则是陶制的、也是纺织工具，两者不仅质地不同，使用者的身份也大不同。璋、瓦用来代指男女，可看出古代社会是崇尚男尊女卑的。

3. 在中国饮食文化中，无论是“八大菜系”还是“四大菜系”都包括北京菜。(　　)[厦门大学 2010 年研]

【答案】正确

【解析】由于北京是辽元以来的京师重地，“八大菜系”和“四大菜系”传入北京地区以后，鲁菜很快进入宫廷，与大漠风味和其他风味融合吸收，形成北京地区的宫廷菜。因此，今天北京地区的山东菜，实际上是北京地区的宫廷菜。

4. 明清以来，公认的八大菜系是：鲁、川、粤、闽、苏、沪、湘、徽。(　　)[中国传媒大学 2010 年研]

【答案】错误

【解析】经过几千年的演变与发展，按各地饮食习惯和食物条件，形成各地不同的风味，即不同的菜系。通常分为“八大菜系”：鲁(山东菜)、川(四川菜)、粤(广东菜)、闽(福建菜)、苏(江苏菜，主要指淮扬菜)、浙(浙江菜)、徽(安徽菜)、湘(湖南菜)。

5. 唐装四大要素是对襟、立领、连袖和盘扣，是20世纪形成的服装样式。(　　)[中国传媒大学2010年研]

【答案】正确

【解析】唐装并不是唐代流行的服饰，而是20世纪形成的服装样式。它是在清代满人的服装(主要是马褂)的基础上发展而来的，并融入了一些西方服装的元素。唐装四大要素：一是对襟，女式的多是斜襟；二是立领；三是连袖；四是盘扣。

6. 汉唐时期的北方民族回纥是现在维吾尔族的祖先。(　　)[南开大学2010年研]

【答案】正确

【解析】回鹘，突厥的分支，中国古代北方及西北的少数民族。原称回纥，唐德宗时改称回鹘。位于漠北的回鹘汗国于840年被黠戛斯灭亡后，分三支西迁和南迁到了新疆和甘肃，后形成了今日的维吾尔族和裕固族。

7. 按照中国的传统，黄色为最尊贵的颜色，它源于古人对皇帝的崇拜。(　　)[首都师范大学2010年研]

相关试题：黄色之所以成为最尊贵的颜色，主要是因为古人对火神的崇拜，但也深受五行学说的影响。[中山大学2010年研]

【答案】错误

【解析】黄色之所以成为最尊贵的颜色，自古为帝王垄断，成为皇家的专用色，主要是因为古人对地神的崇拜，也深受阴阳五行学说的影响。古代经典《尚书》中的五行说中，世界由“金、木、水、火、土”五行构成，五种元素相生相克，世界因此变化不定。“黄色”代表“土”，土是万物之本，“土为尊”。此后这种思想又与儒家大一统思想糅合在一起，认为以汉族为主体的统一王朝就是这样一个处于“中央土”的帝国，而有别于周边的“四夷”，这样“黄色”通过土就与“正统”“尊崇”联系起来，为君主的统治提供了“合理性”的论证。古代有“龙战于野，其血玄黄”的说法，君主以龙为象征，黄色与君主就发生了更为直接的联系。就这样，黄色象征着君权神授，神圣不可侵犯。

三、单项选择题

1. “陶令篱边色，罗含宅里香”是指什么花？(　　)[南京大学2021年研]

A. 桃花　　B. 菊花　　C. 桂花　　D. 紫荆花

【答案】B

【解析】该诗句出自唐代李商隐的《菊花》，其中“陶令”即东晋著名诗人陶渊明，有名句“采菊东篱下，悠然见南山”；“罗含”是东晋的哲学家、文学家，《晋书·罗含传》记载他“及致仕还家，阶庭忽兰菊丛生，以为德行之感焉”。两人都以爱菊流芳后世。

2. 中国古代贵族男子二十岁结发加冠后可以娶妻，贵族女子(　　)岁许嫁时举行笄礼后结发加笄。[北京大学2016年研]

A. 15　　B. 16　　C. 18　　D. 19

【答案】A

【解析】中国古代贵族男子二十岁结发加冠后可以娶妻，贵族女子十五岁许嫁时举行笄礼后结发加笄。所谓结发，就是在头顶上盘成发髻，表示长大成人，可以婚嫁。

3. 东汉末年应劭写的（ ）可能是世界上最早的民俗学专著。［南京师范大学2015年研］

A.《风俗通义》 B.《文明小史》 C.《海国图志》 D.《吾国与吾民》

【答案】A

【解析】东汉末年应劭的《风俗通义》可能是世界上最早的民俗学著作。《风俗通义》以考证历代名物制度、风俗、传闻为主，对两汉民间的风俗迷信、奇闻怪谈多有驳正。B项，《文明小史》是清代李伯元所作长篇小说。C项，《海国图志》是清代魏源编著的一部世界地理历史知识的综合性图书。D项，《吾国与吾民》是林语堂用英文创作的一部散文集，用坦率幽默的笔调、睿智通达的语言娓娓道出了中国人的道德、精神状态与向往，以及中国的社会、文艺与生活情趣。

4. 我国"四大菜系"指的是（ ）。［南开大学2012年研］

A. 鲁、川、淮、粤 B. 川、湘、苏、粤

C. 鲁、川、闽、粤 D. 川、粤、苏、浙

【答案】A

【解析】"四大菜系"即鲁、川、淮、粤。①鲁菜历史悠久，流传很广，是齐鲁文化的结晶。传入北京地区以后，鲁菜很快进入宫廷，与大漠风味和其他风味融合吸收，形成北京地区的宫廷菜。②川菜比较接近大众，家常气息较浓，调味多种多样，尤以风味小吃著称于世。虽也有高档菜肴，但多数能雅俗共赏。③淮扬菜发源地为淮扬、苏州一带，物产丰盛，商贾云集，号称"鱼米之乡"，因此菜肴讲求富丽，是一种"富"菜。④粤菜因地处南海大门，饮食方面受到外国影响较久，吃的领域比较广泛。

5. 我国少数民族中人口最多的是（ ）。［中山大学2011年研］

A. 蒙古族 B. 藏族 C. 回族 D. 壮族

【答案】D

【解析】在我国，少数民族中人口最多的是壮族，有1500多万人，人口在400万以上的有满族、回族、苗族、维吾尔族、彝族、土家族、蒙古族和藏族。

6. 人们把乡土气息较浓的烹饪精品称为"名特小吃"，如北京的涮羊肉、西安的羊肉泡馍、天津的狗不理包子、广州的（ ）等。［华中师范大学2010年研］

A. 佛跳墙 B. 龙虎斗 C. 灯影牛肉 D. 小桃园鸡汤

【答案】B

【解析】龙虎斗又名"豹狸烩三蛇""龙虎凤大烩""菊花龙虎凤"，是闻名中外的广东传统名菜，是用蛇为主料的羹汤菜，精工细作，肉嫩香滑，异常鲜美。

7. 各个民族都有自己喜爱的植物、花木，并以此寄托情感，比喻某种品格，中国也有"岁寒三友"之说，"岁寒三友"是指（ ）。［首都师范大学2010年研］

A. 松、柏、梅 B. 松、蓬、梅 C. 松、竹、梅 D. 松、柳、梅

相关试题："岁寒三友"是松、竹、______。［填空题，北京大学2010年研］（**【答案】**梅）

【答案】C

【解析】古人以“梅、兰、竹、菊”为“四君子”；以“松、梅、竹”为“岁寒三友”。松四季常青，它质朴、庄重的个性给人以祥和持重的感觉，古人常以松柏比喻君子。竹是高雅、纯洁、虚心、有节的象征。梅开在百花之前，历经严寒，报送春讯，被誉为“东风第一枝”。它寓意着坚强高洁、不随波逐流，有着不屈不挠的精神和顽强的生命力。

8. 唐代诗人王维诗句“每逢佳节倍思亲”中的“佳节”指的是(　　)。[首都师范大学2010年研]

A. 中秋节　　B. 寒食节　　C. 端午节　　D. 重阳节

【答案】D

【解析】唐代诗人王维的《九月九日忆山东兄弟》有云：“独在异乡为异客，每逢佳节倍思亲。遥知兄弟登高处，遍插茱萸少一人。”重阳节这一天，人们都要到野外登高赏景，有的地方还要出门去探望嫁出去的女儿。一旦登高望远，不免感怀思亲。

9. “天坛走一走，到处都是(　　)”，这个数字代表最高，极限，无数。[中国传媒大学2010年研]

A. 8　　B. 9　　C. 10　　D. 1

【答案】B

【解析】皇家的建筑与器物，多合乎“九”数，九是一种荣耀，是至高无上的一个标志，是一个极限，也是一个转折的开始，还是一种变化和发展。

10. 紫禁城以(　　)为主色。[中国传媒大学2010年研]

A. 黄色和绿色　　B. 黄色和红色　　C. 红色和蓝色　　D. 红色和绿色

【答案】B

【解析】故宫的主体标志是红墙黄瓦，朱门金钉。从故宫的色彩来看，主要有黄、红、黑三种颜色，另外还有各种颜色的组合。故宫的建筑普遍使用红黄二色是因为在中国传统观念中，黄色是最高贵的，使用黄色琉璃瓦来象征皇权的至高无上。红色既显得威严与庄重，又衬托了故宫的雄伟与高大。

11. 中国古人对四季有不同的感受和描述，也因此产生了专门描写四季景色、风物的词，比如“惠风”就是用来描写(　　)的。[北京外国语大学2010年研]

A. 春风　　B. 夏风　　C. 秋风　　D. 冬风

【答案】A

【解析】古书中对春夏二季的评价很高，如春天又称“芳春”“青春”“阳春”；景称为“媚景”“和景”“韶景”；风称为“柔风”“惠风”；时称为“嘉时”，辰称为“良辰”。夏天称为“朱夏”“炎夏”；风称为“炎风”等。

四、概念题

避讳[南开大学2012年研]

答：避讳是为了表示对封建君主和尊者的敬畏，必须避免直接说出他们的名字而采用别的方式加以表达，又称“讳饰”。它起源于西周，完备于秦汉，盛行于唐宋，到清代的雍正、乾隆年间，讳禁制度极严。讳有“国讳”和“家讳”两种：“国讳”是统治者运用国家权力强令臣民们为之避讳；“家讳”是封建士大夫们为其尊者自行避讳。历代避讳方法有三种：①改字法，是对涉及与帝王及尊者之名相同的字时改用其他字代替。如汉代为避汉文帝刘恒的讳，改“恒山”为“常山”。②空字法，是将应当避讳的字空出来不写，或空围“□”，或作“某”，或直书“讳”字。如东汉许慎在作《说文解字》时，对当世皇帝汉安帝刘祜以及上至光武帝刘秀凡五代帝王之名，皆取空字法，只作“上讳”二字，不解释它们的形、音、义。③缺笔法，是对所避之字的最后一笔不写。如清圣祖(康熙)名玄烨，清代人为避讳，凡遇“玄”均少写最后一点。另外，封建主义还有“讳嫌名”的做法，即与所避之字声音相近或相同的字也要避讳，如唐代诗人李贺，其父名李晋肃，“晋”与“进”同音，因“讳嫌名”而不得考进士。避讳是封建宗法制度的产物，又是家天下和尊祖敬宗的体现。

五、简答题

1. 中国文化的方向、颜色崇尚是怎么来的?［湖南师范大学2018年研］

答：中国文化的方向、颜色迷信的产生：

(1)受古人天地崇拜和战国末期阴阳五行观念的影响

中国自古以南向和东向为尊，以黄色和红色为贵，贬低北向和西向，轻贱黑色和白色，甚至视白色和西向为不吉。这些主要是受到古人的天地崇拜和战国末期渗入的阴阳五行观念。

(2)以南向、东向为尊和以红色为贵，源于古代的日神崇拜

太阳从东方升起，至中午而处于正南。它火红的颜色、炙热的温度和所居的位置颇给古人以神秘莫测的感觉，由此，古人产生了对太阳的崇拜。

(3)以黄色为尊，则源于古代的地神崇拜，深受阴阳五行学说的影响

五行观念产生之后，土居中央，黄色成为中央之色，其神为黄帝，而黄帝又是传说中的华夏族祖先。这种自我中心的文化观念，非常符合封建统治者的需要，黄色因此受到历代的推崇，终于独尊于诸色之上，与其他颜色一起，形成中国特色的色彩序列和等级：黄、红、青、黑、白。这一序列，也正是中国古代服饰色彩的序列。

2. 中国传统节日习俗体现了中国文化的什么特质?

答：中国传统节日习俗体现的中国文化特质是：中国节日的产生与演变，跟远古农业生产、祖先崇拜和原始禁忌有密切关系，具体如下：

(1)中国的节日风俗打上鲜明的农业文化特色，节日本身就反映出农业社会的生活规律，如重阳节，即使土地和五谷，祈求丰收，就有典型的农业色彩。

(2)与农业生产有关的天文、历法对节日的产生有直接的影响，二十四节气中的清明逐渐演化为传统节日就是一个例子。

(3)节日活动中的祭祖仪式和合家团圆之乐，表明节俗中保留着祖先崇拜的痕迹，体现了中国节日中的伦理特色，如春节、清明节、中元节等，都重视祭祖活动。

(4)中国的节俗追求平安吉祥、驱病灭灾，不少节日活动避凶就吉，这可以看出节日与古人禁忌的某些关系。如上巳节沐浴除祟、端午节饮雄黄酒、插艾蒿等就是典型的例子。

(5)在节日活动内容中融入的文人事迹及其雅兴，也显示了中国节俗的独特之处，如上巳节的“曲水流觞”风俗，就是东晋王羲之等兰亭集会的遗风。

总之，中国节日重“人”，它所体现的是“人与人”“人与事”(如农事)的关系，同时也体现出了中国文化悠久的历史性和传承性。

第17章　中外文化交流

17.1　复习笔记

【知识框架(庖丁解牛)】

- 中外文化交流
  - 陆上丝绸之路
    - 名称起源
    - 定义
    - 重要人物
  - 海上丝绸之路
    - 名称起源
    - 背景
    - 定义
    - 航线
    - 发展过程
  - 茶马古道
    - 名称起源
    - 定义
    - 三条线路
  - 中国僧人的西行求法和东渡传法
    - 西行求法
    - 东渡传法

【考点剖析与拓展(游刃有余)】

考点一、陆上丝绸之路

表17－1　陆上丝绸之路

要点		具体内容
名称起源		此词最早来自德国地理学家费迪南·冯·李希霍芬于1877年出版的《中国——我的旅行成果》
定义		汉武帝时期开始形成的以长安为起点，经甘肃、新疆，到中亚、西亚，并连接地中海各国的陆上通道
重要人物	张骞	西汉人杰出的外交家、探险家，丝绸之路的开拓者，汉武帝刘彻建元二年(前139年)、元狩四年(前119年)先后两次出使西域，访问了西域各国和中亚的大宛(今乌兹别克斯坦费尔干纳盆地)、康居(今乌兹别克斯坦和塔吉克斯坦境内巴尔喀什湖和咸海之间)、大月氏(伊犁河流域及伊塞克湖附近)和大夏(今阿富汗今兴都库什山以北的阿富汗斯坦东北部地区)诸国，使西域及中亚、西亚，以至南欧同汉朝的关系密切起来，司马迁称之为"凿空"
	李广利	为了打破匈奴对大宛的控制并获得大宛的汗血马，汉武帝于太初元年(前104年)和太初三年(前102年)两次派贰师将军李广利西征大宛，迫使大宛进贡良马几十匹，中马以下牡牝三千余匹。沿途中亚各国听说汉军征服了大宛国，无不大受震动。各国王公贵族纷纷派遣子侄跟随汉军回到中原，他们为汉武帝呈上贡品，并留在汉朝作为人质，表示对汉武帝的效忠

续表

要点	具体内容	
重要人物	郑吉	西汉将领、外交家，汉宣帝刘询神爵二年(前60年)在乌垒城(今轮台县境内)建立西域都护府，开始行使国家主权，任命破车师国，降匈奴日逐王有功的郑吉为第一任西域都护
	班超	东汉时期著名军事家、外交家，经营西域31年，共收服鄯善(今新疆罗布泊)、于阗国(今新疆和田)、疏勒国(今新疆喀什市)、龟兹(今新疆库车县)、焉耆(今新疆焉耆回族自治县)等50多个国家归附东汉
	甘英	东汉和帝永元九年(97年)，班超派甘英出使大秦(罗马帝国)，甘英至安息(即波斯帕提亚王国，今伊朗境内)西海(波斯湾)而还

考点二、海上丝绸之路

表17-2　海上丝绸之路

要点	具体内容	
名称起源	法国汉学家沙畹在《西突厥史料》中提到："丝路有陆、海两道。北道出康居，南道为通印度诸港之海道。"因此，他被认为是第一个提出海上丝绸之路的人	
背景	①春秋战国时期，齐国在胶东半岛开辟了"循海岸水行"直通辽东半岛、朝鲜半岛、日本列岛直至东南亚的黄金通道。 ②司马迁《史记·秦始皇本纪》记载：秦始皇二十八年(公元前219年)和三十七年(公元前210年)两次派琅琊人徐福入海求仙药，徐福是迄今有史记载的东渡第一人。 ③经过安史之乱后的唐朝开始衰落，西藏吐蕃越过昆仑山北进，侵占了西域的大部；五代十国时期，中国北方地区战火连年，丝绸、瓷器的产量不断下降，商人也唯求自保而不愿远行。 ④宋代以后，随着中国南方的进一步开发和经济重心的南移，西南海上航路日益发达，越走越远，从南洋到阿拉伯海，甚至远达非洲东海岸	
定义	海上丝绸之路，也称"海上陶瓷之路"和"海上香料之路"，是古代中国与外国交通贸易和文化交往的海上通道，萌芽于春秋战国，形成于秦汉，经唐、宋、元日趋发达，明初达到顶峰，明中叶因海禁而衰落，是已知最为古老的海上航线。广州、泉州、宁波(古称明州)是三个最主要的港口	
航线	东海航线	起点主要是山东半岛和江浙沿海，至辽东半岛、朝鲜半岛和日本列岛
	南海航线	起点主要是两广和福建沿海，经中南半岛和南海诸国，穿过印度洋，进入红海，抵达东非和欧洲
发展过程	汉代	《汉书·地理志》记载，从徐闻(今广东徐闻县境内)、合浦(今广西合浦县境内)出发，经南海进入马来半岛、暹罗湾、孟加拉湾，到达印度半岛南部的黄支国和已程不国(今斯里兰卡)。这是可见的有关海上丝绸之路最早的文字记载
	魏晋南北朝	由于北方战乱，陆路交通有所阻隔，海上交通有了更大的发展。中外联系从而大大加强，大秦诸国的使臣和商人通过海路来华的数目也在不断增加
	唐	唐代开始在广州、泉州等地设立"市舶使"(为市舶司前身)，负责管理海外贸易；来华外国人有的就在沿海城市定居，形成所谓的"蕃坊"

续表

要点		具体内容
发展过程	宋	宋代的造船业比较发达，指南针已广泛应用于航海。与宋王朝有海上贸易的达五十个国以上，1080 年(北宋元丰三年)，政府颁布《广州市舶条法》，这是迄今为止所发现的世界上最早的海上外贸成文法规
	元	①元代复置泉州、庆元(宁波)、广州市舶提举司。 ②意大利人马可·波罗经地中海、中东来到元大都，在中国游历了 17 年，回国后将在中国的见闻写成《马可·波罗游记》，该书激起了欧洲人对东方的热烈向往，对以后新航路的开辟产生了巨大的影响。 ③中国航海家汪大渊，由泉州港出海航海远至埃及，著有《岛夷志略》一书，记录了所到的亚、非、澳多个地区的山川、习俗、风物及贸易等情况
	明	①从明永乐三年(1405 年)到宣德八年(1433 年)，郑和(回族)及其副手王景弘受明成祖朱棣和明宣宗朱瞻基的派遣，先后七次率领庞大的船队出海远航，最远到达东非、红海。随郑和下西洋的马欢著《瀛涯胜览》、费信著《星槎胜览》、巩珍著《西洋番国志》，记录了他们下西洋沿途各国的风土人情。 ②意大利人、天主教耶稣会传教士利玛窦于 1582 年(明万历十年)被派往中国传教，经澳门至北京，在华 28 年，是天主教在中国传教的最早传教士之一。 ③德国人、天主教耶稣会传教士汤若望于 1620 年(明万历四十八年)经澳门来到中国传教，在中国生活 47 年，历经明、清两朝，是继利玛窦之后最重要的来华耶稣会士之一
	清	①由于实行海禁政策，广州十三行成为清朝唯一合法的外贸特区，中国与世界的贸易全部聚集于此，直至鸦片战争为止，这个洋货行独揽中国外贸长达 85 年。 ②比利时人、天主教耶稣会传教士南怀仁于 1658 年(清顺治十五年)，经澳门来到中国传教。南怀仁是清初最有影响的来华传教士之一，为近代西方科学知识在中国的传播做出了重要贡献

考点三、茶马古道

表 17－3　茶马古道

要点		具体内容
名称起源		1980 年代末，云南大学中文系教师木霁弘等六人通过实地考察发现这条古道，并联名发表《“茶马古道”文化论》一文，这是该名词首次公开出现
定义		是指存在于中国西南地区，贯穿起滇、川、藏连接东南亚，以马帮为主要交通工具的民间国际商贸通道
三条线路	青藏线	旧称唐蕃古道，兴起于唐代，发展较早，是我国古代历史上一条非常著名的交通大道，是中原内地往青海、西藏乃至不丹、尼泊尔、印度等国的必经之路；起点为西安(即唐都长安)，途经甘肃、青海，至西藏拉萨，全长 3000 余公里。唐蕃和亲时文成公主即由此道入藏
	川藏线	起点为茶叶产地雅安，经打箭炉(今康定)，西至西藏拉萨，最后通到不丹、尼泊尔和印度
	滇藏线	起点为云南普洱茶主产区思茅、西双版纳一带，经大理、丽江进入西藏昌都，到西藏拉萨，再经江孜、亚东，分别到缅甸、尼泊尔、印度

考点四、中国僧人的西行求法和东渡传法

表 17 - 4　中国僧人的西行求法和东渡传法

要点	具体内容		
西行求法	法显	东晋	东晋隆安三年(399 年)，六十五岁的法显远赴印度求法，遍游印度北部，于东晋义熙七年(411 年)坐商船循海东归，经苏门答腊，途遇风浪，船漂行至山东即墨而归国，取得一批经律，将所见所闻撰写成《佛国记》(又名《法显传》)
	玄奘	唐代	唐太宗贞观三年(629 年)，经今新疆及中亚等地，辗转到达中印度摩揭陀国王舍城，进入当时印度佛教中心那烂陀寺，师从戒贤学习佛法，后游历印度数十国，于贞观十九年(645 年)返回长安，带回超过 600 部佛教经典，著《大唐西域记》详述亲所历见的各国风土人情
	义净	唐代	唐高宗咸亨二年(671 年)由广州，取道海路，经苏门答腊至印度，巡礼鹫峰、鸡足山、鹿野苑、祇园精舍等佛教圣迹，往那烂陀寺学佛法 11 年，后又至苏门答腊游学 7 年。历游三十余国，著有《南海寄归内法传》，描述东南亚和印度佛教、地理、民俗及医方。返国时，携梵本经论约四百部、舍利三百粒至洛阳，武后亲迎
东渡传法	鉴真	唐代	唐玄宗天宝年间五次东渡日本未成，双目失明，终于在天宝十二年(753 年)第六次东渡成功，入奈良东大寺弘布戒律，被尊为日本律宗初祖。鉴真一行二十多人中，有建筑、绘画、雕刻、医药、刺绣、铸写等方面技艺精湛的人才，并携带着大量书籍和艺术作品，把唐朝高度发展的文化科学传播到日本

17.2　典型题(含考研真题)详解

一、填空题

1. 《西儒耳目资》是法国来华传教士______编写的一部帮助西方人学习汉字的罗马注音字汇。[首都师范大学 2015 年研]

【答案】金尼阁

【解析】《西儒耳目资》是明末天主教耶稣会来华传教士金尼阁编著的一部帮助西洋人学习汉语、汉字的罗马字注音字汇。全书共分为三编：第一编《译引首谱》是总论，第二编《列音韵谱》是从拼音查汉字，第三编《列边正谱》是从汉字查拼音。

2. 晚清时期，思想家魏源在______一书中提出了“师夷长技以制夷”的主张。[北京师范大学 2012 年；北京语言大学 2015 研]

【答案】《海国图志》

【解析】“师夷长技以制夷”是魏源在其著作《海国图志》中提出的著名主张。魏源在该书《原叙》中指出著书的目的，“是书何以作？曰：为以夷攻夷而作，为以夷款夷而作，为师夷长技以制夷而作。”“师夷”主要是指学习西方资本主义各国在军事技术上的长处，而夷之长技有三：战舰；火器；养兵练兵之法。“制夷”即抵抗侵略、克敌制胜。

3. 中国古代与海外交往的几条主要通道被称为______。[首都师范大学 2011 年研]

【答案】海上丝绸之路

【解析】“海上丝绸之路”从海上沟通着中国与外国的交往。最早见于史书记载的海上航线是《汉书·地理志》所记的从西汉帝国的南疆到达印度洋的海路，即从今越南北部、广东、广西港口出发，经东南亚抵达今印度东岸和斯里兰卡。东汉时，中国人已经知道从波斯到红海的海路。

4. 唐朝僧人玄奘赴印度学习佛教经典，回国后口述成书的______是当时中国了解西域和印度的一个重要窗口。[首都师范大学 2011 年研]

相关试题：唐代僧人玄奘西行求法，历时 19 年，曾著《______》详述所历见的各国风土人情，成为中外文化交流史上的不朽力作。[厦门大学 2010 年研]

【答案】《大唐西域记》

【解析】玄奘出家后在长安、成都等地遍访名师，为了了解佛学底蕴，于唐贞观元年出关，取道西域，经葱岭，到达古印度境内，研习讲学，周游印度，历时 19 年，于贞观十七年载誉回国，主持佛经翻译，其所著《大唐西域记》记载了玄奘亲身游历西域的所见所闻，书中从不同层面、不同角度、不同深度对西域各国，各民族生活方式、建筑、婚姻、丧葬、宗教信仰、沐浴与治疗疾病和音乐舞蹈方面做了详细记述。

5. 第一部由西方人撰写的介绍中国的著作是《______》。[南开大学 2011 研]

相关试题：《______》是有史以来由西方人撰写的、详细介绍中国的第一部著作。[首都师范大学 2010 年研]

【答案】马可·波罗游记

【解析】元代时来华的意大利威尼斯人马可·波罗在中国生活达 20 年，回国后因战争被俘，被投入热那亚监狱。在狱中他向难友讲述了他在东方的游历和见闻，这便是著名的《马可·波罗游记》，也是有史以来由西方人撰写的详细介绍中国的第一部著作。

6. 唐朝时日本来中国留学的学生被称为______。[首都师范大学 2011 年研]

【答案】遣唐使

【解析】中日之间的交流，日本采取积极主动的态势，先后派出使团、留学生和学问僧到中国来吸取营养。在隋代，日本共派出遣隋使五次，特使高向玄理等人专程来华学习佛法；在唐代，从 630 年 ~ 834 年的两百余年中，日本共派出遣唐使 18 次，其中有 16 次到了中国。

7. 公元前 138 ~ 前 126 年______通西域以后，我们的祖先就沿着陆上和海上的丝绸之路与世界各国人民进行文化交流。[北京外国语大学 2010 年研]

【答案】张骞

【解析】汉武帝派张骞出使西域，开辟了一条中西交通的“丝绸之路”。汉建元三年(公元前 138 年)，张骞奉命往西域寻找被匈奴驱逐的大月氏人，以便与之联合，共同抗击匈奴。在途中被匈奴扣留达十年之久，逃脱后，经楼兰、龟兹，翻越葱岭，经大宛、康居，终于到达大月氏，却遭拒绝。尽管这一次未能与大月氏取得联盟，但却打通了一条由长安通往西域的道路，使汉人与西域各国都互相了解到对方的存在和文化。

8. 唐朝时______和尚六次东渡日本，是中日文化交流史上的大事。[北京外国语大学

2010 年研]

【答案】鉴真

【解析】扬州大明寺僧人鉴真，应日本僧人邀请，排除一切险阻，六次冒死东渡，终于在天宝十三载(754 年)东渡成功，并且在日本弘扬律宗，为中日文化交流写下光辉的一页，他自己也成为日本律宗的始祖。

9. 明代以后，西方传教士东行来到中国，其先行者和奠基人就是意大利人______。[首都师范大学 2010 年研]

相关试题：明末耶稣会传教士______来华，为中西方文化交流与互动做出了突出贡献。[南开大学 2010 年研]

【答案】利玛窦

【解析】利玛窦，意大利的耶稣会传教士，学者，明朝万历年间来到中国居住。他是天主教在中国传教的最早开拓者之一，也是第一位阅读中国文学并对中国典籍进行钻研的西方学者。他传播西方天文、数学、地理等科学技术知识，他的著述对中西交流作出了重要贡献。

二、判断题

1. 郑和下西洋在哥伦布发现美洲大陆之后。(　　)[中国计量大学 2020 年研]

【答案】错误

【解析】郑和下西洋是明代永乐、宣德年间的一场海上远航活动，首次航行始于永乐三年(1405 年)，末次航行结束于宣德八年(1433 年)，共计七次。这一系列航行比哥伦布发现美洲大陆早 87 年，比达·伽马的航海早 92 年，比麦哲伦的航海早 114 年。

2. 中国古代西域指的是现在的欧洲。(　　)[首都师范大学 2011 年研]

【答案】错误

【解析】汉建元三年，张骞奉命往西域寻找被匈奴驱逐的大月氏人，以便与之联合，共同抗击匈奴。途径之地为今天的新疆与中亚部分地区，所以西域并不是指现在的欧洲。

3. 四川峨眉山 – 乐山风景名胜区是世界文化与自然双重遗产。(　　)[厦门大学 2011 年研]

【答案】正确

【解析】1982 年，峨眉山以四川峨眉山风景名胜区的名义，被国务院批准列入第一批国家级风景名胜区名单。1996 年，峨眉山与乐山大佛共同被列入《世界自然与文化遗产名录》，是自然和文化双重遗产之地。2007 年，峨眉山景区经当时的国家旅游局正式批准为国家 5A 级旅游景区。

4. 敦煌位于甘肃省，是古代丝绸之路上的经济文化中心，也是佛教传入中国的必经之地。(　　)[南开大学 2010 年研]

【答案】正确

【解析】敦煌位于甘肃省，是中国的历史文化名城。位于古代中国通往西域、中亚和欧洲的交通要道——丝绸之路上，曾经拥有繁华的商贸活动，同时敦煌也是佛教传入中国的必经之地。

5. 隋唐时期，中日交流达到鼎盛时期，日本政府多次派遣隋使、遣唐使，来中国学习先进的文明与文化。(　　)［首都师范大学 2010 年研］

【答案】正确

【解析】中日两国之间的交往，至隋唐时代达到频繁往来的鼎盛时期。日本如饥似渴地吸收中国文化，先后派出使团、留学生和学问僧到中国来汲取营养。

6. 长城在联合国教科文化组织《世界遗产名录》中被列为文化与自然双重遗产。(　　)［厦门大学 2010 研］

【答案】错误

【解析】截至 2021 年 7 月，中国已有 56 处文物古迹和自然景观被列入《世界遗产名录》，长城是 1987 年最早被列入文化遗产的名胜古迹。

三、单项选择题

1. 中国古代先民很早就克服重重困难，向外发展，吸收其他文明的先进文化，也传播自身的文化。《周王传》就记载(　　)曾西游会见西王母。［北京大学 2015 年研］

A. 周穆王　　B. 周成王　　C. 周昭王　　D. 周幽王

【答案】A

【解析】在《史记》和河南汲县战国墓中出土的《周王传》中都有关于“周穆王西游会见西王母”生动的记载。据记载，周穆王自洛阳启程，北渡黄河，出今山西北部，到达河套地区，然后往西，经由柴达木盆地，直抵昆仑之丘。在那里，他会见了西王母，与当地一些部落酋长交换了牛马、器物，与中亚、西亚地区的人民建立了经济和文化上的联系。

2. 日本效仿唐朝制度的一次改革是(　　)。［中山大学 2014 年研］

A. 天保改革　　B. 宽政改革　　C. 大化改新　　D. 明治维新

【答案】C

【解析】C 项，大化二年，日本孝德天皇颁布《改新之诏》，正式开始改革，改革确立了学习中国唐朝律令的制度，被称为“大化改新”。大化革新解放了生产力，完善了日本的统治制度，奠定了日本的国家发展方向。AB 两项，天保改革和宽改改革都是日本江户时代由幕府实行的幕政改革。D 项，明治维新是 19 世纪 60 年代末，日本受到西方资本主义工业文明冲击而进行的由上而下的、具有资本主义性质的改革运动。

3. 下列哪部是古代中国航海人士以亲身经历撰述并描绘海外诸岛风貌的著作？(　　)［中山大学 2014 年研］

A.《职方外纪》　　B.《四洲志》　　C.《真腊风土记》　　D.《海国图志》

【答案】C

【解析】C 项，《真腊风土记》由元代周达观所著，以其亲身经历撰写著述，描绘海外诸岛风貌，真实记录了柬埔寨吴哥窟的情况。A 项，《职方外纪》是意大利传教士艾儒略根据庞迪我和熊三拔所著的底本编译而成，是首部用汉语编著的简明世界地理著作。B项，《四洲志》是由林则徐主持编译的一部世界地理著作，是近代中国第一部相对完整、比较系统的世界地理志书。D项，《海国图志》是魏源受林则徐嘱托而编著的一部世界地理历史知识的综合性图书。

4. 历经明朝崇祯、清朝顺治和康熙三朝，曾任中国古观象台台长的是(　　)。[厦门大学2014年研]

A. 汤若望　　B. 利玛窦　　C. 徐光启　　D. 杜赫德

【答案】A

【解析】明朝末年，德国传教士汤若望来到中国，在华生活40余年，历经明崇祯、清顺治和康熙三朝。特别是在清朝，汤若望备受清朝政府信任，第一次以外国人的身份出任钦天监监正，掌管天文历法，被封为“光禄大夫”，官至一品。

5. 李白诗《哭晁衡》中的晁衡指的是(　　)。[厦门大学2011年研]

A. 空海　　B. 鉴真　　C. 阿倍仲麻吕　　D. 吉备真备

【答案】C

【解析】唐朝时，阿倍仲麻吕曾渡海回国，临行前唐玄宗、王维赋诗送行，中途遇险而还，李白以为他遇难，作《哭晁衡》一首，诗曰：“日本晁卿辞帝都，征帆一片绕蓬壶。明月不归沉碧海，白云愁色满苍梧。”这首诗成为中日友好的千古绝唱。诗的标题“哭”字，表现了诗人失去好友的悲痛和两人超越国籍的真挚感情，使诗歌笼罩着一层哀婉的气氛。

6. 下列哪个人物没有出使西域？(　　)[北京大学2010年研]

A. 张骞　　B. 班超　　C. 郑和　　D. 班固

【答案】C

【解析】郑和明代初年入宫为太监，后归燕王朱棣，因随朱棣起兵“靖难”有功，赐姓郑，升为内官监太监，深受朱棣信赖，被委以出使海外的重任。郑和及其副手王景弘受明成祖朱棣和明宣宗朱瞻基的派遣，先后七次率领庞大的船队，扬帆远航，并没出使过西域。

7. 我国对外关系史上，发生在唐太宗时的重大事件是(　　)。[中国传媒大学2010年研]

A. 张骞出使西域　　B. 郑和下西洋

C. 玄奘大师印度取经　　D. 印刷术传到外国

【答案】C

【解析】玄奘，出家后在长安、成都等地遍访名师，为了了解佛学底蕴，于唐贞观元年(627年)私出玉门关，取道西域，经葱岭，到达古印度境内，研习讲学，周游印度，历时19年，其所著《大唐西域记》详述亲所历见的各国风土人情，成为中外文化交流史上的不朽之作。

8. “郑和下西洋”是中外交通史上最伟大的事件之一，郑和所率的船队最远到达过非洲的(　　)。[首都师范大学2010年研]

A. 索马里和肯尼亚　　B. 坦桑尼亚和赞比亚

C. 埃及　　　　　　　　　　D. 南非

【答案】A

【解析】中外交通史上最伟大的事件之一就是明代的“郑和下西洋”。郑和及其副手从明永乐三年到宣德八年先后七次率领庞大的船队，扬帆远航。郑和率领的船队从苏州刘家港（今江苏太仓市浏河镇）出发，经越南南部、爪哇、苏门答腊和斯里兰卡，到达印度西岸，最远到达红海和非洲东海岸的索马里和肯尼亚。

9. 中国于 1985 年加入《保护世界文化和自然遗产公约》，1986 年开始申报世界遗产项目，最早被列入《世界遗产名录》的文物古迹是（　　）。[北京大学 2010 年研]

A. 故宫　　B. 秦始皇陵　　C. 莫高窟　　D. 长城

【答案】D

【解析】截至 2019 年 7 月，中国已有 55 处文物古迹和自然景观被列入《世界遗产名录》，以时间顺序排列第一个被列入《世界遗产名录》的是长城（文化遗产，1987 年）。

10. 随着基督教在中国的传播，传教士们也将中国介绍到欧洲，他们不仅翻译中国的典籍，还著书专门介绍中国，其中法国人杜赫德（Jean Baptiste du Halde）的（　　）是欧洲人研究中国的百科全书式的著作。[北京外国语大学 2010 年研]

A.《中国历史》　　B.《中华帝国志》　　C.《中华大帝史》　　D.《中国通史》

【答案】B

【解析】法国人杜赫德编撰的《中华帝国志》，于 1735 年在巴黎印行，成为欧洲人研究中国的百科全书式的著作。此书的第一卷记述各省地理和历朝编年史，第二卷研究中国的政治、经济和教育，第三卷介绍宗教、道德和医药等，第四卷则专门研究满、蒙、西藏、朝鲜。后来轰动欧洲的《赵氏孤儿》就收在《中华帝国志》之中。

四、简答题

1. 两条丝绸之路的历史意义。[南京大学 2021 年研]

相关试题：

（1）海上丝绸之路[概念题，山东大学 2012 年研]

（2）丝绸之路的历史意义。[北京师范大学 2013 年研]

答：（1）两条丝绸之路

①陆上丝绸之路，是指中国古代连接亚欧大陆及东西方文明的一条陆上通道。因西汉汉武帝派张骞出使西域而开辟。以首都长安（今西安）为起点，经甘肃、新疆，到中亚、西亚，并连接地中海各国。其中，中国的丝绸是最具代表性的货物。数千年来，游牧民族或部落、商人、教徒、外交家、士兵和学术考察者沿着丝绸之路四处活动。1877 年，德国地质地理学家李希霍芬在其著作《中国》一书中，把“从公元前 114 年至公元 127 年间，中国与中亚、中国与印度间以丝绸贸易为媒介的这条西域交通道路”命名为“丝绸之路”，这一名词很快被学术界和大众所接受，并正式运用。

②海上丝绸之路，是指中国古代进行海外贸易而开辟的航路，是陆上丝绸之路的延伸。海上丝绸之路起于秦汉，兴于隋唐，盛于宋元，明初达到顶峰，明中叶因海禁而衰落。《汉

书·地理志》所记的从西汉帝国的南疆到达印度洋的海路是最早见于史书记载的海上航线，即从今越南北部、广东、广西港口出发，经东南亚抵达今印度东岸和斯里兰卡。后来历代海上丝路，可分三大航线：①东洋航线由中国沿海港口至朝鲜、日本；②南洋航线由中国沿海港口至东南亚诸国；③西洋航线由中国沿海港口至南亚、阿拉伯和东非沿海诸国。其中，扬州、明州(宁波)、泉州、番禺(广州)为海上丝绸之路的四大港口。

(2)历史意义

①陆上丝绸之路的开通，在古代东西方之间架起了商品和文化交往的桥梁。中国的丝绸、刺绣、陶瓷和其他绚丽多彩的工艺产品被运往中亚直至欧洲，而异域的核桃、蚕豆、胡萝卜、葡萄酒等也通过这些通道传入中国。中国的“四大发明”等文明成果通过丝绸之路传往中亚、西亚和欧洲，使整个人类文明都发生了深刻的变化。西方民族的音乐、舞蹈、绘画，以及印度佛教通过丝绸之路传入中国，大大改变了中国原有的文学、艺术和思想风貌。

(2)海上丝绸之路同样沟通着中国与外国的交往。在商品贸易方面，主要货物是中国的丝绸、陶瓷等以及海外诸国的金银制品、玻璃等；为了适应海上贸易的发展，唐宋时代开始在广州、泉州等地设立“市舶使”，负责管理海外贸易。在文化交流方面，随着海上贸易的扩大，中外人员交往越来越频繁，来华外国人有的就在沿海城市定居，形成“蕃坊”；伊斯兰教随着阿拉伯人的迁居传入中国，印度僧人也渡海来华传教；宋元以后，海上航行技术提高，航行能力增强，中外海上交往空前发展，至郑和下西洋达到高峰，其中，许多航海人士以其亲身经历撰写著述，描绘海外诸岛风貌。如汪大渊的《岛夷志略》、周达观的《真腊风土记》等，为后世中西方文化研究留下宝贵的资料。

2. 简述文化交流的重要性。

答：文化与生俱来的特性，就是与其他文化的相互交流，在交流中扬清弃浊，取长补短，以达到发展进程中的良性状态。

(1)任何一种民族文化都是在与其他民族文化的交流、融汇中发展、壮大的，文化的发展需要多元因子的相互碰撞和借鉴，需要借助其他文化的积极成分，以培植文化发展的新基因。

(2)单因子的文化发展是人类文明史上了无生气和自我消亡的文化。中国文化从发生的那一刻起，就是一种多元融合与交汇的态势；发展到今天，更是多元融合与交汇的结果，直到现在也还在不断吸收外来优秀文化，取其精华，去其糟粕。